THÉÂTRE
D'EUGÈNE IONESCO

I

EUGÈNE IONESCO

Théâtre

I

LA CANTATRICE CHAUVE

LA LEÇON

JACQUES

OU LA SOUMISSION

LES CHAISES

VICTIMES DU DEVOIR

AMÉDÉE OU COMMENT

S'EN DÉBARRASSER

Préface de Jacques Lemarchand

GALLIMARD

*Tous droits de reproduction, d'adaptation et de traduction
réservés pour tous pays, y compris l'U.R.S.S.
© 1954, Editions Gallimard.*

*Le théâtre
d'Eugène Ionesco*

PRÉFACE
DE JACQUES LEMARCHAND

Je ne me souviens jamais sans plaisir des murmures de mécontentement, des indignations spontanées, des railleries, qui accueillirent l'apparition, en mai 1950, sur la scène des Noctambules, de la Cantatrice chauve. J'avais passé là une soirée extraordinairement plaisante, que les grognements et rires ironiques d'une partie des notables de l'assistance n'avaient fait que rendre plus délicieuse encore. Le propre du grognement est d'être peu explicite ; aussi, désireux de comprendre en quoi la Cantatrice chauve *avait pu déplaire aux notables, j'usai, ce soir-là, d'une technique de la sortie de théâtre que j'avais depuis longtemps mise au point, et que je recommande à qui veut se faire promptement une opinion exacte sur ce que pense un public du spectacle qu'il vient de voir. (La méthode dite « du strapontin » et que pratique M. Stève Passeur au journal l'Aurore ne vaut pas pipette.) Voici comment j'opère. Dès le rideau baissé, je crie : Bravo ! Bravo ! je prends part au brouhaha, et puis je file, je m'éclipse, je me fais tourbillon, je me rue, et j'arrive le tout premier à la sortie du théâtre. Là, demi-tour : je fais face à la foule qui surgit, je remonte à contre-courant le flot des spectateurs ; ainsi le saumon, la rivière ; cela provoque des remous, des encombrements, cela retarde l'évacuation de la salle ; je suspends les opérations du vestiaire en feignant de chercher mon ticket ; ainsi j'ai tout loisir pour recueillir les plaintes, doléances, expressions de griefs et bons mots acérés qu'un spectacle où ils se sont déplu inspire aux notables. Ce soir-là, ce n'est pas une fois, mais dix fois, ou quinze, ou vingt fois,* que j'ai entendu ce bout de dialogue : « Mais enfin, pourquoi la Cantatrice chauve ? Aucune cantatrice n'est apparue, me semble-t-il, ma bonne amie ? — Au moins je ne l'ai pas remarquée. Et chauve ! Avez-vous vu que quelqu'un fût chauve ?... Et ce pompier ? Que vient faire là un pompier ? De qui se moque-t-on ? » Il était évident que les notables n'avaient pas « compris » ; on leur promettait une cantatrice chauve, on ne leur montrait pas de cantatrice chauve, ils se sentaient volés, ce qu'ils ne pardonnent pas : Ionesco le vit bien le lendemain. Ce fut en vain que j'évoquais, de groupe en groupe, l'Arlésienne, insinuant que cette cantatrice chauve était le secret ressort d'une œuvre infiniment mystérieuse, ésotérique, et dont l'auteur était visiblement initié aux secrets des Rose-Croix. Cela n'inquiéta qu'un moment.

Il y a ainsi des gens que leur intelligence embarrasse. Ils la sentent en eux comme un petit renard spartiate ; elle est affamée, cruelle, inassouvie ; il leur faut sans cesse la nourrir, et ils tremblent à l'idée qu'un jour elle pourra dépérir, sentir branler ses dents ; ce sera le jour où ils ne trouveront rien à répondre à sa question maniaque, la question métrique, celle dont on conserve pieusement l'étalon en platine dans les caves du Musée de l'Armée, section Philosophie et Beaux-Arts : « De quoi s'agit-il ? » Ce sont d'honnêtes gens, qui ont horreur des photographies sans légende, des films japonais sans sous-titre et des éclipses de lune lorsqu'elles sont invisibles à Paris. Ils se sentent mal à l'aise, puis vaguement inquiets, et furieux enfin, à la pensée qu'il existe des gens qui n'invitent pas toujours le maréchal Foch à juger de la qualité de leurs plaisirs ; des gens qui lorsqu'ils vont au théâtre, ou ailleurs, laissent délibérément leur renard au vestiaire.

Après la Cantatrice chauve, les notables furent conviés à assister à la Leçon. Ils vinrent, renard en poche ; leur renard leur avait expliqué, — il avait enfin compris, — que du moment qu'une pièce, ou anti-pièce, d'Eugène Ionesco s'appelait la Leçon, c'est qu'il était question de n'importe quoi, sauf d'enseignement : le renard n'est pas un animal que l'on prend deux fois au même piège ; il est intelligent, déductif, ce qui lui permet de comprendre et de prévoir. Aussi fut-il réellement atterré, se sentit-il volé pour la seconde fois, lorsque pendant une heure, au Théâtre de Poche, il assista à *la leçon qu'un professeur, intelligent aussi, et déductif, donna à une petite fille dénuée d'intelligence, d'ambition de comprendre et qui préfère la mort au savoir. C'était une vraie, une authentique leçon, une « répétition » même, une leçon particulière, exactement calquée, dénouement compris, sur toutes les leçons qu'ont sollicitées et reçues les gens qui veulent devenir intelligents : c'était, à peu de chose près, la reproduction fidèle d'une leçon du maréchal Foch à l'Ecole de Guerre. « De quoi s'agit-il ? demandait le renard à la sortie. — Ben d'une leçon... » durent avouer les notables. Ce qui n'enleva rien à leur mauvaise humeur. Et comme il fallait absolument expliquer la chose, ils affirmèrent qu'il y a leçon et leçon, ce qui calma pour un temps le renard ; mais pour un temps fort bref : les* Chaises, *puis, tout récemment,* Victimes du Devoir, *remirent tout en question : il y avait de vraies chaises dans* les Chaises, *et pas de pompier brûlé vif dans* Victimes du Devoir.

En acceptant d'écrire cette Préface, ou anti-Préface, au premier volume du Théâtre d'Eugène Ionesco, je sens bien que je me suis mis dans l'obligation d'expliquer les plaisirs non louches, mais bien francs, non d' « intelligence », mais de sensibilité, non d'analyse, mais d'imagination, que j'ai pris à la représentation, puis à la lecture de chacune des œuvres d'Eugène Ionesco. Expliquer un plaisir, analyser les causes d'une dilatation de la rate ou d'une accélération des battements du cœur, voilà qui m'est corvée suprême depuis un déjeuner au cours duquel quelques grandes personnes que nos rires (elles disaient « ricanements ») énervaient, demandèrent, aux enfants que nous étions, raison de l'hilarité indécente qui secouait notre bout de table. Nous nous fîmes prier. Je dis enfin que nous riions si fort parce qu'une sauterelle venait de tomber dans mon verre, et qu'elle me ressemblait, de profil. Nous nous entendîmes dire que nous étions complètement idiots et que, tout simplement, il ne fallait plus nous mettre à côté les uns des autres, pendant les repas. Depuis lors, j'ai été si souvent sommé de dire pourquoi je riais ou pleurais que j'en ai pris l'habitude. Je peux dire très exactement pourquoi je me plais au Théâtre d'Eugène Ionesco. C'est parce que ses personnages nous ressemblent sans cesse, aux notables comme à moi, — de profil — et que c'est notre propre profil qu'il lance avec verve dans ces aventures imprévues, imprévisibles en apparence, et que nous reconnaissons soudain pour plus vraies encore que toutes celles qui ont pu nous arriver.

Ce n'est pas un théâtre psychologique, ce n'est pas un théâtre symboliste, ce n'est pas un théâtre social, ni poétique ni surréaliste. C'est un théâtre qui n'a pas encore d'étiquette, qui ne figure encore sur aucun rayon de confection, — c'est un théâtre sur mesure ; mais je sens bien que je perdrais la face si je ne donnais pas un nom à ce théâtre. Il est pour moi un théâtre d'aventure, prenant ce mot dans le sens même où l'on parle de roman d'aventure. Il est théâtre de cape et d'épée, illogique comme l'est Fantômas, *invraisemblable comme l'est* l'Ile au Trésor, *aussi irrationnel que* les Trois Mousquetaires. *Mais comme eux poétique et burlesque, et exaltant, et comme eux passionnant. Il viole constamment, je le sais, « la règle du jeu ». Il est pourtant le contraire d'un théâtre tricheur. Le théâtre tricheur, je le connais sur le bout du doigt, il assaille mes soirées, il est le fait de gens qui connaissent admirablement « la règle du jeu », qui la connaissent avec autant de sûreté que l'escroc connaît le Code : le bon escroc peut toujours en remontrer à M. le Procureur général.*

Le Théâtre d'Eugène Ionesco est assurément le plus étrange et le plus spontané que nous ait révélé notre après-guerre. Il n'entend en remontrer à personne, ce qui est la chose la moins admissible pour une société faite de sociétés d'engagés volontaires. Il se refuse au ronronnement dramatique, et avec tant de naturel qu'il n'y a même pas moyen de voir une « provocation » — ce qui arrangerait tout — dans ce refus. Je connais aussi fort bien — je ne me vante pas, c'est mon métier — les auteurs dramatiques naissants qui annoncent qu'ils vont arrêter net le ronronnement dramatique, et qui se mettent aussitôt à ronronner, un peu plus grave, ou un peu plus aigu que les autres, simplement. Ils ne s'inquiètent que de surprendre, — comme s'il était facile de surprendre ! Assis dans mon fauteuil de spectateur ou de lecteur, face à Ionesco, je ne devine jamais d'où partiront les coups ni où ils me toucheront, mais je me sens cible, et je constate avec joie que c'est un tireur aussi habile que le fut Buffalo Bill que j'ai en face de moi. Je ne sais pas s'il a mis au point un « système » pour me toucher si fort, et si juste, et si rapidement, — je ne le pense pas, et ne m'en soucie guère : l'heure de l'autopsie, chérie des notables, viendra pour lui, et il se peut qu'alors le renard présentement vexé trouve « l'explication » et s'en lèche les babines tout au long d'une thèse. Je souhaite que la lecture de cette thèse donne à Ionesco autant de joie que son œuvre m'en donne. A lui alors de définir son plaisir.

Jacques Lemarchand.

*A ma femme,
à ma fille,
tout ce Théâtre.*

La Cantatrice chauve

ANTI-PIÈCE

PERSONNAGES

M. SMITH	*Claude Mansard.*
Mme SMITH	*Paulette Frantz.*
M. MARTIN	*Nicolas Bataille.*
Mme MARTIN.	*Simone Mozet.*
MARY, la bonne.	*Odette Barrois.*
LE CAPITAINE DES POMPIERS	*Henry-Jacques Huet.*

La Cantatrice chauve *a été représentée pour la première fois au Théâtre des Noctambules, le 11 mai 1950, par la Compagnie Nicolas Bataille.*
La mise en scène était de Nicolas Bataille.

SCÈNE I

Intérieur bourgeois anglais, avec des fauteuils anglais. Soirée anglaise. M. Smith, Anglais, dans son fauteuil anglais et ses pantoufles anglaises, fume sa pipe anglaise et lit un journal anglais, près d'un feu anglais. Il a des lunettes anglaises, une petite moustache grise, anglaise. A côté de lui, dans un autre fauteuil anglais, Mme Smith, Anglaise, raccommode des chaussettes anglaises. Un long moment de silence anglais. La pendule anglaise frappe dix-sept coups anglais.

Mme SMITH : Tiens, il est neuf heures. Nous avons mangé de la soupe, du poisson, des pommes de terre au lard, de la salade anglaise. Les enfants ont bu de l'eau anglaise. Nous avons bien mangé, ce soir. C'est parce que nous habitons dans les environs de Londres et que notre nom est Smith.
M. SMITH, *continuant sa lecture, fait claquer sa langue.*
Mme SMITH : Les pommes de terre sont très bonnes avec le lard, l'huile de la salade n'était pas rance. L'huile de l'épicier du coin est de bien meilleure qualité que l'huile de l'épicier d'en face, elle est même meilleure que l'huile de l'épicier du bas de la côte. Mais je ne veux pas dire que leur huile à eux soit mauvaise.
M. SMITH, *continuant sa lecture, fait claquer sa langue.*
Mme SMITH : Pourtant, c'est toujours l'huile de l'épicier du coin qui est la meilleure...
M. SMITH, *continuant sa lecture, fait claquer sa langue.*

Mme Smith : Mary a bien cuit les pommes de terre, cette fois-ci. La dernière fois elle ne les avait pas bien fait cuire. Je ne les aime que lorsqu'elles sont bien cuites.

M. Smith, *continuant sa lecture, fait claquer sa langue.*

Mme Smith : Le poisson était frais. Je m'en suis léché les babines. J'en ai pris deux fois. Non, trois fois. Ça me fait aller aux cabinets. Toi aussi tu en as pris trois fois. Cependant la troisième fois, tu en as pris moins que les deux premières fois, tandis que moi j'en ai pris beaucoup plus. J'ai mieux mangé que toi, ce soir. Comment ça se fait ? D'habitude, c'est toi qui manges le plus. Ce n'est pas l'appétit qui te manque.

M. Smith, *fait claquer sa langue.*

Mme Smith : Cependant, la soupe était peut-être un peu trop salée. Elle avait plus de sel que toi. Ah, ah, ah. Elle avait aussi trop de poireaux et pas assez d'oignons. Je regrette de ne pas avoir conseillé à Mary d'y ajouter un peu d'anis étoilé. La prochaine fois, je saurai m'y prendre.

M. Smith, *continuant sa lecture, fait claquer sa langue.*

Mme Smith : Notre petit garçon aurait bien voulu boire de la bière, il aimera s'en mettre plein la lampe, il te ressemble. Tu as vu à table, comme il visait la bouteille ? Mais moi, j'ai versé dans son verre de l'eau de la carafe. Il avait soif et il l'a bue. Hélène me ressemble : elle est bonne ménagère, économe, joue du piano. Elle ne demande jamais à boire de la bière anglaise. C'est comme notre petite fille qui ne boit que du lait et ne mange que de la bouillie. Ça se voit qu'elle n'a que deux ans. Elle s'appelle Peggy.

La tarte aux coings et aux haricots a été formidable. On aurait bien fait peut-être de prendre, au dessert, un petit verre de vin de Bourgogne australien mais je n'ai pas apporté le vin à table afin de ne pas donner aux enfants une mauvaise preuve de gourmandise. Il faut leur apprendre à être sobre et mesuré dans la vie.

M. Smith, *continuant sa lecture, fait claquer sa langue.*

Mme Smith : Mrs. Parker connaît un épicier bulgare, nommé Popochef Rosenfeld, qui vient d'arriver de Constantinople. C'est un grand spécialiste en yaourt.

Il est diplômé de l'école des fabricants de yaourt d'Andrinople. J'irai demain lui acheter une grande marmite de yaourt bulgare folklorique. On n'a pas souvent des choses pareilles ici, dans les environs de Londres.

M. Smith, *continuant sa lecture, fait claquer sa langue.*

Mme Smith : Le yaourt est excellent pour l'estomac, les reins, l'appendicite et l'apothéose. C'est ce que m'a dit le docteur Mackenzie-King qui soigne les enfants de nos voisins, les Johns. C'est un bon médecin. On peut avoir confiance en lui. Il ne recommande jamais d'autres médicaments que ceux dont il a fait l'expérience sur lui-même. Avant de faire opérer Parker, c'est lui d'abord qui s'est fait opérer du foie, sans être aucunement malade.

M. Smith : Mais alors comment se fait-il que le docteur s'en soit tiré et que Paker en soit mort ?

Mme Smith : Parce que l'opération a réussi chez le docteur et n'a pas réussi chez Parker.

M. Smith : Alors Mackenzie n'est pas un bon docteur. L'opération aurait dû réussir chez tous les deux ou alors tous les deux auraient dû succomber.

Mme Smith : Pourquoi ?

M. Smith : Un médecin consciencieux doit mourir avec le malade s'ils ne peuvent pas guérir ensemble. Le commandant d'un bateau périt avec le bateau, dans les vagues. Il ne lui survit pas.

Mme Smith : On ne peut comparer un malade à un bateau.

M. Smith : Pourquoi pas ? Le bateau a aussi ses maladies ; d'ailleurs ton docteur est aussi sain qu'un vaisseau ; voilà pourquoi encore il devait périr en même temps que le malade comme le docteur et son bateau.

Mme Smith : Ah ! Je n'y avais pas pensé... C'est peut-être juste... et alors, quelle conclusion en tires-tu ?

M. Smith : C'est que tous les docteurs ne sont que des charlatans. Et tous les malades aussi. Seule la marine est honnête en Angleterre.

Mme Smith : Mais pas les marins.

M. Smith : Naturellement.

Pause.

M. Smith, *toujours avec son journal* : Il y a une chose que je ne comprends pas. Pourquoi à la rubrique de l'état civil, dans le journal, donne-t-on toujours l'âge des personnes décédées et jamais celui des nouveau-nés ? C'est un non-sens.

Mᵐᵉ Smith : Je ne me le suis jamais demandé !

> *Un autre moment de silence. La pendule sonne sept fois. Silence. La pendule sonne trois fois. Silence. La pendule ne sonne aucune fois.*

M. Smith, *toujours dans son journal* : Tiens, c'est écrit que Bobby Watson est mort.

Mᵐᵉ Smith : Mon Dieu, le pauvre, quand est-ce qu'il est mort ?

M. Smith : Pourquoi prends-tu cet air étonné ? Tu le savais bien. Il est mort il y a deux ans. Tu te rappelles, on a été à son enterrement, il y a un an et demi.

Mᵐᵉ Smith : Bien sûr que je me rappelle. Je me suis rappelé tout de suite, mais je ne comprends pas pourquoi toi-même tu as été si étonné de voir ça sur le journal.

M. Smith : Ça n'y était pas sur le journal. Il y a déjà trois ans qu'on a parlé de son décès. Je m'en suis souvenu par association d'idées !

Mᵐᵉ Smith : Dommage ! Il était si bien conservé.

M. Smith : C'était le plus joli cadavre de Grande-Bretagne ! Il ne paraissait pas son âge. Pauvre Bobby, il y avait quatre ans qu'il était mort et il était encore chaud. Un véritable cadavre vivant. Et comme il était gai !

Mᵐᵉ Smith : La pauvre Bobby.

M. Smith : Tu veux dire « le » pauvre Bobby.

Mᵐᵉ Smith : Non, c'est à sa femme que je pense. Elle s'appelait comme lui, Bobby, Bobby Watson. Comme ils avaient le même nom, on ne pouvait pas les distinguer l'un de l'autre quand on les voyait ensemble. Ce n'est qu'après sa mort à lui, qu'on a pu vraiment savoir qui était l'un et qui était l'autre. Pourtant, aujourd'hui encore, il y a des gens qui la confondent avec le mort et lui présentent des condoléances. Tu la connais ?

M. Smith : Je ne l'ai vue qu'une fois, par hasard, à l'enterrement de Bobby.
Mme Smith : Je ne l'ai jamais vue. Est-ce qu'elle est belle ?
M. Smith : Elle a des traits réguliers et pourtant on ne peut pas dire qu'elle est belle. Elle est trop grande et trop forte. Ses traits ne sont pas réguliers et pourtant on peut dire qu'elle est très belle. Elle est un peu trop petite et trop maigre. Elle est professeur de chant.

La pendule sonne cinq fois. Un long temps.

Mme Smith : Et quand pensent-ils se marier, tous les deux ?
M. Smith : Le printemps prochain, au plus tard.
Mme Smith : Il faudra sans doute aller à leur mariage.
M. Smith : Il faudra leur faire un cadeau de noces. Je me demande lequel ?
Mme Smith : Pourquoi ne leur offririons-nous pas un des sept plateaux d'argent dont on nous a fait cadeau à notre mariage à nous et qui ne nous ont jamais servi à rien ?

Court silence. La pendule sonne deux fois.

Mme Smith : C'est triste pour elle d'être demeurée veuve si jeune.
M. Smith : Heureusement qu'ils n'ont pas eu d'enfants.
Mme Smith : Il ne leur manquait plus que cela ! Des enfants ! Pauvre femme, qu'est-ce qu'elle en aurait fait !
M. Smith : Elle est encore jeune. Elle peut très bien se remarier. Le deuil lui va si bien !
Mme Smith : Mais qui prendra soin des enfants ? Tu sais bien qu'ils ont un garçon et une fille. Comment s'appellent-ils ?
M. Smith : Bobby et Bobby comme leurs parents. L'oncle de Bobby Watson, le vieux Bobby Watson, est riche et il aime le garçon. Il pourrait très bien se charger de l'éducation de Bobby.
Mme Smith : Ce serait naturel. Et la tante de Bobby Watson, la vieille Bobby Watson, pourrait très bien, à son tour, se charger de l'éducation de Bobby Watson,

la fille de Bobby Watson. Comme ça, la maman de Bobby Watson, Bobby, pourrait se remarier. Elle a quelqu'un en vue ?

M. Smith : Oui, un cousin de Bobby Watson.

Mme Smith : Qui ? Bobby Watson.

M. Smith : De quel Bobby Watson parles-tu ?

Mme Smith : De Bobby Watson, le fils du vieux Bobby Watson l'autre oncle de Bobby Watson, le mort.

M. Smith : Non, ce n'est pas celui-là, c'est un autre. C'est Bobby Watson, le fils de la vieille Bobby Watson la tante de Bobby Watson, le mort.

Mme Smith : Tu veux parler de Bobby Watson, le commis voyageur ?

M. Smith : Tous les Bobby Watson sont commis voyageurs.

Mme Smith : Quel dur métier ! Pourtant, on y fait de bonnes affaires.

M. Smith : Oui, quand il n'y a pas de concurrence.

Mme Smith : Et quand n'y a-t-il pas de concurrence ?

M. Smith : Le mardi, le jeudi et le mardi.

Mme Smith : Ah ! trois jours par semaine ? Et que fait Bobby Watson pendant ce temps-là ?

M. Smith : Il se repose, il dort.

Mme Smith : Mais pourquoi ne travaille-t-il pas pendant ces trois jours s'il n'y a pas de concurrence ?

M. Smith : Je ne peux pas tout savoir. Je ne peux pas répondre à toutes tes questions idiotes !

Mme Smith, *offensée* : Tu dis ça pour m'humilier ?

M. Smith, *tout souriant* : Tu sais bien que non.

Mme Smith : Les hommes sont tous pareils ! Vous restez là, toute la journée, la cigarette à la bouche ou bien vous vous mettez de la poudre et vous fardez vos lèvres, cinquante fois par jour, si vous n'êtes pas en train de boire sans arrêt !

M. Smith : Mais qu'est-ce que tu dirais si tu voyais les hommes faire comme les femmes, fumer toute la journée, se poudrer, se mettre du rouge aux lèvres, boire du whisky ?

Mme Smith : Quant à moi, je m'en fiche ! Mais si tu dis ça pour m'embêter, alors... je n'aime pas ce genre de plaisanterie, tu le sais bien!

Elle jette les chaussettes très loin et montre ses dents. Elle se lève [1].

M. Smith, *se lève à son tour et va vers sa femme, tendrement* : Oh! mon petit poulet rôti, pourquoi craches-tu du feu! tu sais bien que je dis ça pour rire! *(Il la prend par la taille et l'embrasse.)* Quel ridicule couple de vieux amoureux nous faisons! Viens, nous allons éteindre et nous allons faire dodo!

SCÈNE II

LES MÊMES ET MARY

Mary, *entrant* : Je suis la bonne. J'ai passé un après-midi très agréable. J'ai été au cinéma avec un homme et j'ai vu un film avec des femmes. A la sortie du cinéma, nous sommes allés boire de l'eau-de-vie et du lait et puis on a lu le journal.

Mme Smith : J'espère que vous avez passé un après-midi très agréable, que vous êtes allée au cinéma avec un homme et que vous avez bu de l'eau-de-vie et du lait.

M. Smith : Et le journal!

Mary : Mme et M. Martin, vos invités, sont à la porte. Ils m'attendaient. Ils n'osaient pas entrer tout seuls. Ils devaient dîner avec vous, ce soir.

Mme Smith : Ah oui. Nous les attendions. Et on avait faim. Comme on ne les voyait plus venir, on allait manger sans eux. On n'a rien mangé, de toute la journée. Vous n'auriez pas dû vous absenter!

Mary : C'est vous qui m'avez donné la permission.

M. Smith : On ne l'a pas fait exprès!

---

[1]. Dans la mise en scène de Nicolas Bataille, Mme Smith ne montrait pas ses dents, ne jetait pas très loin les chaussettes.

Mary, *éclate de rire. Puis elle pleure. Elle sourit* :
Je me suis acheté un pot de chambre.

Mme Smith : Ma chère Mary, veuillez ouvrir la porte et faites entrer M. et Mme Martin, s'il vous plaît. Nous allons vite nous habiller.

Mme et M. Smith sortent à droite. Mary ouvre la porte à gauche par laquelle entrent M. et Mme Martin.

SCÈNE III

MARY, LES ÉPOUX MARTIN

Mary : Pourquoi êtes-vous venus si tard! Vous n'êtes pas polis. Il faut venir à l'heure. Compris ? asseyez-vous quand même là, et attendez, maintenant.

Elle sort.

SCÈNE IV

LES MÊMES, MOINS MARY

Mme et M. Martin s'assoient l'un en face de l'autre, sans se parler. Ils se sourient, avec timidité.

M. Martin *(le dialogue qui suit doit être dit d'une voix traînante, monotone, un peu chantante, nullement nuancée)* [1] : Mes excuses, Madame, mais il me semble, si je ne me trompe, que je vous ai déjà rencontrée quelque part.

---

[1]. Dans la mise en scène de Nicolas Bataille, ce dialogue était dit et joué sur un ton et dans un style sincèrement tragiques.

Mme Martin : A moi aussi, Monsieur, il me semble que je vous ai déjà rencontré quelque part.

M. Martin : Ne vous aurais-je pas déjà aperçue, Madame, à Manchester, par hasard ?

Mme Martin : C'est très possible. Moi, je suis originaire de la ville de Manchester ! Mais je ne me souviens pas très bien, Monsieur, je ne pourrais pas dire si je vous y ai aperçu, ou non !

M. Martin : Mon Dieu, comme c'est curieux ! Moi aussi je suis originaire de la ville de Manchester, Madame !

Mme Martin : Comme c'est curieux !

M. Martin : Comme c'est curieux !... Seulement, moi, Madame, j'ai quitté la ville de Manchester, il y a cinq semaines, environ [1].

Mme Martin : Comme c'est curieux ! quelle bizarre coïncidence ! Moi aussi, Monsieur, j'ai quitté la ville de Manchester, il y a cinq semaines, environ.

M. Martin : J'ai pris le train d'une demie après huit le matin, qui arrive à Londres à un quart avant cinq, Madame.

Mme Martin : Comme c'est curieux ! comme c'est bizarre ! et quelle coïncidence ! J'ai pris le même train, Monsieur, moi aussi !

M. Martin : Mon Dieu, comme c'est curieux ! peut-être bien alors, Madame, que je vous ai vue dans le train ?

Mme Martin : C'est bien possible, ce n'est pas exclu, c'est plausible et, après tout, pourquoi pas !... Mais je n'en ai aucun souvenir, Monsieur !

M. Martin : Je voyageais en deuxième classe, Madame. Il n'y a pas de deuxième classe en Angleterre, mais je voyage quand même en deuxième classe.

Mme Martin : Comme c'est bizarre, que c'est curieux, et quelle coïncidence ! moi aussi, Monsieur, je voyageais en deuxième classe !

M. Martin : Comme c'est curieux ! Nous nous

---

[1]. L'expression « environ » était remplacée, à la représentation, par « en ballon ».

sommes peut-être bien rencontrés en deuxième classe, chère Madame !

Mme MARTIN : La chose est bien possible et ce n'est pas du tout exclu. Mais je ne m'en souviens pas très bien, cher Monsieur !

M. MARTIN : Ma place était dans le wagon n° 8, sixième compartiment, Madame !

Mme MARTIN : Comme c'est curieux ! ma place aussi était dans le wagon n° 8, sixième compartiment, cher Monsieur !

M. MARTIN : Comme c'est curieux et quelle coïncidence bizarre ! Peut-être nous sommes-nous rencontrés dans le sixième compartiment, chère Madame ?

Mme MARTIN : C'est bien possible, après tout ! Mais je ne m'en souviens pas, cher Monsieur !

M. MARTIN : A vrai dire, chère Madame, moi non plus je ne m'en souviens pas, mais il est possible que nous nous soyons aperçus là, et, si j'y pense bien, la chose me semble même très possible !

Mme MARTIN : Oh ! vraiment, bien sûr, vraiment, Monsieur !

M. MARTIN : Comme c'est curieux !... J'avais la place n° 3, près de la fenêtre, chère Madame.

Mme MARTIN : Oh, mon Dieu, comme c'est curieux et comme c'est bizarre, j'avais la place n° 6, près de la fenêtre, en face de vous, cher Monsieur.

M. MARTIN : Oh, mon Dieu, comme c'est curieux et quelle coïncidence !... Nous étions donc vis-à-vis, chère Madame ! C'est là que nous avons dû nous voir !

Mme MARTIN : Comme c'est curieux ! C'est possible mais je ne m'en souviens pas, Monsieur !

M. MARTIN : A vrai dire, chère Madame, moi non plus je ne m'en souviens pas. Cependant, il est très possible que nous nous soyons vus à cette occasion.

Mme MARTIN : C'est vrai, mais je n'en suis pas sûre du tout, Monsieur.

M. MARTIN : Ce n'était pas vous, chère Madame, la dame qui m'avait prié de mettre sa valise dans le filet et qui ensuite m'a remercié et m'a permis de fumer ?

Mme MARTIN : Mais si, ça devait être moi, Monsieur !

Comme c'est curieux, comme c'est curieux, et quelle coïncidence !

M. Martin : Comme c'est curieux, comme c'est bizarre, quelle coïncidence ! Eh bien alors, alors nous nous sommes peut-être connus à ce moment-là, Madame ?

Mme Martin : Comme c'est curieux et quelle coïncidence ! c'est bien possible, cher Monsieur ! Cependant, je ne crois pas m'en souvenir.

M. Martin : Moi non plus, Madame.

Un moment de silence. La pendule sonne 2-1.

M. Martin : Depuis que je suis arrivé à Londres, j'habite rue Bromfield, chère Madame.

Mme Martin : Comme c'est curieux, comme c'est bizarre ! moi aussi, depuis mon arrivée à Londres j'habite rue Bromfield, cher Monsieur.

M. Martin : Comme c'est curieux, mais alors, mais alors, nous nous sommes peut-être rencontrés rue Bromfield, chère Madame.

Mme Martin : Comme c'est curieux ; comme c'est bizarre ! c'est bien possible, après tout ! Mais je ne m'en souviens pas, cher Monsieur.

M. Martin : Je demeure au n° 19, chère Madame.

Mme Martin : Comme c'est curieux, moi aussi j'habite au n° 19, cher Monsieur.

M. Martin : Mais alors, mais alors, mais alors, mais alors, mais alors, nous nous sommes peut-être vus dans cette maison, chère Madame ?

Mme Martin : C'est bien possible, mais je ne m'en souviens pas, cher Monsieur.

M. Martin : Mon appartement est au cinquième étage, c'est le n° 8, chère Madame.

Mme Martin : Comme c'est curieux, mon Dieu, comme c'est bizarre ! et quelle coïncidence ! moi aussi j'habite au cinquième étage, dans l'appartement n° 8, cher Monsieur !

M. Martin, *songeur :* Comme c'est curieux, comme c'est curieux, comme c'est curieux et quelle coïncidence ! vous savez, dans ma chambre à coucher j'ai un lit. Mon lit est couvert d'un édredon vert. Cette chambre, avec ce lit et son édredon vert, se trouve au fond du corridor, entre les waters et la bibliothèque, chère Madame!

Mme MARTIN : Quelle coïncidence, ah mon Dieu, quelle coïncidence! Ma chambre à coucher a, elle aussi, un lit avec un édredon vert et se trouve au fond du corridor, entre les waters, cher Monsieur, et la bibliothèque!

M. MARTIN : Comme c'est bizarre, curieux, étrange! alors, Madame, nous habitons dans la même chambre et nous dormons dans le même lit, chère Madame. C'est peut-être là que nous nous sommes rencontrés!

Mme MARTIN : Comme c'est curieux et quelle coïncidence! C'est bien possible que nous nous y soyons rencontrés, et peut-être même la nuit dernière. Mais je ne m'en souviens pas, cher Monsieur!

M. MARTIN : J'ai une petite fille, ma petite fille, elle habite avec moi, chère Madame. Elle a deux ans, elle est blonde, elle a un œil blanc et un œil rouge, elle est très jolie, elle s'appelle Alice, chère Madame.

Mme MARTIN : Quelle bizarre coïncidence! moi aussi j'ai une petite fille, elle a deux ans, un œil blanc et un œil rouge, elle est très jolie et s'appelle aussi Alice, cher Monsieur!

M. MARTIN, *même voix traînante, monotone :* Comme c'est curieux et quelle coïncidence! et bizarre! c'est peut-être la même, chère Madame!

Mme MARTIN : Comme c'est curieux! c'est bien possible, cher Monsieur.

Un assez long moment de silence... La pendule sonne vingt-neuf fois.

M. MARTIN, *après avoir longuement réfléchi, se lève lentement et, sans se presser, se dirige vers Mme Martin qui, surprise par l'air solennel de M. Martin, s'est levée, elle aussi, tout doucement ; M. Martin a la même voix rare, monotone, vaguement chantante.* — Alors, chère Madame, je crois qu'il n'y a pas de doute, nous nous sommes déjà vus et vous êtes ma propre épouse... Élisabeth, je t'ai retrouvée!

Mme MARTIN, *s'approche de M. Martin sans se presser.*

Ils s'embrassent sans expression. La pendule sonne une fois, très fort. Le coup de la pendule doit être si fort qu'il doit faire sursauter les spectateurs. Les époux Martin ne l'entendent pas.
Mme MARTIN : Donald, c'est toi, darling!

Ils s'assoient dans le même fauteuil, se tiennent embrassés et s'endorment. La pendule sonne encore plusieurs fois. Mary, sur la pointe des pieds, un doigt sur ses lèvres, entre doucement en scène et s'adresse au public.

SCÈNE V

LES MÊMES ET MARY

MARY : Élisabeth et Donald sont, maintenant, trop heureux pour pouvoir m'entendre. Je puis donc vous révéler un secret. Élisabeth n'est pas Élisabeth, Donald n'est pas Donald. En voici la preuve : l'enfant dont parle Donald n'est pas la fille d'Élisabeth, ce n'est pas la même personne. La fillette de Donald a un œil blanc et un autre rouge tout comme la fillette d'Élisabeth. Mais tandis que l'enfant de Donald a l'œil blanc à droite et l'œil rouge à gauche, l'enfant d'Élisabeth, lui, a l'œil rouge à droite et le blanc à gauche! Ainsi tout le système d'argumentation de Donald s'écroule en se heurtant à ce dernier obstacle qui anéantit toute sa théorie. Malgré les coïncidences extraordinaires qui semblent être des preuves définitives, Donald et Élisabeth n'étant pas les parents du même enfant ne sont pas Donald et Élisabeth. Il a beau croire qu'il est Donald, elle a beau se croire Élisabeth. Il a beau croire qu'elle est Élisabeth. Elle a beau croire qu'il est Donald : ils se trompent amèrement. Mais qui est le véritable Donald? Quelle est la véritable Élisabeth? Qui donc a intérêt à faire durer cette confusion? Je n'en sais rien. Ne tâchons pas de le savoir. Laissons les choses comme elles sont. *(Elle fait quelques pas vers la porte, puis revient et s'adresse au public.)* Mon vrai nom est Sherlock Holmès.

Elle sort.

SCÈNE VI

LES MÊMES SANS MARY

La pendule sonne tant qu'elle veut. Après de nombreux instants, Mme et M. Martin se séparent et reprennent les places qu'ils avaient au début.

M. MARTIN : Oublions, darling, tout ce qui ne s'est pas passé entre nous et, maintenant que nous nous sommes retrouvés, tâchons de ne plus nous perdre et vivons comme avant.

Mme MARTIN : Oui, darling.

SCÈNE VII

LES MÊMES ET LES SMITH

Mme et M. Smith entrent à droite, sans aucun changement dans leurs vêtements.

Mme SMITH : Bonsoir, chers amis! excusez-nous de vous avoir fait attendre si longtemps. Nous avons pensé qu'on devait vous rendre les honneurs auxquels vous avez droit et, dès que nous avons appris que vous vouliez bien nous faire le plaisir de venir nous voir sans annoncer votre visite, nous nous sommes dépêchés d'aller revêtir nos habits de gala.

M. SMITH, *furieux :* Nous n'avons rien mangé toute

la journée. Il y a quatre heures que nous vous attendons. Pourquoi êtes-vous venus en retard ?

> *Mme et M. Smith s'assoient en face des visiteurs. La pendule souligne les répliques, avec plus ou moins de force, selon le cas.*
> *Les Martin, elle surtout, ont l'air embarrassé et timide. C'est pourquoi la conversation s'amorce difficilement et les mots viennent, au début, avec peine. Un long silence gêné au début, puis d'autres silences et hésitations par la suite.*

M. Smith : Hm.

Silence.

Mme Smith : Hm, hm.

Silence.

Mme Martin : Hm, hm, hm.

Silence.

M. Martin : Hm, hm, hm, hm.

Silence.

Mme Martin : Oh, décidément.

Silence.

M. Martin : Nous sommes tous enrhumés.

Silence.

M. Smith : Pourtant il ne fait pas froid.

Silence.

Mme Smith : Il n'y a pas de courant d'air.

Silence.

M. Martin : Oh non, heureusement.

Silence.

M. Smith : Ah, la la la la.

Silence.

M. Martin : Vous avez du chagrin ?

Silence.

Mme Smith : Non. Il s'emmerde.

Silence.

Mme Martin : Oh, Monsieur, à votre âge, vous ne devriez pas.

Silence.

M. Smith : Le cœur n'a pas d'âge.

Silence.

M. Martin : C'est vrai.

Silence.

Mme Smith : On le dit.

Silence.

Mme Martin : On dit aussi le contraire.

Silence.

M. Smith : La vérité est entre les deux.

Silence.

M. Martin : C'est juste.

Silence.

Mme Smith, *aux époux Martin :* Vous qui voyagez beaucoup, vous devriez pourtant avoir des choses intéressantes à nous raconter.

M. Martin, *à sa femme:* Dis, chérie, qu'est-ce que tu as vu aujourd'hui ?

Mme Martin : Ce n'est pas la peine, on ne me croirait pas.

M. Smith : Nous n'allons pas mettre en doute votre bonne foi !

Mme Smith : Vous nous offenseriez si vous le pensiez.

M. Martin, *à sa femme:* Tu les offenserais, chérie, si tu le pensais...

Mme Martin, *gracieuse.* — Eh bien, j'ai assisté aujourd'hui à une chose extraordinaire. Une chose incroyable.

M. Martin : Dis vite, chérie.

M. Smith : Ah, on va s'amuser.

Mme Smith : Enfin.

Mme Martin : Eh bien, aujourd'hui, en allant au marché pour acheter des légumes qui sont de plus en plus chers...

Mme Smith : Qu'est-ce que ça va devenir !

M. Smith : Il ne faut pas interrompre, chérie, vilaine.

Mme Martin : J'ai vu, dans la rue, à côté d'un café, un Monsieur, convenablement vêtu, âgé d'une cinquantaine d'années, même pas, qui...

M. Smith : Qui, quoi ?

Mme Smith : Qui, quoi ?

M. Smith, *à sa femme :* Faut pas interrompre, chérie, tu es dégoûtante.

Mme Smith : Chéri, c'est toi qui as interrompu le premier, mufle.

M. Martin : Chut. *(A sa femme.)* Qu'est-ce qu'il faisait, le Monsieur ?

Mme Martin : Eh bien, vous allez dire que j'invente, il avait mis un genou par terre et se tenait penché.

M. Martin, M. Smith, Mme Smith : Oh !

Mme Martin : Oui, penché.

M. Smith : Pas possible.

Mme Martin : Si, penché. Je me suis approchée de lui pour voir ce qu'il faisait...

M. Smith : Eh bien ?

Mme Martin : Il nouait les lacets de sa chaussure qui s'étaient défaits.

Les trois autres : Fantastique !

M. Smith : Si ce n'était pas vous, je ne le croirais pas.

M. Martin : Pourquoi pas ? On voit des choses encore plus extraordinaires, quand on circule. Ainsi, aujourd'hui, moi-même, j'ai vu dans le métro, assis sur une banquette, un monsieur qui lisait tranquillement son journal.

Mme Smith : Quel original !

M. Smith : C'était peut-être le même !

On entend sonner à la porte d'entrée.

M. Smith : Tiens, on sonne.

Mme Smith : Il doit y avoir quelqu'un. Je vais voir. *(Elle va voir. Elle ouvre et revient.)* Personne.

Elle se rassoit.

M. Martin : Je vais vous donner un autre exemple...

Sonnette.

M. Smith : Tiens, on sonne.

Mme Smith : Ça doit être quelqu'un. Je vais voir. *(Elle va voir. Elle ouvre et revient.)* Personne.

Elle revient à sa place.

M. Martin, *qui a oublié où il en est :* Euh !...

Mᵐᵉ MARTIN : Tu disais que tu allais donner un autre exemple.

M. MARTIN : Ah oui...

Sonnette.

M. SMITH : Tiens, on sonne.

Mᵐᵉ SMITH : Je ne vais plus ouvrir.

M. SMITH : Oui, mais il doit y avoir quelqu'un!

Mᵐᵉ SMITH : La première fois, il n'y avait personne. La deuxième fois, non plus. Pourquoi crois-tu qu'il y aura quelqu'un maintenant ?

M. SMITH : Parce qu'on a sonné!

Mᵐᵉ MARTIN : Ce n'est pas une raison.

M. MARTIN : Comment ? Quand on entend sonner à la porte, c'est qu'il y a quelqu'un à la porte, qui sonne pour qu'on lui ouvre la porte.

Mᵐᵉ MARTIN : Pas toujours. Vous avez vu tout à l'heure!

M. MARTIN : La plupart du temps, si.

M. SMITH : Moi, quand je vais chez quelqu'un, je sonne pour entrer. Je pense que tout le monde fait pareil et que chaque fois qu'on sonne c'est qu'il y a quelqu'un.

Mᵐᵉ SMITH : Cela est vrai en théorie. Mais dans la réalité les choses se passent autrement. Tu as bien vu tout à l'heure.

Mᵐᵉ MARTIN : Votre femme a raison.

M. MARTIN : Oh! vous les femmes, vous vous défendez toujours l'une l'autre.

Mᵐᵉ SMITH : Eh bien, je vais aller voir. Tu ne diras pas que je suis entêtée, mais tu verras qu'il n'y a personne! *(Elle va voir. Elle ouvre la porte et la referme.)* Tu vois, il n'y a personne.

Elle revient à sa place.

Mᵐᵉ SMITH : Ah! ces hommes qui veulent toujours avoir raison et qui ont toujours tort!

On entend de nouveau sonner [1].

---

[1]. A la représentation tous les quatre se lèvent ensemble, brusquement, à ce nouveau coup de sonnette, alarmés. Ils se rassoient pendant que M. Smith va ouvrir.

M. Smith : Tiens, on sonne. Il doit y avoir quelqu'un.
Mme Smith, *qui fait une crise de colère :* Ne m'envoie plus ouvrir la porte. Tu as vu que c'était inutile. L'expérience nous apprend que lorsqu'on entend sonner à la porte, c'est qu'il n'y a jamais personne.
Mme Martin : Jamais.
M. Martin : Ce n'est pas sûr.
M. Smith : C'est même faux. La plupart du temps, quand on entend sonner à la porte, c'est qu'il y a quelqu'un.
Mme Smith : Il ne veut pas en démordre.
Mme Martin : Mon mari aussi est très têtu.
M. Smith : Il y a quelqu'un.
M. Martin : Ce n'est pas impossible.
Mme Smith, *à son mari :* Non.
M. Smith : Si.
Mme Smith : Je te dis que non. En tout cas, tu ne me dérangeras plus pour rien. Si tu veux aller voir, vas-y toi-même !
M. Smith : J'y vais.

Mme Smith hausse les épaules. Mme Martin hoche la tête.

M. Smith, *va ouvrir :* Ah ! how do you do ! *(il jette un regard à Mme Smith et aux époux Martin qui sont tous surpris.)* C'est le Capitaine des Pompiers !

SCÈNE VIII

LES MÊMES, LE CAPITAINE DES POMPIERS

Le Pompier *(il a, bien entendu, un énorme casque qui brille et un uniforme)* : Bonjour, Mesdames et Messieurs. *(Les gens sont encore un peu étonnés. Mme Smith, fâchée, tourne la tête et ne répond pas à son salut.)* Bonjour, Madame Smith. Vous avez l'air fâché.
Mme Smith : Oh !

M. Smith : C'est que, voyez-vous... ma femme est un peu humiliée de ne pas avoir eu raison.

M. Martin : Il y a eu, Monsieur le Capitaine des Pompiers, une controverse entre Mme et M. Smith.

Mme Smith, *à M. Martin* : Ça ne vous regarde pas ! *(A M. Smith.)* Je te prie de ne pas mêler les étrangers à nos querelles familiales.

M. Smith : Oh, chérie, ce n'est pas bien grave. Le Capitaine est un vieil ami de la maison. Sa mère me faisait la cour, son père, je le connaissais. Il m'avait demandé de lui donner ma fille en mariage quand j'en aurais une. Il est mort en attendant.

M. Martin : Ce n'est ni sa faute à lui ni la vôtre.

Le Pompier : Enfin, de quoi s'agit-il ?

Mme Smith : Mon mari prétendait...

M. Smith : Non, c'est toi qui prétendais.

M. Martin : Oui, c'est elle.

Mme Martin : Non, c'est lui.

Le Pompier : Ne vous énervez pas. Racontez-moi ça, Madame Smith.

Mme Smith : Eh bien, voilà. Ça me gêne beaucoup de vous parler franchement, mais un pompier est aussi un confesseur.

Le Pompier : Eh bien ?

Mme Smith : On se disputait parce que mon mari disait que lorsqu'on entend sonner à la porte, il y a toujours quelqu'un.

M. Martin : La chose est plausible.

Mme Smith : Et moi, je disais que chaque fois que l'on sonne, c'est qu'il n'y a personne.

Mme Martin : La chose peut paraître étrange.

Mme Smith : Pourtant elle est prouvée, non point par des démonstrations théoriques, mais par des faits.

M. Smith : C'est faux, puisque le pompier est là. Il a sonné, j'ai ouvert, il était là.

Mme Martin : Quand ?

M. Martin : Mais tout de suite.

Mme Smith : Oui, mais ce n'est qu'après avoir entendu sonner une quatrième fois que l'on a trouvé quelqu'un. Et la quatrième fois ne compte pas.

Mme MARTIN : Toujours. Il n'y a que les trois premières qui comptent.

M. SMITH : Monsieur le Capitaine, laissez-moi vous poser, à mon tour, quelques questions.

LE POMPIER : Allez-y.

M. SMITH : Quand j'ai ouvert et que je vous ai vu, c'était bien vous qui aviez sonné ?

LE POMPIER : Oui, c'était moi.

M. MARTIN : Vous étiez à la porte ? Vous sonniez pour entrer ?

LE POMPIER : Je ne le nie pas.

M. SMITH, *à sa femme, victorieusement :* Tu vois ? j'avais raison. Quand on entend sonner, c'est que quelqu'un sonne. Tu ne peux pas dire que le Capitaine n'est pas quelqu'un.

Mme SMITH : Certainement pas. Je te répète que je te parle seulement des trois premières fois puisque la quatrième ne compte pas.

Mme MARTIN : Et quand on a sonné la première fois, c'était vous ?

LE POMPIER : Non, ce n'était pas moi.

Mme MARTIN : Vous voyez ? On sonnait et il n'y avait personne.

M. MARTIN : C'était peut-être quelqu'un d'autre ?

M. SMITH : Il y avait longtemps que vous étiez à la porte ?

LE POMPIER : Trois quarts d'heure.

M. SMITH : Et vous n'avez vu personne ?

LE POMPIER : Personne. J'en suis sûr.

Mme MARTIN : Est-ce que vous avez entendu sonner la deuxième fois ?

LE POMPIER : Oui, ce n'était pas moi non plus. Et il n'y avait toujours personne.

Mme SMITH : Victoire ! J'ai eu raison.

M. SMITH, *à sa femme :* Pas si vite. *(Au Pompier.)* Et qu'est-ce que vous faisiez à la porte ?

LE POMPIER : Rien. Je restais là. Je pensais à des tas de choses.

M. MARTIN, *au Pompier :* Mais la troisième fois... ce n'est pas vous qui aviez sonné ?

Le Pompier : Si, c'était moi.

M. Smith : Mais quand on a ouvert, on ne vous a pas vu.

Le Pompier : C'est parce que je me suis caché... pour rire.

Mme Smith : Ne riez pas, Monsieur le Capitaine. L'affaire est trop triste.

M. Martin : En somme, nous ne savons toujours pas si, lorsqu'on sonne à la porte, il y a quelqu'un ou non !

Mme Smith : Jamais personne.

M. Smith : Toujours quelqu'un.

Le Pompier : Je vais vous mettre d'accord. Vous avez un peu raison tous les deux. Lorsqu'on sonne à la porte, des fois il y a quelqu'un, d'autres fois il n'y a personne.

M. Martin : Ça me paraît logique.

Mme Martin : Je le crois aussi.

Le Pompier : Les choses sont simples, en réalité. *(Aux époux Smith.)* Embrassez-vous.

Mme Smith : On s'est déjà embrassé tout à l'heure.

M. Martin : Ils s'embrasseront demain. Ils ont tout le temps.

Mme Smith : Monsieur le Capitaine, puisque vous nous avez aidés à mettre tout cela au clair, mettez-vous à l'aise, enlevez votre casque et asseyez-vous un instant.

Le Pompier : Excusez-moi, mais je ne peux pas rester longtemps. Je veux bien enlever mon casque, mais je n'ai pas le temps de m'asseoir. *(Il s'assoit, sans enlever son casque.)* Je vous avoue que je suis venu chez vous pour tout à fait autre chose. Je suis en mission de service.

Mme Smith : Et qu'est-ce qu'il y a pour votre service, Monsieur le Capitaine ?

Le Pompier : Je vais vous prier de vouloir bien excuser mon indiscrétion *(très embarrassé)* ; euh *(il montre du doigt les époux Martin)* ... puis-je... devant eux...

Mme Martin : Ne vous gênez pas.

M. Martin : Nous sommes de vieux amis. Ils nous racontent tout.

M. Smith : Dites.

Le Pompier : Eh bien, voilà. Est-ce qu'il y a le feu chez vous ?

Mme Smith : Pourquoi nous demandez-vous ça ?

Le Pompier : C'est parce que... excusez-moi, j'ai l'ordre d'éteindre tous les incendies dans la ville.

Mme Martin : Tous ?

Le Pompier : Oui, tous.

Mme Smith, *confuse :* Je ne sais pas... je ne crois pas, voulez-vous que j'aille voir ?

M. Smith, *reniflant :* Il ne doit rien y avoir. Ça ne sent pas le roussi [1].

Le Pompier, *désolé :* Rien du tout ? Vous n'auriez pas un petit feu de cheminée, quelque chose qui brûle dans le grenier ou dans la cave ? Un petit début d'incendie, au moins ?

Mme Smith : Écoutez, je ne veux pas vous faire de la peine mais je pense qu'il n'y a rien chez nous pour le moment. Je vous promets de vous avertir dès qu'il y aura quelque chose.

Le Pompier : N'y manquez pas, vous me rendriez service.

Mme Smith : C'est promis.

Le Pompier, *aux époux Martin :* Et chez vous, ça ne brûle pas non plus ?

Mme Martin : Non, malheureusement.

M. Martin, *au Pompier :* Les affaires vont plutôt mal, en ce moment !

Le Pompier : Très mal. Il n'y a presque rien, quelques bricoles, une cheminée, une grange. Rien de sérieux. Ça ne rapporte pas. Et comme il n'y a pas de rendement, la prime à la production est très maigre.

M. Smith : Rien ne va. C'est partout pareil. Le commerce, l'agriculture, cette année c'est comme pour le feu, ça ne marche pas.

M. Martin : Pas de blé, pas de feu.

Le Pompier : Pas d'inondation non plus.

Mme Smith : Mais il y a du sucre.

M. Smith : C'est parce qu'on le fait venir de l'étranger.

---

[1]. Dans la mise en scène de Nicolas Bataille, M. et Mme Martin reniflent aussi.

Mme MARTIN : Pour les incendies, c'est plus difficile. Trop de taxes!

LE POMPIER : Il y a tout de même, mais c'est assez rare aussi, une asphyxie au gaz, ou deux. Ainsi, une jeune femme s'est asphyxiée, la semaine dernière, elle avait laissé le gaz ouvert.

Mme MARTIN : Elle l'avait oublié ?

LE POMPIER : Non, mais elle a cru que c'était son peigne.

M. SMITH : Ces confusions sont toujours dangereuses !

Mme SMITH : Est-ce que vous êtes allé voir chez le marchand d'allumettes ?

LE POMPIER : Rien à faire. Il est assuré contre l'incendie.

M. MARTIN : Allez donc voir, de ma part, le vicaire de Wakefield !

LE POMPIER : Je n'ai pas le droit d'éteindre le feu chez les prêtres. L'Évêque se fâcherait. Ils éteignent leurs feux tout seuls ou bien ils le font éteindre par des vestales.

M. SMITH : Essayez voir chez Durand.

LE POMPIER : Je ne peux pas non plus. Il n'est pas Anglais. Il est naturalisé seulement. Les naturalisés ont le droit d'avoir des maisons mais pas celui de les faire éteindre si elles brûlent.

Mme SMITH : Pourtant, quand le feu s'y est mis l'année dernière, on l'a bien éteint quand même !

LE POMPIER : Il a fait ça tout seul. Clandestinement. Oh, c'est pas moi qui irais le dénoncer.

M. SMITH : Moi non plus.

Mme SMITH : Puisque vous n'êtes pas trop pressé, Monsieur le Capitaine, restez encore un peu. Vous nous feriez plaisir.

LE POMPIER : Voulez-vous que je vous raconte des anecdotes ?

Mme SMITH : Oh, bien sûr, vous êtes charmant.

Elle l'embrasse.

M. SMITH, Mme MARTIN, M. MARTIN : Oui, oui, des anecdotes, bravo!

Ils applaudissent.

M. Smith : Et ce qui est encore plus intéressant, c'est que les histoires de pompier sont vraies, toutes, et vécues.

Le Pompier : Je parle de choses que j'ai expérimentées moi-même. La nature, rien que la nature. Pas les livres.

M. Martin : C'est exact, la vérité ne se trouve d'ailleurs pas dans les livres, mais dans la vie.

Mme Smith : Commencez !

M. Martin : Commencez !

Mme Martin : Silence, il commence.

Le Pompier *toussote plusieurs fois :* Excusez-moi, ne me regardez pas comme ça. Vous me gênez. Vous savez que je suis timide.

Mme Smith : Il est charmant !

Elle l'embrasse.

Le Pompier, Je vais tâcher de commencer quand même. Mais promettez-moi de ne pas écouter.

Mme Martin : Mais, si on n'écoutait pas, on ne vous entendrait pas.

Le Pompier : Je n'y avais pas pensé !

Mme Smith : Je vous l'avais dit : c'est un gosse.

M. Martin, M. Smith : Oh, le cher enfant !

Ils l'embrassent [1].

Mme Martin : Courage.

Le Pompier : Eh bien, voilà. *(Il toussote encore, puis commence d'une voix que l'émotion fait trembler.)* « Le Chien et le bœuf », fable expérimentale : une fois, un autre bœuf demandait à un autre chien : pourquoi n'as-tu pas avalé ta trompe ? Pardon, répondit le chien, c'est parce que j'avais cru que j'étais éléphant.

Mme Martin : Quelle est la morale ?

Le Pompier : C'est à vous de la trouver.

M. Smith : Il a raison.

Mme Smith, *furieuse :* Une autre.

Le Pompier : Un jeune veau avait mangé trop de verre

---

1. Dans la mise en scène de Nicolas Bataille, on n'embrasse pas le pompier.

pilé. En conséquence, il fut obligé d'accoucher. Il mit au monde une vache. Cependant, comme le veau était un garçon, la vache ne pouvait pas l'appeler « maman ». Elle ne pouvait pas lui dire « papa » non plus, parce que le veau était trop petit. Le veau fut donc obligé de se marier avec une personne et la mairie prit alors toutes les mesures édictées par les circonstances à la mode.

M. Smith : A la mode de Caen.

M. Martin : Comme les tripes.

Le Pompier : Vous la connaissiez donc ?

Mme Smith : Elle était dans tous les journaux.

Mme Martin : Ça s'est passé pas loin de chez nous.

Le Pompier : Je vais vous en dire une autre. « Le Coq. » Une fois, un coq voulut faire le chien. Mais il n'eut pas de chance, car on le reconnut tout de suite.

Mme Smith : Par contre, le chien qui voulut faire le coq n'a jamais été reconnu.

M. Smith : Je vais vous en dire une, à mon tour : « Le Serpent et le renard. » Une fois, un serpent s'approchant d'un renard lui dit : « Il me semble que je vous connais ! » Le renard lui répondit : « Moi aussi. » « Alors, dit le serpent, donnez-moi de l'argent. » « Un renard ne donne pas d'argent », répondit le rusé animal qui, pour s'échapper, sauta dans une vallée profonde pleine de fraisiers et de miel de poule. Le serpent l'y attendait déjà, en riant d'un rire méphistophélique. Le renard sortit son couteau en hurlant : « Je vais t'apprendre à vivre ! », puis s'enfuit, en tournant le dos. Il n'eut pas de chance. Le serpent fut plus vif. D'un coup de poing bien choisi, il frappa le renard en plein front, qui se brisa en mille morceaux, tout en s'écriant : « Non ! Non ! Quatre fois non ! Je ne suis pas ta fille [1]. »

Mme Martin : C'est intéressant.

Mme Smith : C'est pas mal.

M. Martin *(il serre la main à M. Smith)* : Mes félicitations.

---

[1]. Cette anecdote a été supprimée à la représentation. M. Smith faisait seulement les gestes, sans sortir aucun son de sa bouche.

Le Pompier, *jaloux :* Pas fameuse. Et puis, je la connaissais.

M. Smith : C'est terrible.

Mme Smith : Mais ça n'a pas été vrai.

Mme Martin : Si. Malheureusement.

M. Martin, *à Mme Smith :* C'est votre tour, Madame.

Mme Smith : J'en connais une seule. Je vais vous la dire. Elle s'intitule : « Le Bouquet. »

M. Smith : Ma femme a toujours été romantique.

M. Martin : C'est une véritable Anglaise [1].

Mme Smith : Voilà : Une fois, un fiancé avait apporté un bouquet de fleurs à sa fiancée qui lui dit *merci ;* mais avant qu'elle lui eût dit *merci*, lui, sans dire un seul mot, lui prit les fleurs qu'il lui avait données pour lui donner une bonne leçon et, lui disant *je les reprends*, il lui dit *au revoir* en les reprenant et s'éloigna par-ci, par-là.

M. Martin : Oh, charmant!

Il embrasse ou n'embrasse pas Mme Smith.

Mme Martin : Vous avez une femme, Monsieur Smith, dont tout le monde est jaloux.

M. Smith : C'est vrai. Ma femme est l'intelligence même. Elle est même plus intelligente que moi. En tout cas, elle est beaucoup plus féminine. On le dit.

Mme Smith, *au Pompier :* Encore une, Capitaine.

Le Pompier : Oh non, il est trop tard.

M. Martin : Dites quand même.

Le Pompier : Je suis trop fatigué.

M. Smith : Rendez-nous ce service.

M. Martin : Je vous en prie.

Le Pompier : Non.

Mme Martin : Vous avez un cœur de glace. Nous sommes sur des charbons ardents.

Mme Smith, *tombe à ses genoux, en sanglotant, ou ne le fait pas :* Je vous en supplie.

Le Pompier : Soit.

---

1. Ces deux répliques se répétaient trois fois à la représentation.

M. Smith, *à l'oreille de M*^me *Martin :* Il accepte ! Il va encore nous embêter.
Mme Martin : Zut.
Mme Smith : Pas de chance. J'ai été trop polie.
Le Pompier : « Le Rhume. » Mon beau-frère avait, du côté paternel, un cousin germain dont un oncle maternel avait un beau-père dont le grand-père paternel avait épousé en secondes noces une jeune indigène dont le frère avait rencontré, dans un de ses voyages, une fille dont il s'était épris et avec laquelle il eut un fils qui se maria avec une pharmacienne intrépide qui n'était autre que la nièce d'un quartier-maître inconnu de la Marine britannique et dont le père adoptif avait une tante parlant couramment l'espagnol et qui était, peut-être, une des petites-filles d'un ingénieur, mort jeune, petit-fils lui-même d'un propriétaire de vignes dont on tirait un vin médiocre, mais qui avait un petit-cousin, casanier, adjudant, dont le fils avait épousé une bien jolie jeune femme, divorcée, dont le premier mari était le fils d'un sincère patriote qui avait su élever dans le désir de faire fortune une de ses filles qui put se marier avec un chasseur qui avait connu Rothschild et dont le frère, après avoir changé plusieurs fois de métier, se maria et eut une fille dont le bisaïeul, chétif, portait des lunettes que lui avait données un sien cousin, beau-frère d'un Portugais, fils naturel d'un meunier, pas trop pauvre, dont le frère de lait avait pris pour femme la fille d'un ancien médecin de campagne, lui-même frère de lait du fils d'un laitier, lui-même fils naturel d'un autre médecin de campagne, marié trois fois de suite, dont la troisième femme...
M. Martin : J'ai connu cette troisième femme, si je ne me trompe. Elle mangeait du poulet dans un guêpier.
Le Pompier : C'était pas la même.
Mme Smith : Chut!
Le Pompier : Je dis : ... dont la troisième femme était la fille de la meilleure sage-femme de la région et qui, veuve de bonne heure...
M. Smith : Comme ma femme.
Le Pompier : ... s'était remariée avec un vitrier, plein

d'entrain, qui avait fait, à la fille d'un chef de gare, un enfant qui avait su faire son chemin dans la vie...

Mme Smith : Son chemin de fer...

M. Martin : Comme aux cartes.

Le Pompier : Et avait épousé une marchande de neuf saisons, dont le père avait un frère, maire d'une petite ville, qui avait pris pour femme une institutrice blonde dont le cousin, pêcheur à la ligne....

M. Martin : A la ligne morte ?

Le Pompier : ... avait pris pour femme une autre institutrice blonde, nommée elle aussi Marie, dont le frère s'était marié à une autre Marie, toujours institutrice blonde...

M. Smith : Puisqu'elle est blonde, elle ne peut être que Marie.

Le Pompier : ... et dont le père avait été élevé au Canada par une vieille femme qui était la nièce d'un curé dont la grand-mère attrapait, parfois, en hiver, comme tout le monde, un rhume.

Mme Smith : Curieuse histoire. Presque incroyable.

M. Martin : Quand on s'enrhume, il faut prendre des rubans.

M. Smith : C'est une précaution inutile, mais absolument nécessaire.

Mme Martin : Excusez-moi, Monsieur le Capitaine, je n'ai pas très bien compris votre histoire. A la fin, quand on arrive à la grand-mère du prêtre, on s'empêtre.

M. Smith : Toujours, on s'empêtre entre les pattes du prêtre.

Mme Smith : Oh oui, Capitaine, recommencez ! tout le monde vous le demande.

Le Pompier : Ah ! je ne sais pas si je vais pouvoir. Je suis en mission de service. Ça dépend de l'heure qu'il est.

Mme Smith : Nous n'avons pas l'heure, chez nous.

Le Pompier : Mais la pendule ?

M. Smith : Elle marche mal. Elle a l'esprit de contradiction. Elle indique toujours le contraire de l'heure qu'il est.

SCÈNE IX

LES MÊMES, AVEC MARY

Mary : Madame... Monsieur...
Mme Smith : Que voulez-vous ?
M. Smith : Que venez-vous faire ici ?
Mary : Que Madame et Monsieur m'excusent... et ces Dames et Messieurs aussi... je voudrais... je voudrais... à mon tour... vous dire une anecdote.
Mme Martin : Qu'est-ce qu'elle dit ?
M. Martin : Je crois que la bonne de nos amis devient folle... Elle veut dire elle aussi une anecdote.
Le Pompier : Pour qui se prend-elle ? *(Il la regarde.)* Oh !
Mme Smith : De quoi vous mêlez-vous ?
M. Smith : Vous êtes vraiment déplacée, Mary...
Le Pompier : Oh ! mais c'est elle ! Pas possible.
M. Smith : Vous aussi ?
Mary : Pas possible ! ici ?
Mme Smith : Qu'est-ce que ça veut dire, tout ça !
M. Smith : Vous êtes amis ?
Le Pompier : Et comment donc !

Mary se jette au cou du pompier.

Mary : Heureuse de vous revoir... enfin !
M. et Mme Smith : Oh !
M. Smith : C'est trop fort, ici, chez nous, dans les environs de Londres.
Mme Smith : Ce n'est pas convenable !...
Le Pompier : C'est elle qui a éteint mes premiers feux.
Mary : Je suis son petit jet d'eau.
M. Martin : S'il en est ainsi... chers amis... ces sentiments sont explicables, humains, honorables...
Mme Martin : Tout ce qui est humain est honorable.

Mme Smith : Je n'aime quand même pas la voir là... parmi nous...

M. Smith : Elle n'a pas l'éducation nécessaire...

Le Pompier : Oh, vous avez trop de préjugés.

Mme Martin : Moi je pense qu'une bonne, en somme, bien que cela ne me regarde pas, n'est jamais qu'une bonne...

M. Martin : Même si elle peut faire, parfois, un assez bon détective.

Le Pompier : Lâche-moi.

Mary : Ne vous en faites pas!.... Ils ne sont pas si méchants que ça.

M. Smith : Hum... hum... vous êtes attendrissants, tous les deux, mais aussi un peu... un peu...

M. Martin : Oui, c'est bien le mot.

M. Smith : ... Un peu trop voyants...

M. Martin : Il y a une pudeur britannique, excusez-moi encore une fois de préciser ma pensée, incomprise des étrangers, même spécialistes, grâce à laquelle, pour m'exprimer ainsi... enfin, je ne dis pas ça pour vous...

Mary : Je voulais vous raconter...

M. Smith : Ne racontez rien...

Mary : Oh si!

Mme Smith : Allez, ma petite Mary, allez gentiment à la cuisine y lire vos poèmes, devant la glace...

M. Martin : Tiens, sans être bonne, moi aussi je lis des poèmes devant la glace.

Mme Martin : Ce matin, quand tu t'es regardé dans la glace tu ne t'es pas vu.

M. Martin : C'est parce que je n'étais pas encore là...

Mary : Je pourrais, peut-être, quand même vous réciter un petit poème.

Mme Smith : Ma petite Mary, vous êtes épouvantablement têtue.

Mary : Je vais vous réciter un poème, alors, c'est entendu ? C'est un poème qui s'intitule « le Feu » en l'honneur du Capitaine.

LE FEU

Les polycandres brillaient dans les bois
Une pierre prit feu
Le château prit feu
La forêt prit feu
Les hommes prirent feu
Les femmes prirent feu
Les oiseaux prirent feu
Les poissons prirent feu
L'eau prit feu
Le ciel prit feu
La cendre prit feu
La fumée prit feu
Le feu prit feu
Tout prit feu
Prit feu, prit feu.

Elle dit le poème poussée par les Smith hors de la pièce.

SCÈNE X

LES MÊMES, SANS MARY

Mme MARTIN : Ça m'a donné froid dans le dos...
M. MARTIN : Il y a pourtant une certaine chaleur dans ces vers...
LE POMPIER : J'ai trouvé ça merveilleux.
Mme SMITH : Tout de même...
M. SMITH : Vous exagérez...
LE POMPIER : Écoutez, c'est vrai... tout ça c'est très subjectif... mais ça c'est ma conception du monde. Mon rêve. Mon idéal... et puis ça me rappelle que je dois partir. Puisque vous n'avez pas l'heure, moi, dans trois quarts d'heure et seize minutes exactement j'ai

un incendie, à l'autre bout de la ville. Il faut que je me dépêche. Bien que ce ne soit pas grand-chose.

Mme Smith : Qu'est-ce que ce sera ? Un petit feu de cheminée ?

Le Pompier : Oh même pas. Un feu de paille et une petite brûlure d'estomac.

M. Smith : Alors, nous regrettons votre départ.

Mme Smith : Vous avez été très amusant.

Mme Martin : Grâce à vous, nous avons passé un vrai quart d'heure cartésien.

Le Pompier, *se dirige vers la sortie, puis s'arrête* : A propos, et la Cantatrice chauve ?

Silence général, gêne.

Mme Smith : Elle se coiffe toujours de la même façon !

Le Pompier : Ah ! Alors au revoir, Messieurs-Dames.

M. Martin : Bonne chance, et bon feu !

Le Pompier : Espérons-le. Pour tout le monde.

Le Pompier s'en va. Tous le conduisent jusqu'à la porte et reviennent à leurs places.

SCÈNE XI

LES MÊMES, SANS LE POMPIER

Mme Martin : Je peux acheter un couteau de poche pour mon frère, vous ne pouvez pas acheter l'Irlande pour votre grand-père.

M. Smith : On marche avec les pieds, mais on se réchauffe à l'électricité ou au charbon.

M. Martin : Celui qui vend aujourd'hui un bœuf, demain aura un œuf.

Mme Smith : Dans la vie, il faut regarder par la fenêtre.

Mme MARTIN : On peut s'asseoir sur la chaise, lorsque la chaise n'en a pas.

M. SMITH : Il faut toujours penser à tout.

M. MARTIN : Le plafond est en haut, le plancher est en bas.

Mme SMITH : Quand je dis oui, c'est une façon de parler.

Mme MARTIN : A chacun son destin.

M. SMITH : Prenez un cercle, caressez-le, il deviendra vicieux !

Mme SMITH : Le maître d'école apprend à lire aux enfants, la chatte allaite ses petits quand ils sont petits.

Mme MARTIN : Cependant que la vache nous donne ses queues.

M. SMITH : Quand je suis à la campagne, j'aime la solitude et le calme.

M. MARTIN : Vous n'êtes pas encore assez vieux pour cela.

Mme SMITH : Benjamin Franklin avait raison : vous êtes moins tranquille que lui.

Mme MARTIN : Quels sont les sept jours de la semaine ?

M. SMITH : Monday, Tuesday, Wednesday, Thursday, Friday, Saturday, Sunday.

M. MARTIN : Edward is a clerck; his sister Nancy is a typist, and his brother William a shop-assistant.

Mme SMITH : Drôle de famille !

Mme MARTIN : J'aime mieux un oiseau dans un champ qu'une chaussette dans une brouette.

M. SMITH : Plutôt un filet dans un chalet, que du lait dans un palais.

M. MARTIN : La maison d'un Anglais est son vrai palais.

Mme SMITH : Je ne sais pas assez d'espagnol pour me faire comprendre.

Mme MARTIN : Je te donnerai les pantoufles de ma belle-mère si tu me donnes le cercueil de ton mari.

M. SMITH : Je cherche un prêtre monophysite pour le marier avec notre bonne.

M. MARTIN : Le pain est un arbre tandis que le pain

est aussi un arbre, et du chêne naît un chêne, tous les matins à l'aube.

Mme Smith : Mon oncle vit à la campagne mais ça ne regarde pas la sage-femme.

M. Martin : Le papier c'est pour écrire, le chat c'est pour le rat. Le fromage c'est pour griffer.

Mme Smith : L'automobile va très vite, mais la cuisinière prépare mieux les plats.

M. Smith : Ne soyez pas dindons, embrassez plutôt le conspirateur.

M. Martin : Charity begins at home.

Mme Smith : J'attends que l'aqueduc vienne me voir à mon moulin.

M. Martin : On peut prouver que le progrès social est bien meilleur avec du sucre.

M. Smith : A bas le cirage!

A la suite de cette dernière réplique de M. Smith, les autres se taisent un instant, stupéfaits. On sent qu'il y a un certain énervement. Les coups que frappe la pendule sont plus nerveux aussi. Les répliques qui suivent doivent être dites, d'abord, sur un ton glacial, hostile. L'hostilité et l'énervement iront en grandissant. A la fin de cette scène, les quatre personnages devront se trouver debout, tout près les uns des autres, criant leurs répliques, levant les poings, prêts à se jeter les uns sur les autres.

M. Martin : On ne fait pas briller ses lunettes avec du cirage noir.

Mme Smith : Oui, mais avec l'argent on peut acheter tout ce qu'on veut.

M. Martin : J'aime mieux tuer un lapin que de chanter dans le jardin.

M. Smith : Kakatoes, kakatoes, kakatoes, kakatoes, kakatoes, kakatoes, kakatoes, kakatoes, kakatoes, kakatoes.

Mme Smith : Quelle cacade, quelle cacade, quelle cacade, quelle cacade, quelle cacade, quelle cacade, quelle cacade, quelle cacade, quelle cacade.

M. Martin : Quelle cascade de cacades, quelle cascade de cacades, quelle cascade de cacades, quelle cascade de cacades, quelle cascade de cacades, quelle cascade de cacades, quelle cascade de cacades, quelle cascade de cacades.

M. Smith : Les chiens ont des puces, les chiens ont des puces.

Mme Martin : Cactus, Coccyx! coccus! cocardard! cochon!

Mme Smith : Encaqueur, tu nous encaques.

M. Martin : J'aime mieux pondre un œuf que voler un bœuf.

Mme Martin, *ouvrant tout grand la bouche :* Ah! oh! ah! oh! laissez-moi grincer des dents.

M. Smith : Caïman!

M. Martin : Allons gifler Ulysse.

M. Smith : Je m'en vais habiter ma cagna dans mes cacaoyers.

Mme Martin : Les cacaoyers des cacaoyères donnent pas des cacahuètes, donnent du cacao! Les cacaoyers des cacaoyères donnent pas des cacahuètes, donnent du cacao! Les cacaoyers des cacaoyères donnent pas des cacahuètes, donnent du cacao.

Mme Smith : Les souris ont des sourcils, les sourcils n'ont pas de souris.

Mme Martin : Touche pas ma babouche!

M. Martin : Bouge pas la babouche!

M. Smith : Touche la mouche, mouche pas la touche.

Mme Martin : La mouche bouge.

Mme Smith : Mouche ta bouche.

M. Martin : Mouche le chasse-mouche, mouche le chasse-mouche.

M. Smith : Escarmoucheur escarmouché!

Mme Martin : Scaramouche!

Mme Smith : Sainte-Nitouche!

M. Martin : T'en as une couche!

M. Smith : Tu m'embouches.

Mme Martin : Sainte Nitouche touche ma cartouche.

Mme Smith : N'y touchez pas, elle est brisée.
M. Martin : Sully!
M. Smith : Prudhomme!
Mme Martin, M. Smith : François.
Mme Smith, M. Martin : Coppée.
Mme Martin, M. Smith : Coppée Sully!
Mme Smith, M. Martin : Prudhomme François.
Mme Martin : Espèces de glouglouteurs, espèces de glouglouteuses.
M. Martin : Mariette, cul de marmite!
Mme Smith : Khrishnamourti, Khrishnamourti, Khrishnamourti!
M. Smith : Le pape dérape! Le pape n'a pas de soupape. La soupape a un pape.
Mme Martin : Bazar, Balzac, Bazaine!
M. Martin : Bizarre, beaux-arts, baisers!
M. Smith : A, e, i, o, u, a, e, i o, u, a, e, i, o, u, i!
Mme Martin : B, c, d, f, g, l, m, n, p, r, s, t, v, w, x, z!
Mme Martin : De l'ail à l'eau, du lait à l'ail!
Mme Smith, *imitant le train :* Teuff, teuff, teuff, teuff, teuff, teuff, teuff, teuff, teuff, teuff, teuff!
M. Smith : C'est!
Mme Martin : Pas!
M. Martin : Par!
Mme Smith : Là!
M. Smith : C'est!
Mme Martin : Par!
M. Martin : I!
Mme Smith : Ci!

Tous ensemble, au comble de la fureur, hurlent les uns aux oreilles des autres. La lumière s'est éteinte. Dans l'obscurité on entend sur un rythme de plus en plus rapide :

Tous ensemble : C'est pas par là, c'est par ici, c'est pas par là, c'est par ici, c'est pas par là, c'est par ici, c'est pas par là, c'est par ici, c'est pas par là, c'est par ici, c'est pas par là, c'est par ici [1] !

> *Les paroles cessent brusquement. De nouveau, lumière. M. et Mme Martin sont assis comme les Smith au début de la pièce. La pièce recommence avec les Martin, qui disent exactement les répliques des Smith dans la 1re scène, tandis que le rideau se ferme doucement.*

Rideau.

---

[1]. A la représentation certaines des répliques de cette dernière scène ont été supprimées ou interchangées. D'autre part le recommencement final — peut-on dire — se faisait toujours avec les Smith, l'auteur n'ayant eu l'idée lumineuse de substituer les Martin aux Smith qu'après les premières représentations.

La Leçon

DRAME COMIQUE

PERSONNAGES

LE PROFESSEUR, 50 à 60 ans . . . . *Marcel Cuvelier.*
LA JEUNE ÉLÈVE, 18 ans . . . . *Rosette Zuchelli.*
LA BONNE, 45 à 50 ans . . . . *Claude Mansard.*

La Leçon *a été représentée pour la première fois au Théâtre de Poche le 20 février 1951.*
La mise en scène était de Marcel Cuvelier.

DÉCOR

Le cabinet de travail, servant aussi de salle à manger, du vieux professeur.

A gauche de la scène, une porte donnant dans les escaliers de l'immeuble; au fond, à droite de la scène, une autre porte menant à un couloir de l'appartement.

Au fond, un peu sur la gauche, une fenêtre, pas très grande, avec des rideaux simples; sur le bord extérieur de la fenêtre, des pots de fleurs banales.

On doit apercevoir, dans le lointain, des maisons basses, aux toits rouges : la petite ville. Le ciel est bleu gris. Sur la droite, un buffet rustique. La table sert aussi de bureau : elle se trouve au milieu de la pièce. Trois chaises autour de la table, deux autres des deux côtés de la fenêtre, tapisserie claire, quelques rayons avec des livres.

Au lever du rideau, la scène est vide, elle le restera assez longtemps. Puis on entend la sonnette de la porte d'entrée. On entend la :

Voix de la Bonne, *en coulisse :* Oui. Tout de suite.

précédant la bonne elle-même, qui, après avoir descendu, en courant, des marches, apparaît. Elle est forte ; elle a de 45 à 50 ans, rougeaude, coiffe paysanne.

La Bonne *entre en coup de vent, fait claquer derrière elle la porte de droite, s'essuie les mains sur son tablier, tout en courant vers la porte de gauche, cependant qu'on entend un deuxième coup de sonnette :* Patience. J'arrive. *(Elle ouvre la porte. Apparaît la jeune élève, âgée de 18 ans. Tablier gris, petit col blanc, serviette sous le bras.)* Bonjour, Mademoiselle.
L'Élève : Bonjour, Madame. Le Professeur est à la maison ?
La Bonne : C'est pour la leçon ?
L'Élève : Oui, Madame.
La Bonne : Il vous attend. Asseyez-vous un instant, je vais le prévenir.
L'Élève : Merci, Madame.

Elle s'assied près de la table, face au public ; à sa gauche, la porte d'entrée ; elle tourne le dos à l'autre porte par laquelle, toujours se dépêchant, sort la Bonne, qui appelle :

La Bonne : Monsieur, descendez, s'il vous plaît. Votre élève est arrivée.

Voix du Professeur, *plutôt fluette :* Merci. Je descends... dans deux minutes...

La Bonne est sortie ; l'Élève, tirant sous elle ses jambes, sa serviette sur ses genoux, attend, gentiment ; un petit regard ou deux dans la pièce, sur les meubles, au plafond aussi ; puis elle tire de sa serviette un cahier, qu'elle feuillette, puis s'arrête plus longtemps sur une page, comme pour répéter la leçon, comme pour jeter un dernier coup d'œil sur ses devoirs. Elle a l'air d'une fille polie, bien élevée, mais bien vivante, gaie, dynamique ; un sourire frais sur les lèvres ; au cours du drame qui va se jouer, elle ralentira progressivement le rythme vif de ses mouvements, de son allure, elle devra se refouler ; de gaie et souriante, elle deviendra progressivement triste, morose ; très vivante au début, elle sera de plus en plus fatiguée, somnolente ; vers la fin du drame sa figure devra exprimer nettement une dépression nerveuse ; sa façon de parler s'en ressentira, sa langue se fera pâteuse, les mots reviendront difficilement dans sa mémoire et sortiront, tout aussi difficilement, de sa bouche ; elle aura l'air vaguement paralysée, début d'aphasie ; volontaire au début, jusqu'à en paraître presque agressive, elle se fera de plus en plus passive, jusqu'à ne plus être qu'un objet mou et inerte, semblant inanimée, entre les mains du Professeur ; si bien que lorsque celui-ci en sera arrivé à accomplir le geste final, l'Élève ne réagira plus ; insensibilisée, elle n'aura plus de réflexes ; seuls ses yeux, dans une figure immobile, exprimeront un étonnement et une frayeur indicibles ; le passage d'un comportement à l'autre devra se faire, bien entendu, insensiblement.

Le Professeur entre. C'est un petit vieux à barbiche blanche ; il a des lorgnons, une calotte noire, il porte une longue blouse noire de maître d'école, pantalons et souliers noirs, faux col blanc, cravate noire. Excessivement poli, très timide, voix assourdie par la timidité, très correct, très professeur. Il se frotte tout le temps les mains ; de temps à autre, une lueur lubrique dans les yeux, vite réprimée.

Au cours du drame, sa timidité disparaîtra progressivement, insensiblement ; les lueurs lubriques de ses yeux finiront par devenir une flamme dévorante, ininterrompue ; d'apparence plus qu'inoffensive au début de l'action, le Professeur deviendra de plus en plus sûr de lui, nerveux, agressif, dominateur, jusqu'à se jouer comme il lui plaira de son élève, devenue, entre ses mains, une pauvre chose. Évidemment la voix du Professeur devra elle aussi devenir, de maigre et fluette, de plus en plus forte, et, à la fin, extrêmement puissante, éclatante, clairon sonore, tandis que la voix de l'Élève se fera presque inaudible, de très claire et bien timbrée qu'elle aura été au début du drame. Dans les premières scènes, le Professeur bégayera, très légèrement, peut-être.

LE PROFESSEUR : Bonjour, Mademoiselle... C'est vous, c'est bien vous, n'est-ce pas, la nouvelle élève ?

L'ÉLÈVE, *se retourne vivement, l'air très dégagée, jeune fille du monde ; elle se lève, s'avance vers le Professeur, lui tend la main :* Oui, Monsieur. Bonjour, Monsieur. Vous voyez, je suis venue à l'heure. Je n'ai pas voulu être en retard.

LE PROFESSEUR : C'est bien, Mademoiselle. Merci, mais il ne fallait pas vous presser. Je ne sais comment m'excuser de vous avoir fait attendre... Je finissais justement... n'est-ce pas, de... Je m'excuse... Vous m'excuserez...

L'ÉLÈVE : Il ne faut pas, Monsieur. Il n'y a aucun mal, Monsieur.

LE PROFESSEUR : Mes excuses... Vous avez eu de la peine à trouver la maison ?

L'ÉLÈVE : Du tout... Pas du tout. Et puis j'ai demandé. Tout le monde vous connaît ici.

Le Professeur : Il y a trente ans que j'habite la ville. Vous n'y êtes pas depuis longtemps ! Comment la trouvez-vous ?

L'Élève : Elle ne me déplaît nullement. C'est une jolie ville, agréable, un joli parc, un pensionnat, un évêque, de beaux magasins, des rues, des avenues...

Le Professeur : C'est vrai, Mademoiselle. Pourtant j'aimerais autant vivre autre part. A Paris, ou au moins à Bordeaux.

L'Élève : Vous aimez Bordeaux ?

Le Professeur : Je ne sais pas. Je ne connais pas.

L'Élève : Alors vous connaissez Paris ?

Le Professeur : Non plus, Mademoiselle, mais, si vous me le permettez, pourriez-vous me dire, Paris, c'est le chef-lieu de... Mademoiselle ?

L'Élève, *cherche un instant, puis, heureuse de savoir* : Paris, c'est le chef-lieu de... la France ?

Le Professeur : Mais oui, Mademoiselle, bravo, mais c'est très bien, c'est parfait. Mes félicitations. Vous connaissez votre géographie nationale sur le bout des ongles. Vos chefs-lieux.

L'Élève : Oh ! je ne les connais pas tous encore, Monsieur, ce n'est pas si facile que ça, j'ai du mal à les apprendre.

Le Professeur : Oh, ça viendra... Du courage... Mademoiselle... Je m'excuse... de la patience... doucement, doucement... Vous verrez, ça viendra... Il fait beau aujourd'hui... ou plutôt pas tellement... Oh ! si quand même. Enfin, il ne fait pas trop mauvais, c'est le principal... Euh... euh... Il ne pleut pas, il ne neige pas non plus.

L'Élève : Ce serait bien étonnant, car nous sommes en été.

Le Professeur : Je m'excuse, Mademoiselle, j'allais vous le dire... mais vous apprendrez que l'on peut s'attendre à tout.

L'Élève : Évidemment, Monsieur.

Le Professeur : <u>Nous ne pouvons être sûrs de rien</u>, Mademoiselle, en ce monde.

L'Élève : La neige tombe l'hiver. L'hiver, c'est une

des quatre saisons. Les trois autres sont... euh... le prin...

Le Professeur : Oui ?

L'Élève : ...temps, et puis l'été... et... euh...

Le Professeur : Ça commence comme automobile, Mademoiselle.

L'Élève : Ah, oui, l'automne...

Le Professeur : C'est bien cela, Mademoiselle, très bien répondu, c'est parfait. Je suis convaincu que serez une bonne élève. Vous ferez des progrès. Vous êtes intelligente, vous me paraissez instruite, bonne mémoire.

L'Élève : Je connais mes saisons, n'est-ce pas, Monsieur ?

Le Professeur : Mais oui, Mademoiselle... ou presque. Mais ça viendra. De toute façon, c'est déjà bien. Vous arriverez à les connaître, toutes vos saisons, les yeux fermés. Comme moi.

L'Élève : C'est difficile.

Le Professeur : Oh, non. Il suffit d'un petit effort, de la bonne volonté, Mademoiselle. Vous verrez. Ça viendra, soyez-en sûre.

L'Élève : Oh, je voudrais bien, Monsieur. J'ai une telle soif de m'instruire. Mes parents aussi désirent que j'approfondisse mes connaissances. Ils veulent que je me spécialise. Ils pensent qu'une simple culture générale, même si elle est solide, ne suffit plus, à notre époque.

Le Professeur : Vos parents, Mademoiselle, ont parfaitement raison. Vous devez pousser vos études. Je m'excuse de vous le dire, mais c'est une chose nécessaire. La vie contemporaine est devenue très complexe.

L'Élève : Et tellement compliquée... Mes parents sont assez fortunés, j'ai de la chance. Ils pourront m'aider à travailler, à faire des études très supérieures.

Le Professeur : Et vous voudriez vous présenter...

L'Élève : Le plus tôt possible, au premier concours de doctorat. C'est dans trois semaines.

Le Professeur : Vous avez déjà votre baccalauréat, si vous me permettez de vous poser la question.

L'Élève : Oui, Monsieur, j'ai mon bachot sciences, et mon bachot lettres.

Le Professeur : Oh, mais vous êtes très avancée, même trop avancée pour votre âge. Et quel doctorat voulez-vous passer ? Sciences matérielles ou philosophie normale ?

L'Élève : Mes parents voudraient bien, si vous croyez que cela est possible en si peu de temps, ils voudraient bien que je passe mon doctorat total.

Le Professeur : Le doctorat total ?... Vous avez beaucoup de courage, Mademoiselle, je vous félicite sincèrement. Nous tâcherons, Mademoiselle, de faire de notre mieux. D'ailleurs, vous êtes déjà assez savante. A un si jeune âge.

L'Élève : Oh, Monsieur.

Le Professeur : Alors, si vous voulez bien me permettre, mes excuses, je vous dirais qu'il faut se mettre au travail. Nous n'avons guère de temps à perdre.

L'Élève : Mais au contraire, Monsieur, je le veux bien. Et même je vous en prie.

Le Professeur : Puis-je donc vous demander de vous asseoir... là... Voulez-vous me permettre, Mademoiselle, si vous n'y voyez pas d'inconvénients, de m'asseoir en face de vous ?

L'Élève : Certainement, Monsieur. Je vous en prie.

Le Professeur : Merci bien, Mademoiselle. *(Ils s'assoient l'un en face de l'autre, à table, de profil à la salle.)* Voilà. Vous avez vos livres, vos cahiers ?

L'Élève, *sortant des cahiers et des livres de sa serviette* : Oui, Monsieur. Bien sûr, j'ai là tout ce qu'il faut.

Le Professeur : Parfait, Mademoiselle. C'est parfait. Alors, si cela ne vous ennuie pas... pouvons-nous commencer ?

L'Élève : Mais oui, Monsieur, je suis à votre disposition, Monsieur.

Le Professeur : A ma disposition ?... *(Lueur dans les yeux vite éteinte, un geste, qu'il réprime.)* Oh, Mademoiselle, c'est moi qui suis à votre disposition. Je ne suis que votre serviteur.

L'Élève : Oh, Monsieur...

Le Professeur : Si vous voulez bien... alors... nous... nous... je... je commencerai par faire un examen sommaire de vos connaissances passées et présentes, afin de pouvoir en dégager la voie future... Bon. Où en est votre perception de la pluralité ?

L'Élève : Elle est assez vague... confuse.

Le Professeur : Bon. Nous allons voir ça.

Il se frotte les mains. La Bonne entre, ce qui a l'air d'irriter le Professeur ; elle se dirige vers le buffet, y cherche quelque chose, s'attarde.

Le Professeur : Voyons, Mademoiselle, voulez-vous que nous fassions un peu d'arithmétique, si vous voulez bien...

L'Élève : Mais oui, Monsieur. Certainement, je ne demande que ça.

Le Professeur : C'est une science assez nouvelle, une science moderne ; à proprement parler, c'est plutôt une méthode qu'une science... C'est aussi une thérapeutique. *(A la Bonne.)* Marie, est-ce que vous avez fini ?

La Bonne : Oui, Monsieur, j'ai trouvé l'assiette. Je m'en vais...

Le Professeur : Dépêchez-vous. Allez à votre cuisine, s'il vous plaît.

La Bonne : Oui, Monsieur. J'y vais.

Fausse sortie de la Bonne.

La Bonne : Excusez-moi, Monsieur, faites attention, je vous recommande le calme.

Le Professeur : Vous êtes ridicule, Marie, voyons. Ne vous inquiétez pas.

La Bonne : On dit toujours ça.

Le Professeur : Je n'admets pas vos insinuations. Je sais parfaitement comment me conduire. Je suis assez vieux pour cela.

La Bonne : Justement, Monsieur. Vous feriez mieux de ne pas commencer par l'arithmétique avec Mademoiselle. L'arithmétique ça fatigue, ça énerve.

Le Professeur : Plus à mon âge. Et puis de quoi

vous mêlez-vous ? C'est mon affaire. Et je la connais. Votre place n'est pas ici.

La Bonne : C'est bien, Monsieur. Vous ne direz pas que je ne vous ai pas averti.

Le Professeur : Marie, je n'ai que faire de vos conseils.

La Bonne : C'est comme Monsieur veut.

Elle sort.

Le Professeur : Excusez-moi, Mademoiselle, pour cette sotte interruption. Excusez cette femme... Elle a toujours peur que je me fatigue. Elle craint pour ma santé.

L'Élève : Oh, c'est tout excusé, Monsieur. Ça prouve qu'elle vous est dévouée. Elle vous aime bien. C'est rare, les bons domestiques.

Le Professeur : Elle exagère. Sa peur est stupide. Revenons à nos moutons arithmétiques.

L'Élève : Je vous suis, Monsieur.

Le Professeur, *spirituel :* Tout en restant assise!

L'Élève, *appréciant le mot d'esprit:* Comme vous, Monsieur.

Le Professeur : Bon. Arithmétisons donc un peu.

L'Élève : Oui, très volontiers, Monsieur.

Le Professeur : Cela ne vous ennuierait pas de me dire...

L'Élève : Du tout, Monsieur, allez-y.

Le Professeur : Combien font un et un ?

L'Élève : Un et un font deux.

Le Professeur, *émerveillé par le savoir de l'Élève :* Oh, mais c'est très bien. Vous me paraissez très avancée dans vos études. Vous aurez facilement votre doctorat total, Mademoiselle.

L'Élève : Je suis bien contente. D'autant plus que c'est vous qui le dites.

Le Professeur : Poussons plus loin : combien font deux et un ?

L'Élève : Trois.

Le Professeur : Trois et un ?

L'Élève : Quatre.

Le Professeur : Quatre et un ?

L'Élève : Cinq.
Le Professeur : Cinq et un ?
L'Élève : Six.
Le Professeur : Six et un ?
L'Élève : Sept.
Le Professeur : Sept et un ?
L'Élève : Huit.
Le Professeur : Sept et un ?
L'Élève : Huit... *bis*.
Le Professeur : Très bonne réponse. Sept et un ?
L'Élève : Huit *ter*.
Le Professeur : Parfait. Excellent. Sept et un ?
L'Élève : Huit *quater*. Et parfois neuf.
Le Professeur : Magnifique. Vous êtes magnifique. Vous êtes exquise. Je vous félicite chaleureusement, Mademoiselle. Ce n'est pas la peine de continuer. Pour l'addition, vous êtes magistrale. Voyons la soustraction. Dites-moi, seulement, si vous n'êtes pas épuisée, combien font quatre moins trois ?
L'Élève : Quatre moins trois ?... Quatre moins trois ?
Le Professeur : Oui. Je veux dire : retirez trois de quatre.
L'Élève : Ça fait... sept ?
Le Professeur : Je m'excuse d'être obligé de vous contredire. Quatre moins trois ne font pas sept. Vous confondez : quatre plus trois font sept, quatre moins trois ne font pas sept... Il ne s'agit plus d'additionner, il faut soustraire maintenant.
L'Élève, *s'efforce de comprendre* : Oui... oui...
Le Professeur : Quatre moins trois font... Combien ?... Combien ?
L'Élève : Quatre ?
Le Professeur : Non, Mademoiselle, ce n'est pas ça.
L'Élève : Trois, alors.
Le Professeur : Non plus, Mademoiselle... Pardon, je dois le dire... Ça ne fait pas ça... mes excuses.
L'Élève : Quatre moins trois... Quatre moins trois... Quatre moins trois ?... Ça ne fait tout de même pas dix ?

Le Professeur : Oh, certainement pas, Mademoiselle. Mais il ne s'agit pas de deviner, il faut raisonner. Tâchons de le déduire ensemble. Voulez-vous compter ?
L'Élève : Oui, Monsieur. Un..., deux..., euh...
Le Professeur : Vous savez bien compter ? Jusqu'à combien savez-vous compter ?
L'Élève : Je puis compter... à l'infini.
Le Professeur : Cela n'est pas possible, Mademoiselle.
L'Élève : Alors, mettons jusqu'à seize.
Le Professeur : Cela suffit. Il faut savoir se limiter. Comptez donc, s'il vous plaît, je vous en prie.
L'Élève : Un..., deux..., et puis après deux, il y a trois... quatre...
Le Professeur : Arrêtez-vous, Mademoiselle. Quel nombre est plus grand ? Trois ou quatre ?
L'Élève : Euh... trois ou quatre ? Quel est le plus grand ? Le plus grand de trois ou quatre ? Dans quel sens le plus grand ?
Le Professeur : Il y a des nombres plus petits et d'autres plus grands. Dans les nombres plus grands il y a plus d'unités que dans les petits...
L'Élève : ... Que dans les petits nombres ?
Le Professeur : A moins que les petits aient des unités plus petites. Si elles sont toutes petites, il se peut qu'il y ait plus d'unités dans les petits nombres que dans les grands... s'il s'agit d'autres unités...
L'Élève : Dans ce cas, les petits nombres peuvent être plus grands que les grands nombres ?
Le Professeur : Laissons cela. Ça nous mènerait beaucoup trop loin : sachez seulement qu'il n'y a pas que des nombres... il y a aussi des grandeurs, des sommes, il y a des groupes, il y a des tas, des tas de choses telles que les prunes, les wagons, les oies, les pépins, etc. Supposons simplement, pour faciliter notre travail, que nous n'avons que des nombres égaux, les plus grands seront ceux qui auront le plus d'unités égales.
L'Élève : Celui qui en aura le plus sera le plus grand ? Ah, je comprends, Monsieur, vous identifiez la qualité à la quantité.

Le Professeur : Cela est trop théorique, Mademoiselle, trop théorique. Vous n'avez pas à vous inquiéter de cela. Prenons notre exemple et raisonnons sur ce cas précis. Laissons pour plus tard les conclusions générales. Nous avons le nombre quatre et le nombre trois, avec chacun un nombre toujours égal d'unités; quel nombre sera le plus grand, le nombre plus petit ou le nombre plus grand ?

L'Élève : Excusez-moi, Monsieur... Qu'entendez-vous par le nombre le plus grand ? Est-ce celui qui est moins petit que l'autre ?

Le Professeur : C'est ça, Mademoiselle, parfait. Vous m'avez très bien compris.

L'Élève : Alors, c'est quatre.

Le Professeur : Qu'est-ce qu'il est, le quatre ? Plus grand ou plus petit que trois ?

L'Élève : Plus petit... non, plus grand.

Le Professeur : Excellente réponse. Combien d'unités avez-vous de trois à quatre ?... ou de quatre à trois, si vous préférez ?

L'Élève : Il n'y a pas d'unités, Monsieur, entre trois et quatre. Quatre vient tout de suite après trois; il n'y a rien du tout entre trois et quatre !

Le Professeur : Je me suis mal fait comprendre. C'est sans doute ma faute. Je n'ai pas été assez clair.

L'Élève : Non, Monsieur, la faute est mienne.

Le Professeur : Tenez. Voici trois allumettes. En voici encore une, ça fait quatre. Regardez bien, vous en avez quatre, j'en retire une, combien vous en reste-t-il ?

On ne voit pas les allumettes, ni aucun des objets, d'ailleurs, dont il est question; le Professeur se lèvera de table, écrira sur un tableau inexistant avec une craie inexistante, etc.

L'Élève : Cinq. Si trois et un font quatre, quatre et un font cinq.

Le Professeur : Ce n'est pas ça. Ce n'est pas ça du tout. Vous avez toujours tendance à additionner. Mais il faut aussi soustraire. Il ne faut pas uniquement intégrer. Il faut aussi désintégrer. C'est ça la vie. C'est ça la philosophie. C'est ça la science. C'est ça le progrès, la civilisation.

L'Élève : Oui, Monsieur.

Le Professeur : Revenons à nos allumettes. J'en ai donc quatre. Vous voyez, elles sont bien quatre. J'en retire une, il n'en reste plus que...

L'Élève : Je ne sais pas, Monsieur.

Le Professeur : Voyons, réfléchissez. Ce n'est pas facile, je l'admets. Pourtant, vous êtes assez cultivée pour pouvoir faire l'effort intellectuel demandé et parvenir à comprendre. Alors ?

L'Élève : Je n'y arrive pas, Monsieur. Je ne sais pas, Monsieur.

Le Professeur : Prenons des exemples plus simples. Si vous aviez eu deux nez, et je vous en aurais arraché un... combien vous en resterait-il maintenant ?

L'Élève : Aucun.

Le Professeur : Comment aucun ?

L'Élève : Oui, c'est justement parce que vous n'en avez arraché aucun, que j'en ai un maintenant. Si vous l'aviez arraché, je ne l'aurais plus.

Le Professeur : Vous n'avez pas compris mon exemple. Supposez que vous n'avez qu'une seule oreille.

L'Élève : Oui, après ?

Le Professeur : Je vous en ajoute une, combien en auriez-vous ?

L'Élève : Deux.

Le Professeur : Bon. Je vous en ajoute encore une. Combien en auriez-vous ?

L'Élève : Trois oreilles.

Le Professeur : J'en enlève une... Il vous reste... combien d'oreilles ?

L'Élève : Deux.

Le Professeur : Bon. J'en enlève encore une, combien vous en reste-t-il ?

L'Élève : Deux.

Le Professeur : Non. Vous en avez deux, j'en prends une, je vous en mange une, combien vous en reste-t-il ?

L'Élève : Deux.

Le Professeur : J'en mange une... une.

L'Élève : Deux.
Le Professeur : Une.
L'Élève : Deux.
Le Professeur : Une!
L'Élève : Deux!
Le Professeur : Une!!!
L'Élève : Deux!!!
Le Professeur : Une!!!
L'Élève : Deux!!!
Le Professeur : Une!!!
L'Élève : Deux!!!
Le Professeur : Non. Non. Ce n'est pas ça. L'exemple n'est pas... n'est pas convaincant. Écoutez-moi.
L'Élève : Oui, Monsieur.
Le Professeur : Vous avez.... vous avez... vous avez...
L'Élève : Dix doigts!...
Le Professeur : Si vous voulez. Parfait. Bon. Vous avez donc dix doigts.
L'Élève : Oui, Monsieur.
Le Professeur : Combien en auriez-vous, si vous en aviez cinq?
L'Élève : Dix, Monsieur.
Le Professeur : Ce n'est pas ça!
L'Élève : Si, Monsieur.
Le Professeur : Je vous dis que non!
L'Élève : Vous venez de me dire que j'en ai dix...
Le Professeur : Je vous ai dit aussi, tout de suite après, que vous en aviez cinq!
L'Élève : Je n'en ai pas cinq, j'en ai dix!
Le Professeur : Procédons autrement.... Limitons-nous aux nombres de un à cinq, pour la soustraction... Attendez, Mademoiselle, vous allez voir. Je vais vous faire comprendre. *(Le Professeur se met à écrire à un tableau noir imaginaire. Il l'approche de l'Élève, qui se retourne pour regarder.)* Voyez, Mademoiselle... *(Il fait semblant de dessiner, au tableau noir, un bâton; il fait semblant d'écrire au-dessous le chiffre 1; puis deux bâtons, sous lesquels il fait le chiffre 2, puis en dessous le chiffre 3, puis quatre bâtons au-dessous desquels il fait le chiffre 4.)* Vous voyez...

L'Élève : Oui, Monsieur.

Le Professeur : Ce sont des bâtons, Mademoiselle, des bâtons. Ici, c'est un bâton ; là ce sont deux bâtons ; là, trois bâtons, puis quatre bâtons, puis cinq bâtons. Un bâton, deux bâtons, trois bâtons, quatre et cinq bâtons, ce sont des nombres. Quand on compte des bâtons, chaque bâton est une unité, Mademoiselle... Qu'est-ce que je viens de dire ?

L'Élève : « Une unité, Mademoiselle ! Qu'est-ce que je viens de dire ? »

Le Professeur : Ou des chiffres ! Ou des nombres ! Un, deux, trois, quatre, cinq, ce sont des éléments de la numération, Mademoiselle.

L'Élève, *hésitante* : Oui, Monsieur. Des éléments, des chiffres, qui sont des bâtons, des unités et des nombres...

Le Professeur : A la fois... C'est-à-dire, en définitive, toute l'arithmétique elle-même est là.

L'Élève : Oui, Monsieur. Bien, Monsieur. Merci, Monsieur.

Le Professeur : Alors, comptez, si vous voulez, en vous servant de ces éléments... additionnez et soustrayez...

L'Élève, *comme pour imprimer dans sa mémoire* : Les bâtons sont bien des chiffres et les nombres, des unités ?

Le Professeur : Hum... si l'on peut dire. Et alors ?

L'Élève : On peut soustraire deux unités de trois unités, mais peut-on soustraire deux deux de trois trois ? et deux chiffres de quatre nombres ? et trois nombres d'une unité ?

Le Professeur : Non, Mademoiselle.

L'Élève : Pourquoi, Monsieur ?

Le Professeur : Parce que, Mademoiselle.

L'Élève : Parce que quoi, Monsieur ? Puisque les uns sont bien les autres ?

Le Professeur : Il en est ainsi, Mademoiselle. Ça ne s'explique pas. Ça se comprend par un raisonnement mathématique intérieur. On l'a ou on ne l'a pas.

L'Élève : Tant pis !

La Leçon

Le Professeur : Écoutez-moi, Mademoiselle, si vous n'arrivez pas à comprendre profondément ces principes, ces archétypes arithmétiques, vous n'arriverez jamais à faire correctement un travail de polytechnicien. Encore moins ne pourra-t-on vous charger d'un cours à l'École polytechnique.. ni à la maternelle supérieure. Je reconnais que ce n'est pas facile, c'est très, très abstrait... évidemment... mais comment pourriez-vous arriver, avant d'avoir bien approfondi les éléments premiers, à calculer mentalement combien font, et ceci est la moindre des choses pour un ingénieur moyen — combien font, par exemple, trois milliards sept cent cinquante-cinq millions neuf cent quatre-vingt-dix-huit mille deux cent cinquante et un, multiplié par cinq milliards cent soixante-deux millions trois cent trois mille cinq cent huit ?

L'Élève, *très vite* : Ça fait dix-neuf quintillions trois cent quatre-vingt-dix quadrillions deux trillions huit cent quarante-quatre milliards deux cent dix-neuf millions cent soixante-quatre mille cinq cent huit...

Le Professeur, *étonné* : Non. Je ne pense pas. Ça doit faire dix-neuf quintillions trois cent quatre-vingt-dix quadrillions deux trillions huit cent quarante-quatre milliards deux cent dix-neuf millions cent soixante-quatre mille cinq cent neuf...

L'Élève : ... Non... cinq cent huit...

Le Professeur, *de plus en plus étonné, calcule mentalement* : Oui... Vous avez raison... le produit est bien... *(il bredouille inintelligiblement).* ... quintillions, quadrillions, trillions, milliards, millions... *(Distinctement.)* ... cent soixante-quatre mille cinq cent huit... *(Stupéfait.)* Mais comment le savez-vous, si vous ne connaissez pas les principes du raisonnement arithmétique ?

L'Élève : C'est simple. Ne pouvant me fier à mon raisonnement, j'ai appris par cœur tous les résultats possibles de toutes les multiplications possibles.

Le Professeur : C'est assez fort.... Pourtant, vous me permettrez de vous avouer que cela ne me satisfait pas, Mademoiselle, et je ne vous féliciterai pas :

en mathématiques et en arithmétique tout spécialement, ce qui compte — car en arithmétique il faut toujours compter — ce qui compte, c'est surtout de comprendre... C'est par un raisonnement mathématique, inductif et déductif à la fois, que vous auriez dû trouver ce résultat — ainsi que tout autre résultat. Les mathématiques sont les ennemies acharnées de la mémoire, excellente par ailleurs, mais néfaste, arithmétiquement parlant!... Je ne suis donc pas content... ça ne va donc pas, mais pas du tout...

L'Élève, *désolée* : Non, Monsieur.

Le Professeur : Laissons cela pour le moment. Passons à un autre genre d'exercices...

L'Élève : Oui, Monsieur.

La Bonne, *entrant* : Hum, hum, Monsieur...

Le Professeur, *qui n'entend pas* : C'est dommage, Mademoiselle, que vous soyez si peu avancée en mathématiques spéciales...

La Bonne, *le tirant par la manche* : Monsieur! Monsieur!

Le Professeur : Je crains que vous ne puissiez vous présenter au concours du doctorat total...

L'Élève : Oui, Monsieur, dommage!

Le Professeur : Au moins si vous... *(A la bonne.)* Mais laissez-moi, Marie... Voyons, de quoi vous mêlez-vous? A la cuisine! A votre vaisselle! Allez! Allez! *(A l'Élève.)* Nous tâcherons de vous préparer pour le passage, au moins, du doctorat partiel...

La Bonne : Monsieur!... Monsieur!...

Elle le tire par la manche.

Le Professeur, *à la Bonne* : Mais lâchez-moi donc! Lâchez-moi! Qu'est-ce que ça veut dire?... *(A l'Élève.)* Je dois donc vous enseigner, si vous tenez vraiment à vous présenter au doctorat partiel...

L'Élève : Oui, Monsieur.

Le Professeur : ... Les éléments de la linguistique et de la philologie comparée...

La Bonne : Non, Monsieur, non!... Il ne faut pas!...

Le Professeur : Marie, vous exagérez!

La Bonne : Monsieur, surtout pas de philologie, la philologie mène au pire...
L'Élève, *étonnée :* Au pire ? *(Souriant, un peu bête.)* En voilà une histoire !
Le Professeur, *à la Bonne :* C'est trop fort ! Sortez !
La Bonne : Bien, Monsieur, bien. Mais vous ne direz pas que je ne vous ai pas averti ! <u>La philologie mène au pire !</u>
Le Professeur : Je suis majeur, Marie !
L'Élève : Oui, Monsieur.
La Bonne : C'est comme vous voudrez !

Elle sort.

Le Professeur : Continuons, Mademoiselle.
L'Élève : Oui, Monsieur.
Le Professeur : Je vais donc vous prier d'écouter avec la plus grande attention mon cours, tout préparé...
L'Élève : Oui, Monsieur.
Le Professeur : ... Grâce auquel, en quinze minutes, vous pouvez acquérir les principes fondamentaux de la philologie linguistique et comparée des langues néo-espagnoles.
L'Élève : Oui, Monsieur, oh !

Elle frappe dans ses mains.

Le Professeur , *avec autorité :* Silence ! Que veut dire cela ?
L'Élève : Pardon, Monsieur.

Lentement, elle remet ses mains sur la table.

Le Professeur : Silence ! *(Il se lève, se promène dans la chambre, les mains derrière le dos ; de temps en temps, il s'arrête, au milieu de la pièce ou auprès de l'Élève, et appuie ses paroles d'un geste de la main ; il pérore, sans trop charger ; l'Élève le suit du regard et a, parfois, certaine difficulté à le suivre car elle doit beaucoup tourner la tête ; une ou deux fois, pas plus, elle se retourne complètement.)* Ainsi donc, Mademoiselle, l'espagnol est bien la langue mère d'où sont nées toutes les langues néo-espagnoles, dont l'espagnol, le latin, l'italien, notre français, le portugais, le roumain, le sarde ou sardanapale, l'espagnol et le néo-espagnol — et aussi, pour certains de ses aspects, le turc lui-même plus rapproché cependant du grec, ce qui est tout à fait logique, étant donné que la Turquie est voisine de la Grèce et la Grèce plus près de la Turquie que vous et moi : ceci n'est qu'une illustration de plus d'une loi linguistique très importante selon laquelle géographie et philologie sont sœurs jumelles... Vous pouvez prendre note, Mademoiselle.

L'ÉLÈVE, *d'une voix éteinte* : Oui, Monsieur !

LE PROFESSEUR : Ce qui distingue les langues néo-espagnoles entre elles et leurs idiomes des autres groupes linguistiques, tels que le groupe des langues autrichiennes et néo-autrichiennes ou habsbourgiques, aussi bien que des groupes espérantiste, helvétique, monégasque, suisse, andorrien, basque, pelote, aussi bien encore que des groupes des langues diplomatique et technique — ce qui les distingue, dis-je, c'est leur ressemblance frappante qui fait qu'on a bien du mal à les distinguer l'une de l'autre — je parle des langues néo-espagnoles entre elles, que l'on arrive à distinguer, cependant, grâce à leurs caractères distinctifs, preuves absolument indiscutables de l'extraordinaire ressemblance, qui rend indiscutable leur communauté d'origine, et qui, en même temps, les différencie profondément — par le maintien des traits distinctifs dont je viens de parler.

L'ÉLÈVE : Oooh ! oouuii, Monsieur !

LE PROFESSEUR : Mais ne nous attardons pas dans les généralités...

L'ÉLÈVE, *regrettant, séduite* : Oh, Monsieur...

LE PROFESSEUR : Cela a l'air de vous intéresser. Tant mieux, tant mieux.

L'ÉLÈVE : Oh, oui, Monsieur...

LE PROFESSEUR : Ne vous inquiétez pas, Mademoiselle. Nous y reviendrons plus tard... à moins que ce ne soit plus du tout. Qui pourrait le dire ?

L'ÉLÈVE, *enchantée, malgré tout* : Oh, oui, Monsieur.

LE PROFESSEUR : Toute langue, Mademoiselle, sachez-le, souvenez-vous-en <u>*jusqu'à l'heure de votre mort*</u>...

L'Élève : Oh! oui, Monsieur, jusqu'à l'heure de ma mort... Oui, Monsieur...

Le Professeur : ... et ceci est encore un principe fondamental, toute langue n'est en somme qu'un langage, ce qui implique nécessairement qu'elle se compose de sons, ou...

L'Élève : Phonèmes...

Le Professeur : J'allais vous le dire. N'étalez donc pas votre savoir. Écoutez, plutôt.

L'Élève : Bien, Monsieur. Oui, Monsieur.

Le Professeur : Les sons, Mademoiselle, doivent être saisis au vol par les ailes pour qu'ils ne tombent pas dans les oreilles des sourds. Par conséquent, lorsque vous vous décidez d'articuler, il est recommandé, dans la mesure du possible, de lever très haut le cou et le menton, de vous élever sur la pointe des pieds, tenez, ainsi, vous voyez...

L'Élève : Oui, Monsieur.

Le Professeur : Taisez-vous. Restez assise, n'interrompez pas... Et d'émettre les sons très haut et de toute la force de vos poumons associée à celle de vos cordes vocales. Comme ceci : regardez : « Papillon », « Euréka », « Trafalgar », « papi, papa ». De cette façon, les sons remplis d'un air chaud plus léger que l'air environnant voltigeront, voltigeront sans plus risquer de tomber dans les oreilles des sourds qui sont les véritables gouffres, les tombeaux des sonorités. Si vous émettez plusieurs sons à une vitesse accélérée, ceux-ci s'agripperont les uns aux autres automatiquement, constituant ainsi des syllabes, des mots, à la rigueur des phrases, c'est-à-dire des groupements plus ou moins importants, des assemblages purement irrationnels de sons, dénués de tout sens, mais justement pour cela capables de se maintenir sans danger à une altitude élevée dans les airs. Seuls, tombent les mots chargés de signification, alourdis par leur sens, qui finissent toujours par succomber, s'écrouler...

L'Élève : ... dans les oreilles des sourds.

Le Professeur : C'est ça, mais n'interrompez pas... et dans la pire confusion... Ou par crever comme des ballons. Ainsi donc, Mademoiselle... *(L'Élève a soudain l'air de souffrir.)* Qu'avez-vous donc ?

L'Élève : J'ai mal aux dents, Monsieur.

Le Professeur : Ça n'a pas d'importance. Nous n'allons pas nous arrêter pour si peu de chose. Continuons...

L'Élève, *qui aura l'air de souffrir de plus en plus* : Oui, Monsieur.

Le Professeur : J'attire au passage votre attention sur les consonnes qui changent de nature en liaisons. Les *f* deviennent en ce cas des *v*, les *d* des *t*, les *g* des *k* et vice versa, comme dans les exemples que je vous signale : « trois heures, les enfants, le coq au vin, l'âge nouveau, voici la nuit ».

L'Élève : J'ai mal aux dents.

Le Professeur : Continuons.

L'Élève : Oui.

Le Professeur : Résumons : pour apprendre à prononcer, il faut des années et des années. Grâce à la science, nous pouvons y arriver en quelques minutes. Pour faire donc sortir les mots, les sons et tout ce que vous voudrez, sachez qu'il faut chasser impitoyablement l'air des poumons, ensuite le faire délicatement passer, en les effleurant, sur les cordes vocales qui, soudain, comme des harpes ou des feuillages sous le vent, frémissent, s'agitent, vibrent, vibrent, vibrent ou grasseyent, ou chuintent ou se froissent, ou sifflent, sifflent, mettant tout en mouvement : luette, langue, palais, dents...

L'Élève : J'ai mal aux dents.

Le Professeur : ...lèvres... Finalement les mots sortent par le nez, la bouche, les oreilles, les pores, entraînant avec eux tous les organes que nous avons nommés, déracinés, dans un envol puissant, majestueux, qui n'est autre que ce qu'on appelle, improprement, la voix, se modulant en chant ou se transformant en un terrible orage symphonique avec tout un cortège... des gerbes de fleurs des plus variées, d'artifices sonores : labiales, dentales, occlusives, palatales et autres, tantôt caressantes, tantôt amères ou violentes.

L'Élève : Oui, Monsieur, j'ai mal aux dents.

Le Professeur : Continuons, continuons. Quant aux langues néo-espagnoles, elles sont des parentes si rapprochées les unes des autres, qu'on peut les considérer comme de véritables cousines germaines. Elles ont d'ailleurs la même mère : l'espagnole, avec un *e* muet. C'est pourquoi il est si difficile de les distinguer l'une de l'autre. C'est pourquoi il est si utile de bien prononcer, d'éviter les défauts de prononciation. La prononciation à elle seule vaut tout un langage. Une mauvaise prononciation peut vous jouer des tours. A ce propos, permettez-moi, entre parenthèses, de vous faire part d'un souvenir personnel. *(Légère détente, le Professeur se laisse un instant aller à ses souvenirs ; sa figure s'attendrit ; il se reprendra vite.)* J'étais tout jeune, encore presque un enfant. Je faisais mon service militaire. J'avais, au régiment, un camarade, vicomte, qui avait un défaut de prononciation assez grave : il ne pouvait pas prononcer la lettre *f*. Au lieu de *f*, il disait *f*. Ainsi, au lieu de : fontaine, je ne boirai pas de ton eau, il disait : fontaine, je ne boirai pas de ton eau. Il prononçait fille au lieu de fille, Firmin au lieu de Firmin, fayot au lieu de fayot, fichez-moi la paix au lieu de fichez-moi la paix, fatras au lieu de fatras, fifi, fon, fafa au lieu de fifi, fon, fafa ; Philippe, au lieu de Philippe ; fictoire au lieu de fictoire ; février au lieu de février ; mars-avril au lieu de mars-avril ; Gérard de Nerval et non pas, comme cela est correct, Gérard de Nerval ; Mirabeau au lieu de Mirabeau, etc., au lieu de etc., et ainsi de suite etc. au lieu de etc., et ainsi de suite, etc. Seulement il avait la chance de pouvoir si bien cacher son défaut, grâce à des chapeaux, que l'on ne s'en apercevait pas.

L'ÉLÈVE : Oui. J'ai mal aux dents.

LE PROFESSEUR, *changeant brusquement de ton, d'une voix dure :* Continuons. Précisons d'abord les ressemblances pour mieux saisir, par la suite, ce qui distingue toutes ces langues entre elles. Les différences ne sont guère saisissables aux personnes non averties. Ainsi, tous les mots de toutes ces langues...

L'ÉLÈVE : Ah oui ?... J'ai mal aux dents.

LE PROFESSEUR : Continuons... sont toujours les mêmes, ainsi que toutes les désinences, tous les préfixes, tous les suffixes, toutes les racines...

L'Élève : Les racines des mots sont-elles carrées ?
Le Professuer : Carrées ou cubiques. C'est selon.
L'Élève : J'ai mal aux dents.
Le Professeur : Continuons. Ainsi, pour vous donner un exemple qui n'est guère qu'une illustration, prenez le mot front...
L'Élève : Avec quoi le prendre ?
Le Professeur : Avec ce que vous voudrez, pourvu que vous le preniez, mais surtout n'interrompez pas.
L'Élève : J'ai mal aux dents.
Le Professeur : Continuons... J'ai dit : « Continuons. » Prenez donc le mot français front. L'avez-vous pris ?
L'Élève : Oui, oui, Ça y est. Mes dents, mes dents...
Le Professeur : Le mot front est racine dans frontispice. Il l'est aussi dans effronté. « Ispice » est suffixe, et « ef » préfixe. On les appelle ainsi parce qu'ils ne changent pas. Ils ne veulent pas.
L'Élève : J'ai mal aux dents.
Le Professeur : Continuons. Vite. Ces préfixes sont d'origine espagnole, j'espère que vous vous en êtes aperçue, n'est-ce pas ?
L'Élève : Ah ! ce que j'ai mal aux dents.
Le Professeur : Continuons. Vous avez également pu remarquer qu'ils n'avaient pas changé en français. Eh bien, Mademoiselle, rien non plus ne réussit à les faire changer, ni en latin, ni en italien, ni en portugais, ni en sardanapale ou en sardanapali, ni en roumain, ni en néo-espagnol, ni en espagnol, ni même en oriental : front, frontispice, effronté, toujours le même mot, invariablement avec même racine, même suffixe, même préfixe, dans toutes les langues énumérées. Et c'est toujours pareil pour tous les mots.
L'Élève : Dans toutes les langues, ces mots veulent dire la même chose ? J'ai mal aux dents.
Le Professeur : Absolument. Comment en serait-il autrement ? De toutes façons, vous avez toujours la même signification, la même composition, la même structure sonore non seulement pour ce mot, mais pour tous les mots concevables, dans toutes les lan-

gues. Car une même notion s'exprime par un seul et même mot, et ses synonymes, dans tous les pays. Laissez donc vos dents.

L'Élève : J'ai mal aux dents. Oui, oui et oui.

Le Professeur : Bien, continuons. Je vous dis continuons... Comment dites-vous, par exemple, en français : les roses de ma grand-mère sont aussi jaunes que mon grand-père qui était Asiatique ?

L'Élève : J'ai mal, mal, mal aux dents.

Le Professeur : Continuons, continuons, dites quand même !

L'Élève : En français ?

Le Professeur : En français.

L'Élève : Euh... que je dise en français : les roses de ma grand-mère sont... ?

Le Professeur : Aussi jaunes que mon grand-père qui était Asiatique...

L'Élève : Eh bien, on dira, en français, je crois : les roses... de ma... comment dit-on grand-mère, en français ?

Le Professeur : En français ? Grand-mère.

L'Élève : Les roses de ma grand-mère sont aussi... jaunes, en français, ça se dit « jaunes » ?

Le Professeur : Oui, évidemment !

L'Élève : Sont aussi jaunes que mon grand-père quand il se mettait en colère.

Le Professeur : Non... qui était A...

L'Élève : ...siatique... J'ai mal aux dents.

Le Professeur : C'est cela.

L'Élève : J'ai mal...

Le Professeur : Aux dents... tant pis... Continuons ! A présent, traduisez la même phrase en espagnol, puis en néo-espagnol...

L'Élève : En espagnol... ce sera : les roses de ma grand-mère sont aussi jaunes que mon grand-père qui était Asiatique.

Le Professeur : Non. C'est faux.

L'Élève : Et en néo-espagnol : les roses de ma grand-mère sont aussi jaunes que mon grand-père qui était Asiatique.

Le Professeur : C'est faux. C'est faux. C'est faux. Vous avez fait l'inverse, vous avez pris l'espagnol pour du néo-espagnol, et le néo-espagnol pour de l'espagnol... Ah... non... c'est le contraire...

L'Élève : J'ai mal aux dents. Vous vous embrouillez.

Le Professeur : C'est vous qui m'embrouillez. Soyez attentive et prenez note. Je vous dirai la phrase en espagnol, puis en néo-espagnol et, enfin, en latin. Vous répéterez après moi. Attention, car les ressemblances sont grandes. Ce sont des ressemblances identiques. Écoutez, suivez bien...

L'Élève : J'ai mal...

Le Professeur : ... aux dents.

L'Élève : Continuons... Ah!...

Le Professeur : ... en espagnol : les roses de ma grand-mère sont aussi jaunes que mon grand-père qui était Asiatique; en latin : les roses de ma grand-mère sont aussi jaunes que mon grand-père qui était Asiatique. Saisissez-vous les différences ? Traduisez cela en... roumain.

L'Élève : Les... comment dit-on roses, en roumain ?

Le Professeur : Mais « roses », voyons.

L'Élève : Ce n'est pas « roses » ? Ah, que j'ai mal aux dents...

Le Professeur : Mais non, mais non, puisque « roses » est la traduction en oriental du mot français « roses », en espagnol « roses », vous saisissez ? En sardanapali « roses »...

L'Élève : Excusez-moi, Monsieur, mais... Oh, ce que j'ai mal aux dents... je ne saisis pas la différence.

Le Professeur : C'est pourtant bien simple! Bien simple! A condition d'avoir une certaine expérience, une expérience technique et une pratique de ces langues diverses, si diverses malgré qu'elles ne présentent que des caractères tout à fait identiques. Je vais tâcher de vous donner une clé...

L'Élève : Mal aux dents...

Le Professeur : Ce qui différencie ces langues, ce ne sont ni les mots, qui sont les mêmes absolument, ni la structure de la phrase qui est partout pareille, ni l'intonation, qui ne présente pas de différences, ni le rythme du langage... ce qui les différencie... m'écoutez-vous ?

L'Élève : J'ai mal aux dents.

Le Professeur : M'écoutez-vous, Mademoiselle ? Aah ! nous allons nous fâcher.

L'Élève : Vous m'embêtez, Monsieur ! J'ai mal aux dents.

Le Professeur : Nom d'un caniche à barbe ! Écoutez-moi !

L'Élève : Eh bien... oui... oui... allez-y...

Le Professeur : Ce qui les différencie les unes des autres, d'une part, et de l'espagnole, avec un *e* muet, leur mère, d'autre part... c'est...

L'Élève, *grimaçante :* C'est quoi ?

Le Professeur : C'est une chose ineffable. Un ineffable que l'on n'arrive à percevoir qu'au bout de très longtemps, avec beaucoup de peine et après une très longue expérience...

L'Élève : Ah ?

Le Professeur : Oui, Mademoiselle. On ne peut vous donner aucune règle. Il faut avoir du flair, et puis c'est tout. Mais pour en avoir, il faut étudier, étudier et encore étudier.

L'Élève : Mal aux dents.

Le Professeur : Il y a tout de même quelques cas précis où les mots, d'une langue à l'autre, sont différents... mais on ne peut baser notre savoir là-dessus car ces cas sont, pour ainsi dire, exceptionnels.

L'Élève : Ah, oui ?... Oh, Monsieur, j'ai mal aux dents.

Le Professeur : N'interrompez pas ! Ne me mettez pas en colère ! Je ne répondrais plus de moi. Je disais donc... Ah, oui, les cas exceptionnels, dits de distinction facile... ou de distinction aisée... ou commode... si vous aimez mieux... je répète : si vous aimez, car je constate que vous ne m'écoutez plus...

L'Élève : J'ai mal aux dents.

Le Professeur : Je dis donc : dans certaines expressions, d'usage courant, certains mots diffèrent totalement d'une langue à l'autre, si bien que la langue employée est, en ce cas, sensiblement plus facile à identifier. Je vous donne un exemple : l'expression néo-espagnole célèbre à Madrid : « ma patrie est la néo-Espagne », devient en italien : « ma patrie est...

L'Élève : La néo-Espagne. »

Le Professeur : Non! « Ma patrie est l'Italie. » Dites-moi alors, par simple déduction, comment dites-vous Italie, en français?

L'Élève : J'ai mal aux dents!

Le Professeur : C'est pourtant bien simple : pour le mot Italie, en français nous avons le mot France qui en est la traduction exacte. Ma patrie est la France. Et France en oriental : Orient! Ma patrie est l'Orient. Et Orient en portugais : Portugal! L'expression orientale : ma patrie est l'Orient se traduit donc de cette façon en portugais : ma patrie est le Portugal! Et ainsi de suite...

L'Élève : Ça va! Ça va! J'ai mal...

Le Professeur : Aux dents! Dents! Dents!... Je vais vous les arracher, moi! Encore un autre exemple. Le mot capitale, la capitale revêt, suivant la langue que l'on parle, un sens différent. C'est-à-dire que, si un Espagnol dit : J'habite la capitale, le mot capitale ne voudra pas dire du tout la même chose que ce qu'entend un Portugais lorsqu'il dit lui aussi : j'habite dans la capitale. A plus forte raison, un Français, un néo-Espagnol, un Roumain, un Latin, un Sardanapali... Dès que vous entendez dire, Mademoiselle, Mademoiselle, je dis ça pour vous! Merde alors! Dès que vous entendez l'expression : j'habite la capitale, vous saurez immédiatement et facilement si c'est de l'espagnol ou de l'espagnol, du néo-espagnol, du français, de l'oriental, du roumain, du latin, car il suffit de deviner quelle est la métropole à laquelle pense celui qui prononce la phrase... au moment même où il la prononce... Mais ce sont à peu près les seuls exemples précis que je puisse vous donner...

L'Élève : Oh, là, mes dents...

Le Professeur : Silence! Ou je vous fracasse le crâne!

L'Élève : Essayez donc! Crâneur!

Le professeur lui prend le poignet, le tord.

L'Élève : Aïe!
Le Professeur : Tenez-vous donc tranquille! Pas un mot!
L'Élève, *pleurnichant :* Mal aux dents...
Le Professeur : La chose la plus... comment dirais-je ?.. la plus paradoxale... oui... c'est le mot... la chose la plus paradoxale, c'est qu'un tas de gens qui manquent complètement d'instruction parlent ces différentes langues... vous entendez ? Qu'est-ce que j'ai dit ?
L'Élève : ... parlent ces différentes langues! Qu'est-ce que j'ai dit!
Le Professeur : Vous avez eu de la chance!... Des gens du peuple parlent l'espagnol, farci de mots néo-espagnols qu'ils ne décèlent pas, tout en croyant parler le latin... ou bien ils parlent le latin, farci de mots orientaux, tout en croyant parler le roumain... ou l'espagnol, farci de néo-espagnol, tout en croyant parler le sardanapali, ou l'espagnol... Vous me comprenez ?
L'Élève : Oui! Oui! Oui! Oui! Que voulez-vous de plus... ?
Le Professeur : Pas d'insolence, mignonne, ou gare à toi... *(En colère.)* Le comble, Mademoiselle, c'est que certains, par exemple, en un latin, qu'ils supposent espagnol, disent : « Je souffre de mes deux foies à la fois », en s'adressant à un Français, qui ne sait pas un mot d'espagnol; pourtant celui-ci le comprend aussi bien que si c'était sa propre langue. D'ailleurs, il croit que c'est sa propre langue. Et le Français répondra, en français : « Moi aussi, Monsieur, je souffre de mes foies », et se fera parfaitement comprendre par l'Espagnol, qui aura la certitude que c'est en pur espagnol qu'on lui a répondu, et qu'on parle espagnol... quand, en réalité, ce n'est ni de l'espagnol ni du français, mais du latin à la néo-espagnole... Tenez-vous donc tranquille, Mademoiselle, ne remuez plus les jambes, ne tapez plus des pieds...
L'Élève : J'ai mal aux dents.
Le Professeur : Comment se fait-il que, parlant sans

savoir quelle langue ils parlent, ou même croyant en parler chacun une autre, les gens du peuple s'entendent quand même entre eux ?

L'Élève : Je me le demande.

Le Professeur : C'est simplement une des curiosités inexplicables de l'empirisme grossier du peuple — ne pas confondre avec l'expérience ! — un paradoxe, un non-sens, une des bizarreries de la nature humaine, c'est l'instinct, tout simplement, pour tout dire en un mot — c'est lui qui joue, ici.

L'Élève : Ha ! Ha !

Le Professeur : Au lieu de regarder voler les mouches tandis que je me donne tout ce mal... vous feriez mieux de tâcher d'être plus attentive... ce n'est pas moi qui me présente au concours du doctorat partiel... je l'ai passé, moi, il y a longtemps... y compris mon doctorat total... et mon diplôme supra-total... Vous ne comprenez donc pas que je veux votre bien ?

L'Élève : Mal aux dents !

Le Professeur : Mal élevée... Mais ça n'ira pas comme ça, pas comme ça, pas comme ça, pas comme ça...

L'Élève : Je... vous... écoute...

Le Professeur : Ah ! Pour apprendre à distinguer toutes ces différentes langues, je vous ai dit qu'il n'y a rien de mieux que la pratique... Procédons par ordre. Je vais essayer de vous apprendre toutes les traductions du mot couteau.

L'Élève : C'est comme vous voulez... Après tout...

Le Professeur *(il appelle la Bonne)* : Marie ! Marie ! Elle ne vient pas... Marie ! Marie !... Voyons, Marie. *(Il ouvre la porte, à droite.)* Marie !...

> *Il sort.*
> *L'Élève reste seule quelques instants, le regard dans le vide, l'air abruti.*

Le Professeur *(voix criarde, dehors)* : Marie ! Qu'est-ce que ça veut dire ? Pourquoi ne venez-vous pas ! Quand je vous demande de venir, il faut venir ! *(Il rentre, suivi de Marie.)* C'est moi qui commande, vous m'entendez.

(Il montre l'Élève.) Elle ne comprend rien, celle-là. Elle ne comprend pas!

La Bonne : Ne vous mettez pas dans cet état, Monsieur, gare à la fin! Ça vous mènera loin, ça vous mènera loin tout ça.

Le Professeur : Je saurai m'arrêter à temps.

La Bonne : On le dit toujours. Je voudrais bien voir ça.

L'Élève : J'ai mal aux dents.

La Bonne : Vous voyez, ça commence, c'est le symptôme!

Le Professeur : Quel symptôme? Expliquez-vous? Que voulez-vous dire?

L'Élève, *d'une voix molle :* Oui, que voulez-vous dire? J'ai mal aux dents.

La Bonne : Le symptôme final! Le grand symptôme!

Le Professeur : Sottises! Sottises! Sottises! *(La Bonne veut s'en aller.)* Ne partez pas comme ça! Je vous appelais pour aller me chercher les couteaux espagnol, néo-espagnol, portugais, français, oriental, roumain, sardanapali, latin et espagnol.

La Bonne, *sévère :* Ne comptez pas sur moi.

Elle s'en va.

Le Professeur *(geste, il veut protester, se retient, un peu désemparé. Soudain, il se rappelle)* : Ah! *(Il va vite vers le tiroir, y découvre un grand couteau invisible, ou réel, selon le goût du metteur en scène, le saisit, le brandit, tout joyeux.)* En voilà un, Mademoiselle, voilà un couteau. C'est dommage qu'il n'y ait que celui-là; mais nous allons tâcher de nous en servir pour toutes les langues! Il suffira que vous prononciez le mot couteau dans toutes les langues, en regardant l'objet, de très près, fixement, et vous imaginant qu'il est de la langue que vous dites.

L'Élève : J'ai mal aux dents.

Le Professeur, *chantant presque, mélopée :* Alors : dites, *cou*, comme *cou*, *teau*, comme *teau*... Et regardez, regardez, fixez bien...

L'Élève : C'est du quoi, ça ? Du français, de l'italien, de l'espagnol ?
Le Professeur : Ça n'a plus d'importance... Ça ne vous regarde pas. Dites : *cou*.
L'Élève : *Cou*.
Le Professeur : ...*teau*... Regardez.

Il brandit le couteau sous les yeux de l'Élève.

L'Élève : *teau*...
Le Professeur : Encore... Regardez.
L'Élève : Ah, non ! Zut alors ! J'en ai assez ! Et puis j'ai mal aux dents, j'ai mal aux pieds, j'ai mal à la tête...
Le Professeur, *saccadé* : Couteau... Regardez... couteau... Regardez... couteau... Regardez...
L'Élève : Vous me faites mal aux oreilles, aussi. Vous avez une voix ! Oh, qu'elle est stridente !
Le Professeur : Dites : couteau... cou... teau...
L'Élève : Non ! J'ai mal aux oreilles, j'ai mal partout...
Le Professeur : Je vais te les arracher, moi, tes oreilles, comme ça elles ne te feront plus mal, ma mignonne !
L'Élève : Ah... c'est vous qui me faites mal...
Le Professeur : Regardez, allons, vite, répétez : *cou*...
L'Élève : Ah, si vous y tenez... cou... couteau... *(Un instant lucide, ironique.)* C'est du néo-espagnol...
Le Professeur : Si l'on veut, oui, du néo-espagnol, mais dépêchez-vous... nous n'avons pas le temps... Et puis, qu'est-ce que c'est que cette question inutile ? Qu'est-ce que vous vous permettez ?
L'Élève, *doit être de plus en plus fatiguée, pleurante, désespérée, à la fois extasiée et exaspérée* : Ah !
Le Professeur : Répétez, regardez. *(Il fait comme le coucou.)* Couteau... couteau... couteau... couteau...
L'Élève : Ah, j'ai mal... ma tête... *(Elle effleure de la main, comme pour une caresse, les parties du corps qu'elle nomme.)* ... mes yeux...
Le Professeur, *comme le coucou* : Couteau... couteau...

Ils sont tous les deux debout ; lui, brandissant toujours son couteau invisible, presque hors de lui, tourne autour d'elle, en une sorte de danse du scalp, mais il ne faut rien exagérer et les pas de danse du Professeur doivent être à peine esquissés ; l'Élève, debout, face au public, se dirige, à reculons, en direction de la fenêtre, maladive, langoureuse, envoûtée...

Le Professeur : Répétez, répétez : couteau... couteau... couteau...

L'Élève : J'ai mal... ma gorge, cou... ah... mes épaules... mes seins... couteau...

Le Professeur : Couteau... couteau... couteau...

L'Élève : Mes hanches... couteau... mes cuisses... cou...

Le Professeur : Prononcez bien... couteau... couteau...

L'Élève : Couteau... ma gorge...

Le Professeur : Couteau... couteau...

L'Élève : Couteau... mes épaules... mes bras, mes seins, mes hanches... couteau... couteau...

Le Professeur : C'est ça... Vous prononcez bien, maintenant...

L'Élève : Couteau... mes seins... mon ventre...

Le Professeur *(changement de voix)* : Attention... ne cassez pas mes carreaux... le couteau tue...

L'Élève, *d'une voix faible :* Oui, oui... le couteau tue ?

Le Professeur, *tue l'Élève d'un grand coup de couteau bien spectaculaire :* Aaah ! tiens !

Elle crie aussi : « Aaah ! » puis tombe, s'affale en une attitude impudique sur une chaise qui, comme par hasard, se trouvait près de la fenêtre ; ils crient : « Aaah ! » en même temps, le meurtrier et la victime ; après le premier coup de couteau, l'Élève est affalée sur la chaise ; les jambes, très écartées, pendent des deux côtés de la chaise ; le Professeur se tient debout, en face d'elle, le dos au public ; après le premier coup de couteau, il frappe l'Élève morte d'un second coup de couteau, de bas en haut, à la suite duquel le

Professeur a un soubresaut bien visible, de tout son corps.

Le Professeur, *essoufflé, bredouille :* Salope... C'est bien fait... Ça me fait du bien... Ah! Ah! je suis fatigué... j'ai de la peine à respirer... Aah!

Il respire difficilement; il tombe; heureusement une chaise est là; il s'éponge le front, bredouille des mots incompréhensibles; sa respiration se normalise... Il se relève, regarde son couteau à la main, regarde la jeune fille, puis comme s'il se réveillait :

Le Professeur, *pris de panique :* Qu'est-ce que j'ai fait! Qu'est-ce qui va m'arriver maintenant! Qu'est-ce qui va se passer! Ah! là! là! Malheur! Mademoiselle, Mademoiselle, levez-vous! *(Il s'agite, tenant toujours à la main le couteau invisible dont il ne sait que faire.)* Voyons, Mademoiselle, la leçon est terminée... Vous pouvez partir... vous paierez une autre fois... Ah! elle est morte... mo-orte... C'est avec mon couteau... Elle est mo-orte... C'est terrible. *(Il appelle la Bonne.)* Marie! Marie! Ma chère Marie, venez donc! Ah! Ah! *(La porte à droite s'entrouvre. Marie apparaît.)* Non... ne venez pas... Je me suis trompé... Je n'ai pas besoin de vous, Marie... je n'ai plus besoin de vous... vous m'entendez?...

Marie s'approche, sévère, sans mot dire, voit le cadavre.

Le Professeur, *d'une voix de moins en moins assurée :* Je n'ai pas besoin de vous, Marie...

La Bonne, *sarcastique :* Alors, vous êtes content de votre élève, elle a bien profité de votre leçon?

Le Professeur *(il cache son couteau derrière son dos) :* Oui, la leçon est finie... mais... elle... elle est encore là... elle ne veut pas partir...

La Bonne, *très dure :* En effet!...

Le Professeur, *tremblotant :* Ce n'est pas moi... Ce n'est pas moi... Marie... Non... Je vous assure... ce n'est pas moi, ma petite Marie...

La Bonne : Mais qui donc ? Qui donc alors ? Moi ?
Le Professeur : Je ne sais pas... peut-être...
La Bonne : Ou le chat ?
Le Professeur : C'est possible... Je ne sais pas...
La Bonne : Et c'est la quarantième fois, aujourd'hui !... Et tous les jours c'est la même chose ! Tous les jours ! Vous n'avez pas honte, à votre âge... mais vous allez vous rendre malade ! Il ne vous restera plus d'élèves. Ça sera bien fait.
Le Professeur, *irrité :* Ce n'est pas ma faute ! Elle ne voulait pas apprendre ! Elle était désobéissante ! C'était une mauvaise élève ! Elle ne voulait pas apprendre !
La Bonne : Menteur !...
Le Professeur, *s'approche sournoisement de la Bonne, le couteau derrière son dos :* Ça ne vous regarde pas ! *(Il essaie de lui donner un formidable coup de couteau ; la Bonne lui saisit le poignet au vol, le lui tord ; le Professeur laisse tomber par terre son arme.)* ... Pardon !
La Bonne, *gifle, par deux fois, avec bruit et force, le Professeur qui tombe sur le plancher, sur son derrière ; il pleurniche :* Petit assassin ! Salaud ! Petit dégoûtant ! Vous vouliez me faire ça à moi ? Je ne suis pas une de vos élèves, moi ! *(Elle le relève par le collet, ramasse la calotte qu'elle lui met sur la tête ; il a peur d'être encore giflé et se protège du coude comme les enfants.)* Mettez ce couteau à sa place, allez ! *(Le Professeur va le mettre dans le tiroir du buffet, revient.)* Et je vous avais bien averti, pourtant, tout à l'heure encore : l'arithmétique mène à la philologie, et la philologie mène au crime...
Le Professeur : Vous aviez dit : « au pire » !
La Bonne : C'est pareil.
Le Professeur : J'avais mal compris. Je croyais que « Pire » c'est une ville et que vous vouliez dire que la philologie menait à la ville de Pire...
La Bonne : Menteur ! Vieux renard ! Un savant comme vous ne se méprend pas sur le sens des mots. Faut pas me la faire.
Le Professeur, *sanglote :* Je n'ai pas fait exprès de la tuer !
La Bonne : Au moins, vous le regrettez ?

Le Professeur : Oh, oui, Marie, je vous le jure !

La Bonne : Vous me faites pitié, tenez ! Ah ! vous êtes un brave garçon quand même ! On va tâcher d'arranger ça. Mais ne recommencez pas... Ça peut vous donner une maladie de cœur...

Le Professeur : Oui, Marie ! Qu'est-ce qu'on va faire, alors ?

La Bonne : On va l'enterrer... en même temps que les trente-neuf autres... ça va faire quarante cercueils... On va appeler les pompes funèbres et mon amoureux, le curé Auguste... On va commander des couronnes...

Le Professeur : Oui, Marie, merci bien.

La Bonne : Au fait. Ce n'est même pas la peine d'appeler Auguste, puisque vous-même vous êtes un peu curé à vos heures, si on en croit la rumeur publique.

Le Professeur : Pas trop chères, tout de même, les couronnes. Elle n'a pas payé sa leçon.

La Bonne : Ne vous inquiétez pas... Couvrez-la au moins avec son tablier, elle est indécente. Et puis on va l'emporter...

Le Professeur : Oui, Marie, oui. *(Il la couvre.)* On risque de se faire pincer... avec quarante cercueils... Vous vous imaginez... Les gens seront étonnés... Si on nous demande ce qu'il y a dedans ?

La Bonne : Ne vous faites donc pas tant de soucis. On dira qu'ils sont vides. D'ailleurs, les gens ne demanderont rien, ils sont habitués [1].

Le Professeur : Quand même...

La Bonne *(elle sort un brassard portant un insigne, peut-être la Svastica nazie)* : Tenez, si vous avez peur, mettez ceci, vous n'aurez plus rien à craindre. *(Elle lui attache le brassard autour du bras.)* ... C'est politique.

Le Professeur : Merci, ma petite Marie ; comme ça, je suis tranquille... Vous êtes une bonne fille, Marie... bien dévouée...

---

1. A Paris, à la représentation, on a supprimé les deux répliques qui suivent, ainsi que le brassard, pour ne pas ralentir le rythme.

La Bonne : Ça va. Allez-y, Monsieur. Ça y est ?
Le Professeur : Oui, ma petite Marie. *(La Bonne et le Professeur prennent le corps de la jeune fille, l'une par les épaules, l'autre par les jambes, et se dirigent vers la porte de droite.)* Attention. Ne lui faites pas de mal.

Ils sortent.
Scène vide, pendant quelques instants. On entend sonner à la porte de gauche.

Voix de la Bonne : Tout de suite, j'arrive !

Elle apparaît tout comme au début, va vers la porte. Deuxième coup de sonnette.

La Bonne, *à part :* Elle est bien pressée, celle-là ! *(Fort.)* Patience ! *(Elle va vers la porte de gauche, l'ouvre.)* Bonjour, Mademoiselle ! Vous êtes la nouvelle élève ? Vous êtes venue pour la leçon ? Le Professeur vous attend. Je vais lui annoncer votre arrivée. Il descend tout de suite ! Entrez donc, entrez, Mademoiselle [1] !

Juin 1950.

Rideau.

---

[1]. A la représentation de *la Leçon*, avant le lever du rideau, on entend quelques coups de marteau succédant aux trois coups annonçant le commencement du spectacle et qui continuent quelques secondes pendant que le plateau est vide. Puis, lorsque, dans la première scène, la Bonne se précipite pour ouvrir à l'Élève, elle ramasse vite, sans s'interrompre dans son élan, un cahier, un cartable qui se trouvent sur la table, et les jette dans un coin où d'autres cahiers... etc., sont entassés. Enfin, à la toute dernière scène, en allant ouvrir la porte à la nouvelle élève que l'on entend sonner, la Bonne prend et jette, dans le même coin, le cahier, le cartable de l'Élève qui vient d'être assassinée ; lorsque le rideau tombe, quelques coups de marteau peuvent encore se faire entendre.

Jacques ou la soumission

COMÉDIE NATURALISTE

Jacques ou la soumission a été créée au Théâtre de la Huchette, en octobre 1955, dans une mise en scène de Robert Postec. Les décors étaient de Jacques Noël.

Cette pièce a été reprise au *Studio des Champs-Elysées*, en 1961, dans la même mise en scène.

PERSONNAGES

JACQUES.	*Jean-Louis Trintignant.*
JACQUELINE, sa sœur.	*Claude Thibaut.*
JACQUES, père.	*Butin.*
JACQUES, mère.	*Tsilla Chelton.*
JACQUES, grand-père.	*Paul Chevalier.*
JACQUES, grand-mère.	*Madeleine Damien.*
ROBERTE I ⎱ les deux rôles doivent être ⎱	*Reine Courtois.*
ROBERTE II ⎰ joués par la même actrice… ⎰	
ROBERT, père.	*Claude Mansard.*
ROBERT, mère.	*Paulette Frantz.*

Masque de Roberte II d'après le modèle conçu par Jacques Noël. Les deux yeux de face sont les vrais yeux de la comédienne. Ainsi que la bouche et le bas du visage hachurés.

Décor sombre, en grisaille. Une chambre mal tenue. Une porte étroite, assez basse, au fond, à droite. Au fond, au milieu, une fenêtre — d'où nous vient une lumière blême — aux rideaux sales. Un tableau ne représentant rien ; un vieux fauteuil usé, poussiéreux, au milieu de la scène ; une table de nuit ; des choses indéfinies, à la fois étranges et banales, comme de vieilles pantoufles ; peut-être, un canapé défoncé, dans un coin ; des chaises boiteuses.

Au lever du rideau, effondré sur le fauteuil également effondré, Jacques, le chapeau sur la tête, dans des vêtements trop petits pour sa taille, est là, l'air renfrogné, rosse. Autour de lui, ses parents, debout ou, peut-être bien, assis. Les vêtements des personnages sont fripés.

Le décor sombre du début devra, dans la scène de la séduction, se transformer, par l'éclairage ; puis deviendra verdâtre, aquatique, vers la fin de la même scène ; puis s'obscurcira davantage, tout à la fin.

Sauf Jacques, les personnages peuvent porter des masques[1].

Tableau silencieux quelques secondes.

JACQUES mère, *pleurant :* Mon fils, mon enfant, après tout ce que l'on a fait pour toi. Après tant de sacrifices ! Jamais je n'aurais cru cela de toi. Tu étais mon plus grand espoir... Tu l'es encore, car je ne puis croire, non

---

1. A la représentation, les personnages étaient non pas masqués, mais fortement grimés, comme des caricatures.

je ne puis croire, « per Bacco », que tu t'obstineras! Tu n'aimes donc plus tes parents, tes vêtements, ta sœur, tes grands-parents!!! Mais songe donc, mon fils, songe que je t'ai nourri au biberon, je te laissais sécher dans tes langes, comme ta sœur d'ailleurs... *(A Jacqueline.)* N'est-ce pas, ma fille?

JACQUELINE : Oui, m'an, c'est vrai. Ah, après tant de sacrifices, et tant de sortilèges!

JACQUES mère : Tu vois..., tu vois? C'est moi, mon fils, qui t'ai donné tes premières fessées, non pas ton père, ici présent, qui eût pu le faire mieux que moi, il est plus fort, non, c'était moi, car je t'aimais trop. C'est encore moi qui te privais de dessert, qui t'embrassais, te soignais, t'apprivoisais, t'apprenais à progresser, transgresser, grasseyer, qui t'apportais de si bonnes choses à manger, dans des chaussettes. Je t'ai appris à monter les escaliers quand il y en avait, à te frotter les genoux avec des orties, quand tu voulais être piqué. J'ai été pour toi plus qu'une mère, une véritable amie, un mari, un marin, une confidente, une oie. Je n'ai reculé devant aucun obstacle, devant aucune barricade, pour satisfaire tous tes plaisirs d'enfant. Ah, fils ingrat, tu ne te rappelles même pas quand je te tenais sur mes genoux, et t'arrachais tes petites dents mignonnes, et les ongles de tes orteils pour te faire gueuler comme un petit veau adorable.

JACQUELINE : Oh! qu'ils sont gentils les veaux! Meuh! Meuh! Meuh!

JACQUES mère : Dire que tu te tais, têtu! Tu ne veux rien entendre.

JACQUELINE : Il se bouche les oreilles, il prend un air dégoûtanté.

JACQUES mère : Je suis une mère malheureuse. J'ai mis au monde un mononstre; le mononstre, c'est toi! Voilà ta grand-mère qui veut te parler. Elle trébuche. Elle est octogénique. Peut-être te laisseras-tu émouvoir, par son âge, son passé, son avenir.

JACQUES grand-mère, *d'une voix octogénique:* Écoute, écoute-moi bien, j'ai de l'expérience, j'en ai beaucoup à l'arrière. J'avais moi aussi, comme toi, un arrière-oncle qui avait trois habitations : il donnait l'adresse et les numéros de téléphone de deux d'entre elles mais jamais de la troisième où il se cachait, parfois, car il était dans l'espionnage. *(Jacques se tait obstinément.)* Non, je n'ai pas pu le convaincre. Oh! pauvres de nous!

JACQUELINE : Voilà encore ton grand-père qui voudrait te parler. Hélas, il ne peut pas. Il est beaucoup trop vieux. Il est centagenaire!

JACQUES mère, *pleurant :* Comme les Plantagenets!

JACQUES père : Il est sourd et muet. Il est chancelant.

JACQUELINE : Il chante, seulement.

JACQUES grand-père, *d'une voix de centagenaire :* Hum! Hum! Heu! Heu! Hum!

Éraillé mais poussé.

Un ivrogne char-ar-mant
Chan-tait-à-l'agoni-i-ie...
Je n'ai plus dix-hu-u-it-a-ans
Mais tant-tant-pi-i-i-i-e.

Jacques se tait obstinément.

JACQUES père : Tout est inutile, il ne fléchira pas.

JACQUELINE : Mon cher frère... tu es un vilenain. Malgré tout l'immense amour que j'ai pour toi, qui gonfle mon cœur à l'en faire crever, je te déteste, je t'exertre. Tu fais pleurer maman, tu énerves papa avec ses grosses moustaches moches d'inspecteur de police, et son gentil gros pied poilu plein de cors. Quant à tes grands-parents, regarde ce que tu en as fait. Tu n'es pas bien élevé. Je te punirai. Je ne t'amènerai plus mes petites camarades pour que tu les regardes quand elles font pipi. Je te croyais plus poli que ça. Allons, ne fais pas pleurer maman, ne fais pas rager papa. Ne fais pas rougir de honte grand-mère et grand-père.

JACQUES père : Tu n'es pas mon fils. Je te renie. Tu n'es pas digne de ma race. Tu ressembles à ta mère et à sa famille d'idiots et d'imbéciles. Elle, ça ne fait rien, car elle est une femme, et quelle femme! Bref, je n'ai pas à faire ici son égloge. Je voulais seulement te dire ceci :

élevé sans reproches, comme un aristocrave, dans une famille de véritables sangsues, de torpilles authentiques, avec tous les égards dus à ton rang, à ton sexe, au talent que tu portes, aux veines ardentes qui savent exprimer — si du moins tu le voulais, tout ce que ton sang lui-même ne saurait suggérer qu'avec des mots imparfaits — toi, malgré tout ceci, tu te montres indigne, à la fois de tes ancêtres, de mes ancêtres, qui te renient au même titre que moi, et de tes descendants qui certainement ne verront jamais le jour et préfèrent se laisser tuer avant même qu'ils n'existent. Assassin! Praticide! Tu n'as plus rien à m'envier. Quand je pense que j'ai eu l'idée malheureuse de désirer un fils et non pas un coquelicot! *(A la mère.)* C'est ta faute!

JACQUES mère : Hélas! mon époux! j'ai cru bien faire! Je suis complètement et à moitié désespérée.

JACQUELINE : Plauvre maman!

JACQUES père : Ce fils ou ce vice que tu vois là, qui est venu au monde pour notre honte, ce fils ou ce vice, c'est encore une de tes sottes histoires de femme.

JACQUES mère : Hélas! Hélas! *(A son fils.)* Tu vois, à cause de toi je souffre tout ça de la part de ton père qui ne mâche plus ses sentiments et m'engueule.

JACQUELINE, *à son frère :* Aux châtaignes on te le pan dira on te le pan dis-le aux châtaignes.

JACQUES père : Inutile de m'attarder à m'attendrir sur un destin irrévocablement capitonné. Je ne reste plus là. Je veux demeurer digne de mes aïeufs. Toute la tradition, toute, est avec moi. Je fous le camp. Doudre!

JACQUES mère : Oh! Oh! Oh! ne t'en va pas. *(A son fils.)* Tu vois, à cause de toi, ton père nous quitte.

JACQUELINE, *en soupirant :* Marsipien!

JACQUES grand-père *(chanté)* : Un... ivro...ogne... charmant... Chantait... en... mur-mur...a...ant.

JACQUES grand-mère, *au vieux :* Tais-toi. Tais-toi ou je te la casse!

Coup de poing sur la tête du vieux; sa casquette s'enfonce.

JACQUES père : Irrévocablement, je quitte cette pièce à tout hasard, à son sort. Rien à faire non plus. Je vais dans ma chambre à côté, je plie bagages et ne me reverrez qu'aux heures des repas et quelquefois dans la journée et dans la nuit pour y goûter. *(A Jacques.)* Et tu me le rendras ton carquois! Dire que tout cela c'est pour faire jubiler Jupiter!

JACQUELINE : Oh! père... c'est l'obnubilation de la puberté.

JACQUES père : Suffit! inutile. *(Il s'en va.)* Adieu, fils de porc et de porche, adieu femme, adieu frère, adieu sœur de ton frère.

Il sort d'un pas violemment décidé.

JACQUELINE, *amèrement :* De porche en porche! *(A son frère.)* Comment peux-tu tolérer cela? Il l'insulte en s'insultant. Et vice versa.

JACQUES mère, *au fils :* Tu vois, tu vois, tu es renié, maudit. Il te léguera donc tout l'héritage, mais il ne pourra pas, mon Dieu!

JACQUELINE, *à son frère :* C'est la première fois, sinon la dernière, qu'il fait une pareille scène à maman, dont je ne sais plus comment nous allons nous en sortir.

JACQUES mère : Fils! fils! écoute-moi. Je t'en supplie, ne réponds pas à mon brave cœur de mère, mais parle-moi, sans réfléchir à ce que tu dis. C'est la meilleure façon de penser correctement, en intellectuel et en bon fils. *(Elle attend vainement une réponse; Jacques, obstinément, se tait.)* Mais tu n'es pas un bon fils. Viens, Jacqueline, toi qui, seule, as suffisamment de bon sens pour ne pas te frapper dans les mains.

JACQUELINE : Oh! mère, tous les chemins mènent à Rome.

JACQUES mère : Laissons ton frère à sa consomption lente.

JACQUELINE : Ou plutôt à sa consombrition!

JACQUES mère *(elle s'en va en pleurant, tirant par la main sa fille Jacqueline qui part à contre-cœur, tournant sa tête du côté de son frère. Jacques mère, à la porte, prononce cette phrase désormais historique)* : On parlera de toi dans les journaux, actographe!

JACQUELINE : Brocanteur!

> *Elles sortent toutes les deux, suivies de grand-père et de grand-mère, mais tous restent à épier, dans l'embrasure de la porte, visibles de la salle.*

JACQUES grand-mère : Attention... à son téléphon, c'est tout ce que je puis vous dire.

JACQUES grand-père, *chante en chancelant :*
Mal-pro-o-pre-mais honnête...
L'ivr-o-o-gne chantait...

> *Il sort.*

JACQUES *(seul, il se tait un long moment, absorbé dans ses pensées, puis, grave)* : Mettons que je n'ai rien dit, pourtant, que me veut-on ?

> *Silence.*
> *Au bout d'un long moment, Jacqueline revient. Elle se dirige vers son frère d'un air convaincu et profond, s'approche de lui, le fixe dans les yeux et dit :*

JACQUELINE : Écoute-moi, mon cher frère, cher confrère, et cher compatriote, je vais te parler entre deux yeux frais de frère et sœur. Je viens à toi une dernière fois, qui ne sera certainement pas la dernière, mais que veux-tu, tant pis aller. Tu ne comprends pas que je suis envoyée vers toi, comme une lettre à la poste, timbrée, timbrée par mes voix aériennes, bon sang!

> *Jacques reste sombre.*

JACQUES : Hélas, bon sang ne peut mentir!

JACQUELINE *(elle a compris)* : Ah, enfin! le voilà le grand mot lâché!

JACQUES, *désespéré, de l'air le plus navré* : Montre-toi digne sœur d'un frère tel que moi.

JACQUELINE : Loin de moi cette faute. Je vais t'apprendre une chose : je ne suis pas une abracante, il n'est pas une abracante, elle n'est pas une abracante, toi non plus tu n'es pas une abracante.

JACQUES : Et alors ?

JACQUELINE : Tu ne me comprends pas parce que tu ne me suis pas. C'est bien simple.

JACQUES : Tu crois! Pour vous, les sœurs, les heures ne comptent guère, mais que de temps perdu!

JACQUELINE : Il ne s'agit pas de cela. Ces histoires ne me regardent pas. Mais l'Histoire nous regarde!

JACQUES : O paroles, que de crimes on commet en votre nom!

JACQUELINE : Je vais tout te dire en vingt-sept mots. Voici, et tâche de te souvenir : tu es chronométrable.

JACQUES : Et le reste?

JACQUELINE : C'est tout. Les vingt-sept mots sont compris, ou comprises, dans ces trois-là, selon leur genre.

JACQUES : Chro-no-mé-trable! *(Effrayé, cri d'angoisse.)* Mais, ce n'est pas possible! ce n'est pas possible!

Il se lève, marche fiévreusement d'un bout à l'autre de la scène.

JACQUELINE : Si, pourtant. Il faut en prendre son parti.

JACQUES : Chronométrable! chronométrable! Moi? *(Il se calme peu à peu, se rassoit, réfléchit longuement, effondré dans son fauteuil.)* Ce n'est pas possible; et si c'est possible, cela est affreux. Mais, alors, je dois. Cruelle indécision!... L'état civil n'est pas dans le coup. Affreux, affreux! Toute la loi s'insurge contre elle-même quand on ne la défend pas.

Jacqueline, souriant d'un air triomphant, le laisse à son agitation : sur la pointe des pieds, elle sort. A la porte, Jacques mère, à voix basse :

JACQUES mère : Le système a réussi ?

JACQUELINE, *un doigt sur les lèvres :* Chut! ma chère maman! Attendons, attendons, le résultat de l'opération.

Elles sortent. Jacques est agité, il va prendre une décision.

JACQUES : Tirons-en les circonstances, les ficelles m'y obligent! C'est dur, mais c'est le jeu de la règle. Elle roule dans ces cas-là. *(Débat de conscience muet. Seulement de temps à autre : « Chro-no-mé-trable, chro-no-mé-trable ? » Puis, finalement excédé, très haut :)* Eh bien oui, oui, na, j'adore les pommes de terre au lard !

Jacques mère, Jacqueline, qui épiaient et n'attendaient que ça, vivement, exultant, suivies des vieux Jacques, s'approchent.

JACQUES mère : Oh ! mon fils, tu es vraiment mon fils !
JACQUELINE, *à la mère :* Je te l'avais dit que mon idée lui ferait prendre pied.
JACQUES grand-mère : J'avais bien dit que pour faire bouillir les carottes quand elles sont encore sottes, il faut...
JACQUES mère, *à sa fille :* Petite renarde, va ! *(Elle embrasse son fils qui se laisse faire sans plaisir.)* Mon enfant ! C'est bien vrai, tu aimes donc les pommes de terre au lard ? Quelle joie !
JACQUES, *sans conviction :* Mais oui, je les aime, je les adore !
JACQUES mère : Je suis heureuse, je suis fière de toi ! Répète, mon petit Jacques, répète pour voir.
JACQUES, *comme un automate :*

J'adore les pommes de terre au lard !
J'adore les pommes de terre au lard !
J'adore les pommes de terre au lard !

JACQUELINE, *à sa mère :* Tu en as de la tête ! N'use pas ton enfant si tu es vraiment une mère maternelle. Oh, ça fait chanter grand-père.
JACQUES grand-père, *chantant :*

Un ivro-o-gne cha-ma-nir-te
chantait une chanson
mélan-co-li-lique et so-o-ombre
pleine de joie et de lumi-i-ère...
Laissez... les... petits... enfants
S'amu-mu-ser sans ri-i-ire
Ils... auront bien le temps
De cour... cour... courir
Après les femmes-femmes-e-s !

Jacques mère, *en direction de la porte :* Gaston, viens donc! Ton fils, ton fils adore les pommes de terre au lard!

Jacqueline, *de même :* Viens, papa, il vient de dire qu'il adore les pommes de terre au lard!

Jacques père, *entrant, sévère :* C'est bien vrai?

Jacques mère, *à son fils :* Dis à ton père, mon petit Jacquot, ce que tu as dit tout à l'heure à ta sœur, et à ta petite maman brisée par l'émotion maternelle qui la saccage avec délices.

Jacques : J'aime les pommes de terre au lard!

Jacqueline : Tu les adores!

Jacques père : Quoi?

Jacques mère : Dis, mon chou.

Jacques : Les pommes de terre au lard. J'adore les pommes de terre au lard.

Jacques père, *à part :* Tout ne serait-il pas perdu? Ce serait trop beau, mais ce ne serait pas trop tôt. *(A sa femme et à sa fille.)* Toute la partition?

Jacqueline : Mais oui, papa, tu n'as donc pas entendu?

Jacques mère : Fais-lui confiance à ton fils... Ton fils de fils.

Jacques grand-mère : Le fils de mon fils c'est mon fils... et mon fils c'est ton fils. Il n'y a pas d'autre fils.

Jacques père, *à son fils :* Mon fils, solennellement, viens dans mes bras. *(Il ne l'embrasse pas.)* Suffit. Je reviens sur mon reniement. Je suis heureux que tu adores les pommes de terre au lard. Je te réintègre à ta race. A la tradition. Au lardement. A tout. *(A Jacqueline.)* Mais il faudra encore qu'il croie aux aspirations régionales.

Jacques grand-mère : Cela aussi est considérable!

Jacqueline : Ça viendra, papa, patience, t'en fais pas, papa!

Jacques grand-père : L'ivro-o-gne cha-a-ma-nirte!

Jacques grand-mère, *un coup sur la tête du vieux :* Merde!!!

Jacques père : Je te pardonne donc. J'oublie, bien involontairement d'ailleurs, toutes tes fautes de jeunesse ainsi que les miennes, et vais, bien entendu, te récupérer au bénéfice de nos œuvres familiales et nationales.

Jacques mère : Comme tu es bon.

Jacqueline : Oh, père indigent!

Jacques père : Entendu. Je digère. *(A son fils.)* Tu percuteras donc. Alors persiste.

Jacques, *d'une voix éteinte* : J'adore les pommes de terre!

Jacqueline : Ne perdons pas de temps.

Jacques mère, *à son mari* : Gaston, dans ce cas-là, s'il en est ainsi, on pourrait le marier. Nous attendions tout simplement qu'il fasse amende honorable, plutôt deux qu'une, ce qui est fait. Jacques, tout est en règle, le plan prévu à l'avance est déjà réalisé, les noces sont toutes préparées, ta fiancée est là. Ses parents aussi. Jacques, tu peux rester assis. Ton air résigné me satisfait. Mais sois poli jusqu'aux ongles...

Jacques : Ouf! Oui.

Jacques père *(il tape des mains)* : Que la fiancée entre donc!

Jacques : Oh! c'est le signal convenu!

Entrée de Roberte la fiancée, de son père, Robert père, de sa mère, Robert mère. C'est d'abord Robert père qui entre, gros, gras, majestueux, puis la mère, bonne boule, tout épaisse ; puis les parents s'écartent pour laisser passer Roberte elle-même, qui s'avance entre son père et sa mère ; elle est en robe de mariée ; sa voilette blanche cache sa figure ; son entrée doit faire sensation ; Jacques mère, joyeusement, croise les mains ; éblouie, elle lève les bras au ciel, puis va près de Roberte, la regarde de près, la touche d'abord timidement, puis la pelote avec vigueur et enfin la flaire ; les parents de Roberte l'encouragent avec des gestes amicaux et empressés ; la grand-mère aussi doit flairer la mariée, le grand-père aussi, en chantant : « Trop-op vieux !... ivro...gne... cha...ma... nirte... » Le père Jacques aussi. Jacqueline, à l'apparition de Roberte, tapera gaiement ses mains l'une contre l'autre, et s'écriera :

Jacqueline : L'avenir est à nous!

Puis, s'approchant de Roberte, soulèvera sa robe, criera dans son oreille et, enfin, la flairera. Le comportement de Jacques père sera plus digne et plus retenu; il échangera tout de même des coups d'œil et des gestes gaillards avec Robert père; quant à Robert mère, à la fin de la scène, elle se trouvera immobile au premier plan, à gauche, un large sourire béat sur les lèvres; le vieux grand-père fait des gestes égrillards, indécents, voudrait en faire plus, est empêché par la vieille grand-mère qui dit:

Jacques grand-mère : Dis... donc... Non... mais... dis... donc... tu me rends... ja...louse!

Seul Jacques, pendant que les autres reniflent Roberte, ne semble nullement impressionné, toujours assis, impassible; il lâche un seul mot de mépris, à part:

Jacques : Savoyarde!
Roberte mère, *entendant cette appréciation, a l'air légèrement intriguée, mais ce n'est qu'une inquiétude très fugitive, et elle se remet à sourire. Elle fait signe à Roberte de s'approcher de Jacques; celle-ci est timide, ne vient au premier plan que conduite, presque traînée par Robert père, poussée par Jacques mère et Jacqueline. Jacques ne fait toujours aucun mouvement, il garde sa figure immobile.*
Jacques père *(il se rend compte que quelque chose ne va pas; il reste un peu à l'écart, les mains sur les hanches, murmurant)* : Au moins, je ne serai pas pris au dépourvu!

Autour de Jacques fils, Robert père détaille sa fille, aidé de Jacqueline, Jacques mère, Robert mère et les grands-parents.

Robert père : Elle a des pieds! Ils sont truffés!

Jacqueline soulève la robe de la mariée pour que Jacques en soit convaincu.

Jacques *(léger haussement d'épaule)* : C'est naturel!
Jacqueline : Mais c'est pour marcher.

JACQUES mère : Pour marcher!
JACQUES grand-mère : Dame oui, et pour te chapatouiller.
ROBERT mère, *à sa fille :* Voyons, prouve-le.

> *Roberte marche en effet avec ses pieds.*

ROBERT père : Elle a de la main!...
ROBERT mère : Montre.

> *Roberte montre à Jacques une main, lui fourre ses doigts presque dans les yeux.*

JACQUES grand-mère *(on ne l'écoute pas) :* Voulez-vous un conseil?
JACQUELINE : Pour torchonner...
JACQUES : En effet! en effet!... Je m'en doutais bien, quand même.
ROBERT père : Des orteils.
JACQUELINE : Pour se les écraser!...
JACQUES mère : Mais oui, mon enfant!
ROBERT père : Des aisselles.
JACQUELINE : Pour les vaisselles?
JACQUES mère : Mais bien sûr.
JACQUES grand-mère *(on ne l'écoute pas) :* Voulez-vous un conseil?
ROBERT mère : Et quels mollets! de véritables mollets!
JACQUES grand-mère : Dame oui, comme de mon temps!
JACQUES, *désintéressé :* Mélanchton faisait mieux!
JACQUES grand-père, *chante :*

> Un ivro...o...gne
> chamanirte...

JACQUES grand-mère : Dis donc *(au vieux)*, fais-moi la cour, t'es mon mari!
JACQUES père : Écoute-moi bien, mon fils. J'espère que tu as compris.
JACQUES, *résigné, acquiesce :* Oh oui, bien sûr... j'oubliais...
ROBERT père : Elle a des hanches...

Jacques mère : Mais oui, c'est pour mieux te manger, mon enfant!

Robert père : Et puis des boutons verts sur sa peau beige; des seins rouges sur fond mauve; un nombril enluminé; une langue à la sauce tomate; des épaules pannées, et tous les biftecks nécessaires à la meilleure considération. Que vous faut-il encore?

Jacques grand-père, *chante* : Un ivro...o...gne... cha...ma...nirte...

Jacqueline, *hoche la tête, lève et laisse tomber ses bras* : Ah! quel frère m'a-t-on collé!

Jacques mère : Il a toujours été difficile. J'ai eu du mal à l'élever. Il n'aimait que le rilala.

Robert mère : Mais ma bonne, c'est incompréhensible, c'est incroyable! Je n'aurais jamais pensé! Si je l'avais su à temps, on aurait pris des précautions...

Robert père, *fier, un peu blessé* : C'est notre fille unique.

Jacques grand-père, *chante* : Un ivro...gne... cha... a...ma...nirte!

Jacques mère : Ça m'afflige!

Jacques père : Jacques, c'est mon dernier avertissement!

Jacques grand-mère : Voulez-vous un conseil?

Jacques : Bon. Alors d'accord! Ça marchera avec les pommes de terre.

Soulagement général, effervescence, congratulations.

Jacqueline : Ses sentiments distingués finissent toujours par prendre le dessus.

Elle sourit à Jacques.

Jacques père : Une simple question, à mon tour. Ne la prenez pas mal.

Robert père : Mais non, c'est différent. Dites.

Jacques père : Une seule incertitude : est-ce qu'il y a les troncs?

Jacques grand-père, *égrillard* : Hi... Hii...

Robert mère : Ah ça...

JACQUES mère : C'est peut-être trop demander.
ROBERT père : Je crois... heu... oui... ils doivent y être... mais je ne saurais vous dire...
JACQUES père : Et où donc ?
JACQUELINE : Mais papa, voyons, dans les troncs, papa, voyons !
JACQUES père : Parfait. C'est parfait. Pleinement satisfait. D'accord.
JACQUES grand-mère : Voulez-vous un conseil ?
ROBERT mère : Ah... heureusement !
ROBERT père : Je savais que tout irait bien !
JACQUES grand-père, *chante :*

Un... ivro...gne... chamanirte...
Dans les rues de Paris...   *(Il valse.)*

JACQUES mère : En somme, vous n'auriez rien à craindre, c'est le crâne de la crème !
JACQUES père, *à son fils :* Bon ! le marché est conclu. L'élue malgré toi de ton cœur !
JACQUES mère : Le mot cœur me fait toujours pleurer.
ROBERT mère : Moi aussi, ça m'attendrit.
ROBERT père : Ça m'attendrit d'un œil, ça me fait pleurer des deux autres.
JACQUES père : C'est la véracité !
JACQUELINE : Oh, il ne faut pas s'étonner. Tous les parents sentent ainsi. C'est une sorte de sensibilité proprement dite.
JACQUES père : Ça nous regarde !
JACQUELINE : Ne te fâche pas, papa. Je disais ça inconsciemment. Mais à bon escient.
JACQUES grand-mère : Voulez-vous un conseil ?
JACQUES père : Oh, ma fille sait toujours arranger les choses ! c'est son métier, d'ailleurs.
ROBERT mère : Quel est son métier ?
JACQUES mère : Elle n'en a pas, chère !
ROBERT père : C'est bien naturel.
JACQUES père : Cela n'est pas si naturel que cela. Mais c'est de son âge. *(Changeant de ton.)* Enfin, bref. Mettons les fiancés face à face. Et voyons la face de la jeune

mariée. *(A Robert père et mère.)* Ce n'est qu'une simple formalité.

Robert père : Je vous en prie, c'est normal, faites.
Robert mère : On allait vous le proposer.
Jacques grand-mère, *fâchée :* Voulez-vous un conseil !... Crotte ! alors !
Jacqueline : Allons, alors, la face de la mariée !

> *Robert père écarte le voile blanc qui cachait le visage de Roberte. Elle est toute souriante et a deux nez ; murmures d'admiration, sauf Jacques.*

Jacqueline : Oh ! Ravissant !
Robert mère : Qu'est-ce que vous en dites ?
Jacques père : Ah, si j'avais vingt ans de moins !
Jacques grand-père : Et moi... ah... euh... et moi !
Robert père : Ha, ah, vingt ans au numéro !... A l'espagnolette !
Jacques père : Autant que possible !
Jacques mère : Vous devez en être fière. Vous en avez, de la chance. Ma fille n'en a qu'un !!!
Jacqueline : Ne t'en fais pas, maman.
Jacques père, *à Jacqueline :* C'est la faute de ta mère.
Jacques mère : Ah, Gaston, toujours des reproches !
Jacqueline : C'est pas le moment, papa, un si beau jour !
Robert père, *à Jacques :* Vous ne dites rien ? Embrassez-la !
Jacques grand-mère : Ah, mes petits enfants... Voulez-vous un conseil ?... ah... crotte !
Robert mère : Ça va être charmant ! Oh, mes enfants !
Jacques mère, *à Jacques :* Tu es heureux, n'est-ce pas ?
Jacques père *à Jacques :* Enfin, te voilà un homme. Mes frais seront remboursés.
Robert mère : Allons, mon gendre.
Jacqueline : Allons, mon frère, ma sœur.
Robert père : Vous vous entendrez bien, tous les deux.
Jacques mère, *à Gaston :* Oh, ils sont vraiment faits l'un pour l'autre, ainsi que tout ce que l'on dit en pareille

occasion! *(Robert père et mère, Jacques père et mère ainsi que Jacqueline disent:)* Oh! mes enfants!

Ils applaudissent, enthousiastes.

Jacques grand-père : Un ivro-ogne...cha...a...manirte!
Jacques : Non! non! Elle n'en a pas assez! Il m'en faut une avec trois nez. Je dis : trois nez, au moins!

Stupéfaction générale, consternation.

Jacques mère : Oh! qu'il est vilain!
Jacqueline *(elle console sa mère, tout en s'adressant à son frère)* : Tu ne penses pas aux mouchoirs qu'il lui faudrait, en hiver?
Jacques : C'est mon moindre souci. D'ailleurs, ils seraient compris dans la dot.

Pendant tout ce temps, Roberte ne comprend rien à ce qui se passe.
Les grands-parents sont en dehors de l'action. De temps en temps, le vieux veut chanter; la vieille, donner un conseil. Entre temps, ils dansent, miment vaguement l'action.

Jacques père : Je prends ma valise! Je prends ma valise! *(A son fils.)* Tes sentiments distingués ne prennent donc plus le dessus! Insensé! Écoute-moi bien : la vérité n'a que deux faces mais son troisième côté vaut mieux! J'ai dit! D'autre part, je m'y attendais.
Robert mère : C'est ennuyeux... C'est ennuyeux... mais pas tellement... si ça n'est que ça, tout peut encore s'arranger!
Robert père, *jovial :* Ça ne fait rien, il n'y a pas de mal messieurs-dames. *(Il frappe Jacques, toujours crispé, sur les épaules.)* Nous avions prévu cet incident. Nous avons à votre disposition une seconde fille unique. Et celle-là, elle a ses trois nez au complet.
Robert mère : Elle est trinaire. En tout d'ailleurs. Et pour tout.
Jacques mère : Ah! ça me soulage!... c'est que l'avenir des enfants... Bravo, tu entends, Jacques?

Jacqueline : Entends-tu, chou-fleur!
Jacques père : Essayons encore. Mais je n'y crois plus beaucoup. Si vous y tenez...

Il jette à son fils des regards pleins de colère.

Jacques mère : Oh, Gaston, ne dis pas cela. J'ai bon espoir. Ça s'arrangera.
Robert père : Ne craignez rien. Vous allez voir. *(Il prend Roberte par la main, la fait sortir : il tourne la tête.)* Vous allez voir.

Jacques père est mécontent ; Jacques mère, inquiète, mais espérant, regarde du côté de son fils ; Jacqueline est sévère et regarde son frère d'un air désapprobateur. Roberte mère est souriante.

Roberte, *avant de disparaître :* Au revoir, assistance!

Révérence.

Jacques mère : Qu'elle est mignonne, pourtant!
Robert mère : Ça ne fait rien, je vous dis. L'autre, vous allez voir, vous ne vous en plaindrez pas non plus.
Jacques : Une à trois nez! Au moins une à trois nez! Ce n'est tout de même pas si difficile que ça.
Jacqueline : Le myosotis n'est pas un tigre... c'est tout dire.

Robert père revient, tenant par la main Roberte II, pareillement vêtue — le rôle doit d'ailleurs être joué par la même actrice — la figure aux trois nez découverte[1].

Jacqueline : Émouvante! Oh, frère, cette fois tu ne pourras prétendre plus!
Jacques mère : Oh, mon enfant! mes enfants! *(A Robert mère.)* Vous devez en être bougrement fière!

---

1. En réalité, ce n'est pas trois nez que doit avoir Roberte, mais trois visages, trois profils. Roberte avait quatre yeux, trois nez, trois bouches, — avec le masque très picassien de Jacques Noël. Roberte était monstrueuse, cependant belle, comme une de ces divinités à plusieurs visages de l'Extrême-Orient.

ROBERT mère : Un peu, beaucoup, pas mal!... bien entendu!

ROBERT père, *s'approchant de Jacques, tenant sa fille par la main :* Alors, mon cher, vous avez de la chance. En bouteille! Votre désir est particulièrement exaucé. La voilà, la voilà, votre fiancée à trois nez!

ROBERT mère : La voilà, votre fiancée à trois nez.

JACQUELINE : La voilà donc, la voici donc...

JACQUES mère : Mon chou, tu la vois, elle est à toi, ta petite mariée à trois nez, telle que tu la voulais!

JACQUES père : Hé quoi, tu ne parles pas? Tu ne la vois donc pas? La voici, la voilà, la femme à ton grand goût avec ses trois nez!

JACQUES : Non, je n'en veux pas. Elle n'est pas assez laide! Elle est même passable. Il y en a de plus laides. J'en veux une beaucoup plus laide.

JACQUELINE : Eh bien alors, qu'est-ce qu'il te faut!

ROBERT père : Ça, c'est trop fort. C'est intolérable. C'est inadmissible.

ROBERT mère, *à Robert père :* Tu ne vas pas permettre qu'on se moque de ta fille, de ta femme et de toi-même. Oui, on a été attirés là comme dans un piège pour qu'on se paie notre tête!

JACQUES mère *(elle sanglote) :* Ah! ah! mon Dieu! Jacques, Gaston, Jacques, mauvais fils! Si j'avais su, j'aurais dû t'étrangler dans ton dernier berceau, oui, de mes mains maternelles. Ou avorter! Ou ne pas concevoir! Moi, moi, qui étais si heureuse quand j'étais enceinte de toi... d'un garçon... je montrais ta photo à tout le monde, aux voisins, aux flics!... Ah! Ah! je suis une mère malheureuse...

JACQUELINE : Maman! Maman!

Conseil de la grand-mère. Chanson amorcée du grand-père.

ROBERT père : Ça ne se passera pas comme ça! Ah, ça ne se passera pas comme ça!

ROBERT mère : Ne fais pas un malheur!

ROBERT père : Je demande des réparations, des excuses, des explications, et un lavement total de notre honneur

qui ne parviendra cependant plus jamais à l'effacer!...
du moins concurremment...

JACQUES mère : Ah! Ah! Ah! Le mot concurremment m'a toujours fait gémir, car il évoque la concurrence!

JACQUELINE : Maman, maman, ne te tapote pas les cervelles! Ça n'en vaut pas la pelle!

JACQUES père : Que voulez-vous que j'y fasse! C'est le sort qui l'a voulu ainsi. *(A son fils.)* Ton attitude est inqualifiable; désormais, tu n'auras plus besoin de respect. N'y compte plus!

JACQUES mère : Ah! Ah! Ah! Ah!

JACQUELINE : Maman, maman, ma patate maman!

JACQUES : Elle n'est pas assez laide!

ROBERT mère : Quel insolent! *(A Jacques mère.)* C'est honteux, Madame.

JACQUELINE, *à Robert mère :* Laissez-la! Elle va se trouver mal.

ROBERT père, *à Jacques :* Eh ben alors, mon bonhomme, qu'est-ce qu'il te faut! ma fille, ma fille pas assez laide?

ROBERT mère, *à Jacqueline :* Je m'en fous, si elle se trouve mal, ta mémère! Tant mio!

ROBERT père, *à Jacques :* Pas assez laide! Pas assez laide! L'as-tu bien regardée, as-tu des yeux?

JACQUES : Puisque je vous dis que moi je ne la trouve pas assez moche.

JACQUES père, *à son fils :* Tu ne sais même pas ce que tu dis!

JACQUES mère : Ah! Ah! Ah!

ROBERT père : Pas assez laide? Ma fille, ma fille à qui j'ai donné une éducation si compliquée? Je n'en reviens pas! Par exemple!

JACQUELINE, *à sa mère :* Ne t'évanouis pas tout de suite! Attends la fin de la scène!

ROBERT mère : Il faudra réclamer! Tu demanderas des sanctions!

JACQUES mère, *à Jacqueline :* La fin de la semaine?

JACQUELINE, *à sa mère :* Non... la scène, de cette scène...

JACQUES père : Ça va comme ça! C'est la faute à personne!

Robert mère : C'est votre faute à tous! bande de salauds! crapules! veinards! Boches!

Jacques mère : Ah! Ah! Ça va être long?

Jacqueline : Je ne pense pas.

Jacques mère : Ah! Ah! Ah!

Jacques : Mais que voulez-vous que j'y fasse, elle n'est pas assez laide. Il en est ainsi et puis c'est tout!

Robert mère : Il continue de nous insulter, ce blanc-bec.

Jacques père : Il n'y connaît rien, aux femmes!

Robert père, *à Jacques :* C'est pas la peine de prendre ce petit air photogénique! Tu n'es pas plus malin que nous.

Jacques : Elle n'est pas moche! Elle n'est pas moche! Elle ne fait même pas tourner le lait... elle est même belle...

Robert mère : As-tu du lait ici pour voir?

Robert père : Il ne veut pas, il bleufe. Il sait que le lait tournerait. Ça ne l'arrange pas, le petit salaud! Ça ne se passera pas comme ça. Je vais...

Intervention des grands-parents ; conseil, chanson.

Robert mère, *à son mari :* Non, je t'en prie, Robert-Cornélius, pas de ça ici, pas de sang entre les mains, ne sois pas si assassin, nous nous adresserons directement à la justice... au château de justice!... avec toutes nos assiettes.

Jacques père, *d'une voix terrible :* Ça ne me regarde plus! *(A Jacques.)* Je te déshonore à jamais, comme quand tu avais deux ans! *(A tout le monde.)* Et vous aussi, je vous déshonore tous!

Jacques : Bon. Tant mieux. Ça passera aussi vite.

Jacques père, *se dirige vers son fils. Un moment de silence très tendu, interrompu par :*

Jacques mère : Ah! Ah! Ah!... Ca-ca-ca-ca!...

Elle s'évanouit.

Jacqueline : Maman! Maman!

De nouveau, silence tendu.

JACQUES père, *à son fils :* Tu nous as donc menti. Je le soupçonnais. Je ne suis pas dupe. Veux-tu que je te dise la vérité ?
JACQUES : Oui, car elle sort par la bouche de ses enfants.
JACQUES père, *à son fils :* Tu nous as menti tout à l'heure...
JACQUELINE, *près de sa mère :* Maman... Ma...

Elle s'arrête, tourne la tête, comme tous les autres personnages, du côté des deux Jacques. La mère Jacques revient à elle pour entendre les paroles graves qui vont se dire.

JACQUES père, *à son fils :* ... Quand tu nous as déclaré sur ta conscience que tu adorais les pommes de terre au lard. Oui, tu nous as ignoblement menti, menti, menti! A la menthe! Ce n'était qu'une ruse indigne des appréciations que nous avons eues tous pour toi dans cette maison aux bonnes traditions, depuis ton enfance. La réalité est bien celle-ci : tu n'aimes pas les pommes de terre au lard, tu ne les as jamais aimées. Tu ne les aimeras jamais!!!

Stupéfaction ; horreur sacrée ; recueillement silencieux.
Conseil de la grand-mère. Chanson du grand-père.

JACQUES : Je les exècre!
ROBERT père : Quel cynisme!
JACQUELINE : Hélas! A ce point. Mon frère frais!
ROBERT mère : Le fils dénaturé d'une mère et d'un père malheureux!
JACQUES mère : Ooooooh!
JACQUES père : Que ceci donc nous serve de révélation!
JACQUES : Que cela vous serve de révélation ou pas... et si cela peut vous servir de révélation : tant mieux pour vous... Je n'y puis rien, je suis né comme ça... J'ai fait tout ce qui était en mon pouvoir!... *(Pause.)*
... Je suis ce que je suis...
ROBERT mère, *chuchote :* Quel cœur insensible! Aucune fibre sur sa face ne tressaille...

ROBERT père, *chuchote :* C'est un étranger intransigeant. Pire.

Les personnages, sauf Jacques, se regardent. Ils regardent aussi Jacques, muet, dans son fauteuil, puis se regardent de nouveau entre eux, en silence. La dernière réplique de Jacques fils a créé une atmosphère d'horreur contenue. Jacques est vraiment un monstre. Sur la pointe des pieds, tous s'en vont. Roberte II qui, durant cette dernière scène, n'a pas prononcé un mot, mais qui, par des gestes plutôt désemparés, une attitude découragée, un affaissement, montrait qu'elle était sensible au déroulement de l'action, est désorientée. Elle a l'air de vouloir un moment suivre ses parents. Elle fait un pas vers la sortie, mais un geste de son père la cloue sur place.

ROBERT père, *à sa fille :* Toi... Monte la garde et fais ton service !

ROBERT mère, *mélo :* Reste, malheureuse, avec ton amant, puisque tu es son épouse présumée.

Roberte II fait un geste de désespoir, mais elle obéit. Jacques père, Jacques mère, Jacqueline, Robert père, Robert mère sortent sur la pointe des pieds, horrifiés, jetant de temps à autre des regards en arrière, s'arrêtant souvent et murmurant :

« Il n'aime pas les pommes de terre au lard ! »
« Non ! il ne les aime pas ! »
« Il les exècre ! »
« Oh, ils se valent tous les deux. »
« Ils sont bien taillés l'un pour l'autre. »
« Les enfants d'aujourd'hui... »
« Faut pas compter sur leur reconnaissance. »
« Ils n'aiment pas les pommes de terre au lard. »

Ils sortent. Les grands-parents sortent aussi, plus souriants, étrangers à l'action. Tous resteront à épier derrière la porte, montrant leur tête, une, deux, ou trois à la fois, très souvent. On ne verra que leurs têtes grotesques.

Roberte II, timidement, humblement, se décide avec du mal à aller s'asseoir en face de Jacques qui, toujours son chapeau sur la tête, a sa mine renfrognée ; silence.

ROBERTE II *(elle essaie de l'intéresser, puis, petit à petit, de le séduire)* : Je suis d'un naturel très gai. *(Elle a une voix macabre.)* Vous vous en apercevriez si vous le vouliez... je suis excentrique... je suis la gaîté dans le malheur... le travail... la ruine... la désolation... ah! ah! ah!... le pain, la paix, la liberté, le deuil et la gaîté... *(Sanglotant.)* On m'appelait la gaîté à portée de la main... la détresse gaie... *(Il se tait toujours.)* Vous réfléchissez? moi aussi, des fois. Mais dans un miroir. *(A un moment donné, elle osera se lever, marcher, s'approcher de Jacques, le toucher, de plus en plus sûre d'elle-même.)* Je suis la gaîté de la mort dans la vie... la joie de vivre, de mourir. *(Jacques demeure obstinément silencieux.)* On m'appelait aussi l'aînée gaie...

JACQUES : A cause de vos nez?

ROBERTE II : Mais non. C'est parce que je suis plus grande que ma sœur... Monsieur,

Il n'y en a pas deux comme moi au monde.
Je suis légère, frivole, je suis profonde.
Je ne suis ni sérieuse ni frivole,
Je m'y connais en travaux agricoles,
Je fais aussi d'autres travaux,
Plus beaux, moins beaux, aussi beaux.
Je suis juste ce qu'il vous faut.
Je suis honnête, malhonnête,
Avec moi votre vie sera une fête.
Je joue du piano,
Je fais le gros dos,
J'ai une solide instruction.
J'ai reçu une bonne éducation...

JACQUES : Parlons d'autre chose!

ROBERTE II : Ah!... je vous comprends, vous n'êtes pas pareil aux autres. Vous êtes un être supérieur.

Tout ce que je vous ai dit était faux... oui... voici une chose qui va vous intéresser.

Jacques : Ça m'intéresse, si c'est la vérité.

Roberte II : J'ai voulu prendre un bain. Dans la baignoire pleine jusqu'au bord, j'ai vu un cochon d'Inde tout blanc qui s'était installé. Il respirait sous l'eau. Je me suis penchée pour le voir de plus près : je voyais frémir à peine son museau. Il se tenait tranquille. J'ai voulu plonger mon bras dans l'eau pour le saisir, mais j'ai eu trop peur qu'il me morde. On dit que ces petits animaux-là ne mordent pas, mais on ne peut jamais être sûr! Il me voyait bien, il m'épiait, il se tenait tout près. Il avait entrouvert un œil tout petit, et me regardait, immobile. Il ne paraissait pas vivant. Il l'était cependant. Je le voyais de profil. J'ai voulu le voir de face. Il leva vers moi sa petite tête avec ses tout petits yeux, sans bouger son corps. Comme l'eau était très claire, j'ai pu voir sur son front deux taches foncées, marron, peut-être. A bien les regarder, je vis qu'elles gonflaient doucement, deux excroissances... deux tout petits cochons d'Inde humides et mous, ses petits qui poussaient là...

Jacques, *froid :* Ce petit animal dans l'eau, mais c'est le cancer! C'est tout à fait le cancer que vous avez vu, dans votre rêve. Tout à fait ça.

Roberte II : Je le sais.

Jacques : Ah! écoutez, vous m'inspirez confiance.

Roberte II : Alors, parlez.

Jacques : Lorsque je suis né, je n'avais pas loin de quatorze ans. Voilà pourquoi j'ai pu me rendre compte plus facilement que la plupart de quoi il s'agissait. Oui, j'ai vite compris. Je n'ai pas voulu accepter la situation. Je l'ai dit carrément. Je n'admettais pas cela. Ce n'était pas à ceux que vous connaissez, qui étaient là tout à l'heure, que je disais cela. C'était aux autres. Ceux que vous connaissez, ils ne comprennent pas très bien... non... non... mais ils le sentaient... on m'assura qu'on porterait remède. On me promit des décorations, des dérogations, des décors, des fleurs nouvelles, une autre tapisserie, un autre fond sonore. Quoi encore?

J'insistai. Ils me jurèrent de me donner satisfaction. Il l'ont juré, rejuré, promesse formelle, officielle, présidentielle. Enregistrée... Je fis d'autres critiques pour finalement leur déclarer que j'aimais mieux me retirer, comprenez-vous ? Ils me répondirent que je leur manquerais beaucoup. Bref, je posais mes conditions absolues ! Ça devait changer, dirent-ils. Ils prendraient les mesures utiles. Ils m'implorèrent d'espérer, faisant appel à ma compréhension, à tous mes sentiments, à mon amour, à ma pitié. Ça ne durerait pas, pas trop longtemps, m'assurèrent-ils. Quant à ma personne, elle devait jouir de la meilleure considération !... Pour m'amadouer, on me fit voir des sortes de prairies, des sortes de montagnes, quelques océans... maritimes naturellement... un astre, deux cathédrales choisies parmi les plus réussies. Les prairies n'étaient pas mal du tout... je m'y suis laissé prendre ! Tout était truqué... Ah, ils m'ont menti. Des siècles et des siècles ont passé ! les gens... ils avaient tous le mot bonté à la bouche, le couteau sanglant entre les dents... Vous me comprenez ? J'ai patienté, patienté, patienté. On devait venir me chercher. J'ai voulu protester : il n'y avait plus personne... sauf ceux-là, que vous connaissez, qui ne comptent pas. Ils m'ont trompé... Et comment sortir ? Ils ont bouché les portes, les fenêtres avec du rien, ils ont enlevé les escaliers... On ne part plus par le grenier, par en haut plus moyen... pourtant, m'a-t-on dit, ils ont laissé un peu partout des trappes... Si je les découvrais... Je veux absolument m'en aller. Si on ne peut pas passer par le grenier, il reste la cave... oui, la cave... Il vaut mieux passer par en bas que d'être là. Tout est préférable à ma situation actuelle. Même une nouvelle.

Roberte II : Oh oui, la cave... Je connais toutes les trappes.

Jacques : Nous pourrions nous entendre.

Roberte II : Écoutez, j'ai des chevaux, des étalons, des juments, je n'ai que ça, les aimez-vous ?

Jacques : Oui, dites-moi vos chevaux.

Roberte II : Dans mon endroit, j'ai un voisin meunier. Il a une jument qui a mis bas deux gentils petits poulains. Tout gentils, tout mignons. La chienne aussi avait mis bas deux petits chiots, dans l'écurie. Le meunier est vieux, il n'a pas de bons yeux. Le meunier prit les poulains pour les noyer dans l'étang, à la place des petits chiots...

JACQUES : Ah! Ah!

ROBERTE II : Quand il a compris son erreur, c'était trop tard. Il n'a pas pu les sauver.

JACQUES *(un peu amusé, il sourit)* : Oui ? Hum.

A mesure que Roberte raconte son histoire, le sourire de Jacques devient un rire largement épanoui, calme encore.

ROBERTE II *(le jeu ira très lentement au départ ; déclamation ; le mouvement s'intensifiera progressivement, durant la scène qui va suivre ; se ralentira à la fin)* : Non, il n'a pas pu les sauver. Mais ce n'étaient pas les poulains non plus qu'il avait noyés. En effet, de retour à l'écurie, le meunier vit que les poulains étaient là, avec leur maman; les petits chiots étaient toujours là avec leur maman qui aboyait. Mais son propre enfant, son bébé à lui qui venait de naître, n'était plus à côté de la mère, la meunière. C'était donc lui qu'il avait jeté dans l'eau. Il courut vite à l'étang. L'enfant lui tendait les bras et criait : Papa, papa... C'était déchirant. On ne vit plus que son petit bras qui disait : Papa, papa! Maman, maman. Et puis il s'engloutit, et ce fut tout. Et ce fut tout. Il ne l'a plus revu. Le meunier devint fou. Tua sa femme. Cassa tout. Le feu mit. Se pendit.

JACQUES, *très satisfait de l'histoire :* Quelle erreur tragique. Sublime erreur!

ROBERTE II : Mais les poulains folâtrent dans la prairie. Les petits chiots ont bien grandi.

JACQUES : J'aime vos chevaux. Ils sont enivrants. Dites encore un chien, un cheval.

ROBERTE II : Celui qui s'enlise dans le marais, l'enterré vivant que l'on entend bondir, rugir, qui fait trembler sa tombe avant de mourir ?

JACQUES : Celui-là ou un autre.

Roberte II : Voulez-vous le cheval du désert, de la cité saharienne ?

Jacques, *intéressé, comme malgré lui, et de plus en plus haut :* La métropole du désert !...

Roberte II : Tout en briques, toutes les maisons y sont de briques, les pavés brûlent... le feu roule par en dessous... l'air sec, la poussière toute rouge.

Jacques : Du feu en poussière.

Roberte II : Les habitants y sont morts depuis longtemps, les cadavres desséchés dans les maisons.

Jacques : Derrière les volets fermés. Derrière les grilles de fer rougi.

Roberte II : Pas un homme dans les rues vides. Pas une bête. Pas un oiseau. Pas une herbe, fût-elle sèche. Pas un rat, pas une mouche...

Jacques : Métropole de mon futur !...

Roberte II : Soudain, au loin, cheval hennissant... han ! han ! se rapprochant han ! han ! han ! han !

Jacques, *soudain heureux :* Oh oui, c'est ça... Han ! han ! han !

Roberte II : Détale à toute allure, détale à toute allure...

Jacques : Haan ! haan ! haan !...

Roberte II : Sur la grande place vide, le voilà, le voilà... Il hennit, fait le tour, au galop, fait le tour, au galop... fait le tour, au galop, fait le tour au galop.

Jacques : Han ! han ! haan ! à toute allure, au galop, à toute allure, au galop... Oh oui, han ! han ! han ! au galop, au galop, au plus grand galop.

Roberte II : Les sabots, clic clac, clic clac, au galop, jettent des étincelles. Clic... clac... clac... clac... vrr...

Jacques, *riant :* Ah oui, oui, bravo, je sais, je sais ce qui va se passer. Mais vite... Vite... la suite... Bravo...

Roberte II : Il frémit, il a peur... l'étalon...

Jacques : Oui, bravo... Il hennit, il hurle de peur, han !... Han !... Il hurle sa peur, han ! han ! Dépêchons-nous... dépêchons-nous...

Une crinière enflammée passe d'un bout à l'autre de la scène.

ROBERTE II : Oh! il n'échappera pas... n'ayez crainte...
Il tourne en rond, galope en rond...
JACQUES : Bravo, c'est ça! Je vois... Je vois... Une étincelle à sa crinière... Il secoue la tête... Ah! ah! ah! ça le brûle! ça lui fait mal!
ROBERTE II : Il a peur! il galope. Tout en rond. Il se cabre!...
JACQUES : Sa crinière s'enflamme! belle crinière... Il hurle, il hennit. Han! han! Le feu jaillit... Sa crinière s'enflamme. Sa crinière brûle. Han! han! Brûle! Brûle! Han! han!
ROBERTE II : Plus il galope, plus il s'allume. Il est fou, il a peur, il a mal, il a mal, il a peur, il a mal... il s'allume, il s'embrase tout entier!...
JACQUES : Han! han! Il bondit. Oh quels bonds flambants, flambants, flambants! Il hurle, il se cabre. Arrêtez, arrêtez, Roberte. C'est trop vite... pas si vite...
ROBERTE II, *à part :* Oh... il m'a appelée par mon prénom... Il va m'aimer!
JACQUES : Il brûle trop vite... Ça va finir!... Fais durer encore le feu...
ROBERTE II : C'est le feu qui va si vite : les flammes sortent des oreilles et des naseaux, l'épaisse fumée...
JACQUES : Il hurle de peur, il hurle de douleur. Il bondit tant. Il a des ailes de flammes!
ROBERTE II : Qu'il est beau, il devient tout rose, comme un abat-jour énorme. Il veut fuir. Il s'arrête, il ne sait que faire... Ses fers fument et rougissent. Haan! Par sa peau transparente, on voit le feu brûler à l'intérieur. Han! Il flambe! il est une torche vivante... Il reste une poignée de cendres... Il n'est plus mais on entend encore au loin l'écho de ses hurlements retentir, et faiblir... comme les hennissements d'un autre cheval dans les rues vides.
JACQUES : J'ai la gorge sèche, ça m'a donné soif... De l'eau, de l'eau. Ah! comme il flambait, l'étalon... que c'était beau... quelle flamme... ah! *(épuisé)* j'ai soif...
ROBERTE II : Viens... ne crains rien... Je suis humide... J'ai un collier de boue, mes seins fondent, mon bassin est mou, j'ai de l'eau dans mes crevasses. Je m'enlise.

Mon vrai nom est Élise. Dans mon ventre il y a des étangs, des marécages... J'ai une maison d'argile. J'ai toujours frais... Il y a de la mousse, des mouches grasses, des cafards, des cloportes, des crapauds. Sous des couvertures trempées on fait l'amour... on y gonfle de bonheur! Je t'enlace de mes bras comme des couleuvres; de mes cuisses molles. Tu t'enfonces et tu fonds... dans mes cheveux qui pleuvent, pleuvent. Ma bouche dégoule, dégoulent mes jambes, mes épaules nues dégoulent, mes cheveux dégoulent, tout dégoule, coule, tout dégoule, le ciel dégoule, les étoiles coulent, dégoulent, goulent...

JACQUES, *extasié* : Cha-a-armant!

ROBERTE II : Mettez-vous à votre aise. Enlevez ceci *(elle montre le chapeau)*... qui vous couvre. Qu'est-ce que c'est? Ou qui est-ce?

JACQUES, *encore extasié :* Cha-a-armant.

ROBERTE II : Qu'est-ce que c'est, sur votre tête?

JACQUES : Devinez! C'est une espèce de chat. Je le coiffe dès l'aube.

ROBERTE II : C'est un château?

JACQUES : Je le garde toute la journée sur ma tête. A table, dans les salons, je ne l'enlève jamais. Il ne me sert pas à saluer.

ROBERTE II : C'est un chameau? Un chaminadour?

JACQUES : Il donne des coups de pattes, mais il sait travailler la terre.

ROBERTE II : C'est une charrue!

JACQUES : Il pleure quelquefois.

ROBERTE II : C'est un chagrin?

JACQUES : Il peut vivre sous l'eau.

ROBERTE II : C'est un chabot?

JACQUES : Il peut aussi flotter sur l'onde.

ROBERTE II : C'est une chaloupe?

JACQUES : Tout doucement.

ROBERTE II : C'est un chaland?

JACQUES : Il aime parfois vivre caché dans la montagne. Il n'est pas beau.

ROBERTE II : C'est un chalet?

JACQUES : Il me fait rire.

ROBERTE II : C'est une chatouille, ou un chapitre?

Jacques : Il crie, il me casse les oreilles.
Roberte II : C'est un chahut?
Jacques : Il aime les ornements.
Roberte II : C'est un chamarré?
Jacques : Non!
Roberte II : Je donne ma langue au chat.
Jacques : C'est un chapeau.
Roberte II : Oh, enlevez-le, Jacques. Mon Jacques. Chez moi, vous serez chez vous. J'en ai, j'en ai tant que vous voudrez, des quantités!
Jacques : ... de chapeaux?
Roberte II : Non... des chats... sans peau!
Jacques : Oh, mon chat...

Il enlève son chapeau, il a des cheveux verts.

Roberte II : Oh, mon chat...
Jacques : Ma chatte, ma châtelaine.
Roberte II : Dans la cave de mon château, tout est chat...
Jacques : Tout est chat.
Roberte : Pour y désigner les choses, un seul mot : chat. Les chats s'appellent chat, les aliments : chat, les insectes : chat, les chaises : chat, toi : chat, moi : chat, le toit : chat, le nombre un : chat, le nombre deux : chat, trois : chat, vingt : chat, trente : chat, tous les adverbes : chat, toutes les prépositions : chat. Il y devient facile de parler...
Jacques : Pour dire : dormons, chérie...
Roberte II : Chat, chat.
Jacques : Pour dire : j'ai bien sommeil, dormons, dormons...
Roberte II : Chat, chat, chat, chat.
Jacques : Pour dire : apporte-moi des nouilles froides, de la limonade tiède, et pas de café...
Roberte II : Chat, chat, chat, chat, chat, chat, chat, chat.
Jacques : Et Jacques, et Roberte?
Roberte II : Chat, chat.

Elle sort sa main à neuf doigts qu'elle avait tenue cachée sous sa robe.

JACQUES : Oh oui! C'est facile de parler... Ce n'est même plus la peine... *(Il aperçoit la main à neuf doigts.)* Oh! vous avez neuf doigts à votre main gauche? Vous êtes riche, je me marie avec vous...

Il l'enlace très maladroitement. Il baise les nez de Roberte II, les uns après les autres — tandis que Jacques père, Jacques mère, Jacqueline, les grands-parents, Robert père, Robert mère entrent sans dire un mot, à la suite l'un de l'autre, se dandinant, en une sorte de danse ridicule, pénible, en une ronde molle, autour de Jacques fils et Roberte II qui restent au milieu de la scène, maladroitement enlacés. Robert père frappe silencieusement, lentement dans ses mains. Robert mère, les bras croisés derrière la nuque, fait des pirouettes, en souriant stupidement. Jacques mère a une figure immobile, remue les épaules d'une façon grotesque. Jacques père retrousse ses pantalons en marchant sur les talons. Jacqueline hoche la tête, puis ils continuent à danser, accroupis, tandis que Jacques fils et Roberte II s'accroupissent aussi, en demeurant immobiles. Idiotement, les grands-parents tournent en se regardant, et sourient, puis ils s'accroupissent à leur tour. Tout cela doit provoquer chez les spectateurs un sentiment pénible, un malaise, une honte. L'obscurité s'épaissit. Sur la scène, les acteurs poussent de vagues miaulements en tournant, des gémissements bizarres, des croassements. L'obscurité est de plus en plus épaisse. On aperçoit encore les Jacques et les Robert grouiller sur la scène. On entend leurs gémissements de bêtes, puis on ne les voit plus. On n'entend plus que leur gémissements, leurs soupirs, puis tout disparaît, tout s'éteint. De nouveau, une lumière grise. Tout le monde a disparu, sauf Roberte couchée, ou plutôt accroupie enfouie sous sa robe. On voit seulement sa figure pâle, aux trois nez, se dandeliner, et ses neuf doigts s'agiter comme des reptiles.

Été 1950.

Rideau.

Les Chaises

FARCE TRAGIQUE

Les Chaises, farce tragique, a été jouée pour la première fois le 22 avril 1952, au Théâtre Lancry. La mise en scène était de Sylvain Dhomme, les décors de Jacques Noël. La pièce a été reprise au *Studio des Champs-Elysées*, en février 1956, puis en mars 1961, dans une mise en scène de Jacques Mauclair, avec Jacques Mauclair dans le rôle du *Vieux*, Tsilla Chelton dans celui de la *Vieille*.

PERSONNAGES

LE VIEUX, 95 ans . . . . *Paul Chevalier.*
LA VIEILLE, 94 ans . . . . *Tsilla Chelton.*
L'ORATEUR, 45 à 50 ans. . . . . *Sylvain Dhomme.*

Et beaucoup d'autres personnages.

DÉCOR

Murs circulaires avec un renfoncement dans le fond.

C'est une salle très dépouillée. A droite, en partant de l'avant-scène, trois portes. Puis une fenêtre avec un escabeau devant; puis encore une porte. Dans le renfoncement, au fond, une grande porte d'honneur à deux battants et deux autres portes se faisant vis-à-vis, et encadrant la porte d'honneur : ces deux portes, ou du moins l'une d'entre elles, sont presque cachées aux yeux du public. A gauche de la scène, toujours en partant de l'avant-scène, trois portes, une fenêtre avec escabeau et faisant vis-à-vis à la fenêtre de droite, puis un tableau noir et une estrade. Pour plus de facilité, voir le plan annexé.

Sur le devant de la scène, deux chaises côte à côte.

Une lampe à gaz est accrochée au plafond.

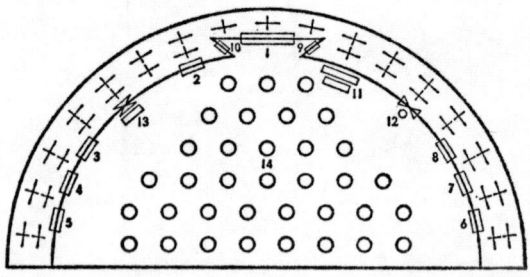

1. — Grande porte du fond, à deux battants.
2, 3, 4, 5. — Portes latérales droites.
6, 7, 8. — Portes latérales gauches.
9, 10. — Portes cachées dans le renfoncement.
11. — Estrade et tableau noir.
12, 13. — Fenêtres (avec escabeau) gauche, droite.
14. — Chaises vides.
+++. — Couloir (en coulisse).

Le rideau se lève. Demi-obscurité. Le Vieux est penché à la fenêtre de gauche, monté sur l'escabeau. La Vieille allume la lampe à gaz. Lumière verte. Elle va tirer le Vieux par la manche.

LA VIEILLE : Allons, mon chou, ferme la fenêtre, ça sent mauvais l'eau qui croupit et puis il entre des moustiques.
LE VIEUX : Laisse-moi tranquille!
LA VIEILLE : Allons, allons, mon chou, viens t'asseoir. Ne te penche pas, tu pourrais tomber dans l'eau. Tu sais ce qui est arrivé à François Ier. Faut faire attention.
LE VIEUX : Encore des exemples historiques! Ma crotte, je suis fatigué de l'histoire française. Je veux voir; les barques sur l'eau font des taches au soleil.
LA VIEILLE : Tu ne peux pas les voir, il n'y a pas de soleil, c'est la nuit, mon chou.
LE VIEUX : Il en reste l'ombre.

Il se penche très fort.

LA VIEILLE *(elle le tire de toutes ses forces)* : Ah!... tu me fais peur, mon chou... viens t'asseoir, tu ne les verras pas venir. C'est pas la peine. Il fait nuit...

Le vieux se laisse traîner à regret.

LE VIEUX : Je voulais voir, j'aime tellement voir l'eau.

La Vieille : Comment peux-tu, mon chou ?... Ça me donne le vertige. Ah! cette maison, cette île, je ne peux m'y habituer. Tout entourée d'eau... de l'eau sous les fenêtres, jusqu'à l'horizon...

> *La Vieille et le Vieux, la Vieille traînant le Vieux, se dirigent vers les deux chaises au-devant de la scène ; le vieux s'assoit tout naturellement sur les genoux de la vieille.*

Le Vieux : Il est 6 heures de l'après-midi... il fait déjà nuit. Tu te rappelles, jadis, ce n'était pas ainsi; il faisait encore jour à 9 heures du soir, à 10 heures, à minuit.

La Vieille : C'est pourtant vrai, quelle mémoire!

Le Vieux : Ça a bien changé.

La Vieille : Pourquoi donc, selon toi ?

Le Vieux : Je ne sais pas, Sémiramis, ma crotte... Peut-être, parce que plus on va, plus on s'enfonce. C'est à cause de la terre qui tourne, tourne, tourne, tourne...

La Vieille : Tourne, tourne, mon petit chou... *(Silence.)* Ah! oui, tu es certainement un grand savant. Tu es très doué, mon chou. Tu aurais pu être Président chef, Roi chef, ou même Docteur chef, Maréchal chef, si tu avais voulu, si tu avais eu un peu d'ambition dans la vie...

Le Vieux : A quoi cela nous aurait-il servi ? On n'en aurait pas mieux vécu... et puis, nous avons une situation, je suis Maréchal tout de même, des logis, puisque je suis concierge.

La Vieille *(elle caresse le Vieux comme on caresse un enfant)* : Mon petit chou, mon mignon...

Le Vieux : Je m'ennuie beaucoup.

La Vieille : Tu étais plus gai, quand tu regardais l'eau... Pour nous distraire, fais semblant comme l'autre soir.

Le Vieux : Fais semblant toi-même, c'est ton tour.

La Vieille : C'est ton tour.

Le Vieux : Ton tour.

La Vieille : Ton tour.

Le Vieux : Ton tour.
La Vieille : Ton tour.
Le Vieux : Bois ton thé, Sémiramis.

Il n'y a pas de thé, évidemment.

La Vieille : Alors, imite le mois de février.
Le Vieux : Je n'aime pas les mois de l'année.
La Vieille : Pour l'instant, il n'y en a pas d'autres. Allons, pour me faire plaisir...
Le Vieux : Tiens, voilà le mois de février.

Il se gratte la tête, comme Stan Laurel.

La Vieille, *riant, applaudissant* : C'est ça. Merci, merci, tu es mignon comme tout, mon chou. *(Elle l'embrasse.)* Oh! tu es très doué, tu aurais pu être au moins Maréchal chef, si tu avais voulu...
Le Vieux : Je suis concierge, Maréchal des Logis.

Silence.

La Vieille : Dis-moi l'histoire, tu sais, l'histoire : alors on a ri...
Le Vieux : Encore ?... J'en ai assez... alors, on a ri ? encore celle-là... tu me demandes toujours la même chose!... « Alors on a ri... » Mais c'est monotone... Depuis soixante-quinze ans que nous sommes mariés, tous les soirs, absolument tous les soirs, tu me fais raconter la même histoire, tu me fais imiter les mêmes personnes, les mêmes mois... toujours pareil... parlons d'autre chose...
La Vieille : Mon chou, moi je ne m'en lasse pas... C'est ta vie, elle me passionne.
Le Vieux : Tu la connais par cœur.
La Vieille : C'est comme si j'oubliais tout, tout de suite... J'ai l'esprit neuf tous les soirs... Mais oui, mon chou, je le fais exprès, je prends des purges... je redeviens neuve, pour toi, mon chou, tous les soirs... Allons, commence, je t'en prie.
Le Vieux : Si tu veux.
La Vieille : Vas-y alors, raconte ton histoire... Elle est aussi la mienne, ce qui est tien, est mien! Alors, on arri...

Le Vieux : Alors, on arri... ma crotte...
La Vieille : Alors, on arri... mon chou...
Le Vieux : Alors, on arriva près d'une grande grille. On était tout mouillés, glacés jusqu'aux os, depuis des heures, des jours, des nuits, des semaines...
La Vieille : Des mois...
Le Vieux : ... Dans la pluie... On claquait des oreilles, des pieds, des genoux, des nez, des dents... il y a de ça quatre-vingts ans... Ils ne nous ont pas permis d'entrer... ils auraient pu au moins ouvrir la porte du jardin...

Silence.

La Vieille : Dans le jardin l'herbe était mouillée.
Le Vieux : Il y avait un sentier qui conduisait à une petite place; au milieu, une église de village... Où était ce village ? Tu te rappelles ?
La Vieille : Non, mon chou, je ne sais plus.
Le Vieux : Comment y arrivait-on ? Où est la route ? Ce lieu s'appelait, je crois, Paris...
La Vieille : Ça n'a jamais existé, Paris, mon petit.
Le Vieux : Cette ville a existé, puisqu'elle s'est effondrée... C'était la ville de lumière, puisqu'elle s'est éteinte, éteinte, depuis quatre cent mille ans... Il n'en reste plus rien aujourd'hui, sauf une chanson.
La Vieille : Une vraie chanson ? C'est drôle. Quelle chanson ?
Le Vieux : Une berceuse, une allégorie : « Paris sera toujours Paris. »
La Vieille : On y allait par le jardin ? Était-ce loin ?
Le Vieux, *rêve, perdu* : La chanson ?... la pluie ?...
La Vieille : Tu es très doué. Si tu avais eu un peu d'ambition dans la vie, tu aurais pu être un Roi chef, un Journaliste chef, un Comédien chef, un Maréchal chef... Dans le trou, tout ceci hélas... dans le grand trou tout noir... Dans le trou noir, je te dis.

Silence.

Le Vieux : Alors on arri...
La Vieille : Ah ! oui, enchaîne... raconte...
Le Vieux, *tandis que la Vieille se mettra à rire, doucement, gâteuse ; puis, progressivement, aux éclats ; le Vieux*

rira aussi : Alors, on a ri, on avait mal au ventre, l'histoire était si drôle... le drôle arriva ventre à terre, ventre nu, le drôle avait du ventre... il arriva avec une malle toute pleine de riz; par terre le riz se répandit... le drôle à terre aussi, ventre à terre... alors, on a ri, on a ri, on a ri, le ventre drôle, nu de riz à terre, la malle, l'histoire au mal de riz ventre à terre, ventre nu, tout de riz, alors on a ri, le drôle alors arriva tout nu, on a ri...

La Vieille, *riant* : Alors on a ri du drôle, alors arrivé tout nu, on a ri, la malle, la malle de riz, le riz au ventre, à terre...

Les deux vieux, *ensemble, riant* : Alors, on a ri. Ah!... ri... arri... arri... Ah!... Ah!... ri... va... arri... arri... le drôle ventre nu... au riz arriva... au riz arriva. *(On entend.)* Alors on a ... ventre nu... arri... la malle... *(Puis les deux Vieux petit à petit se calment.)* On a... ah!... arri... ah!... arri... ah!... arri... va... ri.

La Vieille : C'était donc ça, ton fameux Paris.

Le Vieux : Qui pourrait dire mieux.

La Vieille : Oh! tu es tellement, mon chou, bien, oh! tellement, tu sais, tellement, tellement, tu aurais pu être quelque chose dans la vie, de bien plus qu'un Maréchal des logis.

Le Vieux : Soyons modestes... contentons-nous de peu...

La Vieille : Peut-être as-tu brisé ta vocation?

Le Vieux *(il pleure soudain)* : Je l'ai brisée? Je l'ai cassée? Ah! où es-tu, maman, maman, où es-tu, maman?... hi, hi, hi, je suis orphelin. *(Il gémit.)* ... un orphelin, un orpheli...

La Vieille : Je suis avec toi, que crains-tu?

Le Vieux : Non, Sémiramis, ma crotte. Tu n'es pas ma maman... orphelin, orpheli, qui va me défendre?

La Vieille : Mais je suis là, mon chou!...

Le Vieux : C'est pas la même chose... je veux ma maman, na, tu n'es pas ma maman, toi...

La Vieille, *le caressant* : Tu me fends le cœur, pleure pas, mon petit.

Le Vieux : Hi, hi, laisse-moi; hi, hi, je me sens tout brisé, j'ai mal, ma vocation me fait mal, elle s'est cassée.

La Vieille : Calme-toi.

Le Vieux, *sanglotant, la bouche largement ouverte comme un bébé* : Je suis un orphelin... orpheli.

La Vieille *(elle tâche de le consoler, le cajole)* : Mon orphelin, mon chou, tu me crèves le cœur, mon orphelin.

Elle berce le Vieux revenu depuis un moment sur ses genoux.

Le Vieux *(sanglots)* : Hi, hi, hi! Ma maman! Où est ma maman? J'ai plus de maman.

La Vieille : Je suis ta femme, c'est moi ta maman maintenant.

Le Vieux, *cédant un peu* : C'est pas vrai, je suis orphelin, hi, hi.

La Vieille, *le berçant toujours* : Mon mignon, mon orphelin, orpheli, orphelon, orphelaine, orphelin.

Le Vieux, *encore boudeur, se laissant faire de plus en plus* : Non... je veux pas; je veux pa-a-a-as.

La Vieille *(elle chantonne)* : Orphelin-li, orphelon-laire, orphelon-lon, orphelon-la.

Le Vieux : No-o-on... No-o-on.

La Vieille, *même jeu* : Li lon lala, li lon la laire, orphelon-li, orphelon li-relire-laire, orphelon-li-reli-rela...

Le Vieux : Hi, hi, hi, hi. *(Il renifle, se calme peu à peu.)* Où elle est, ma maman?

La Vieille : Au ciel fleuri... elle t'entend, elle te regarde, entre les fleurs; ne pleure pas, tu la ferais pleurer!

Le Vieux : C'est même pas vrai... ai... elle ne me voit pas... elle ne m'entend pas. Je suis orphelin dans la vie, tu n'es pas ma maman...

La Vieille *(le vieux est presque calmé)* : Voyons, calme-toi, ne te mets pas dans cet état... tu as d'énormes qualités, mon petit Maréchal... essuie tes larmes, ils doivent venir ce soir, les invités, il ne faut pas qu'ils te voient ainsi... tout n'est pas brisé, tout n'est pas perdu, tu leur diras tout, tu expliqueras, tu as un message... tu dis toujours que tu le diras... il faut vivre, il faut lutter pour ton message...

Le Vieux : J'ai un message, tu dis vrai, je lutte, une mission, j'ai quelque chose dans le ventre, un message à communiquer à l'humanité, à l'humanité...

La Vieille : A l'humanité, mon chou, ton message !...

Le Vieux : C'est vrai, ça, c'est vrai...

La Vieille *(elle mouche le Vieux, essuie ses larmes)* : C'est ça... tu es un homme, un soldat, un Maréchal des logis...

Le Vieux *(il a quitté les genoux de la Vieille et se promène, à petits pas, agité)* : Je ne suis pas comme les autres, j'ai un idéal dans la vie. Je suis peut-être doué, comme tu dis, j'ai du talent, mais je n'ai pas de facilité. J'ai bien accompli mon office de Maréchal des logis, j'ai toujours été à la hauteur de la situation, honorablement, cela pourrait suffire...

La Vieille : Pas pour toi, tu n'es pas comme les autres, tu es bien plus grand, et pourtant tu aurais beaucoup mieux fait de t'entendre comme tout le monde, avec tout le monde. Tu t'es disputé avec tous tes amis, avec tous les directeurs, tous les Maréchaux, avec ton frère.

Le Vieux : C'est pas ma faute, Sémiramis, tu sais bien ce qu'il a dit.

La Vieille : Qu'est-ce qu'il a dit ?

Le Vieux : Il a dit : « Mes amis, j'ai une puce. Je vous rends visite dans l'espoir de laisser la puce chez vous. »

La Vieille : Ça se dit, mon chéri. Tu n'aurais pas dû faire attention. Mais avec Carel, pourquoi t'es-tu fâché ? c'était sa faute aussi ?

Le Vieux : Tu vas me mettre en colère, tu vas me mettre en colère. Na. Bien sûr, c'était sa faute. Il est venu un soir, il a dit : « Je vous souhaite bonne chance. Je devrais vous dire le mot qui porte chance; je ne le dis pas, je le pense. » Et il riait comme un veau.

La Vieille : Il avait bon cœur, mon chou. Dans la vie, il faut être moins délicat.

Le Vieux : Je n'aime pas ces plaisanteries.

La Vieille : Tu aurais pu être Marin chef, Ébéniste chef, Roi chef d'orchestre.

Long silence. Ils restent un temps figés, tout raides sur leurs chaises.

Le Vieux, *comme en rêve* : C'était au bout du bout du jardin... là était... là était... là était... était quoi, ma chérie ?

La Vieille : La ville de Paris !

Le Vieux : Au bout, au bout du bout de la ville de Paris, était, était, était quoi ?

La Vieille : Mon chou, était quoi, mon chou, était qui ?

Le Vieux : C'était un lieu, un temps exquis...

La Vieille : C'était un temps si beau, tu crois ?

Le Vieux : Je ne me rappelle pas l'endroit...

La Vieille : Ne te fatigue donc pas l'esprit...

Le Vieux : C'est trop loin, je ne peux plus... le rattraper... où était-ce ?...

La Vieille : Mais quoi ?

Le Vieux : Ce que je... ce que ji... où était-ce ? et qui ?

La Vieille : Que ce soit n'importe où, je te suivrai partout, je te suivrai, mon chou.

Le Vieux : Ah ! j'ai tant de mal à m'exprimer... Il faut que je dise tout.

La Vieille : C'est un devoir sacré. Tu n'as pas le droit de taire ton message ; il faut que tu le révèles aux hommes, ils l'attendent... l'univers n'attend plus que toi.

Le Vieux : Oui, oui, je dirai.

La Vieille : Es-tu bien décidé ? Il faut.

Le Vieux : Bois ton thé.

La Vieille : Tu aurais pu être un Orateur chef si tu avais eu plus de volonté dans la vie... je suis fière, je suis heureuse que tu te sois enfin décidé à parler à tous les pays, à l'Europe, à tous les continents !

Le Vieux : Hélas, j'ai tant de mal à m'exprimer, pas de facilité.

La Vieille : La facilité vient en commençant, comme la vie et la mort... il suffit d'être bien décidé. C'est en parlant qu'on trouve les idées, les mots, et puis nous, dans nos propres mots, la ville aussi, le jardin, on retrouve peut-être tout, on n'est plus orphelin.

Le Vieux : Ce n'est pas moi qui parlerai, j'ai engagé un orateur de métier, il parlera en mon nom, tu verras.

La Vieille : Alors, c'est vraiment pour ce soir ? Au moins les as-tu tous convoqués, tous les personnages, tous les propriétaires et tous les savants ?

Le Vieux : Oui, tous les propriétaires et tous les savants.

Silence.

La Vieille : Les gardiens ? les évêques ? les chimistes ? les chaudronniers ? les violonistes ? les délégués ? les présidents ? les policiers ? les marchands ? les bâtiments ? les porte-plume ? les chromosomes ?

Le Vieux : Oui, oui, et les postiers, les aubergistes et les artistes, tous ceux qui sont un peu savants, un peu propriétaires !

La Vieille : Et les banquiers ?

Le Vieux : Je les ai convoqués.

La Vieille : Les prolétaires ? les fonctionnaires ? les militaires ? les révolutionnaires ? les réactionnaires ? les aliénistes et leurs aliénés ?

Le Vieux : Mais oui, tous, tous, tous, puisqu'en somme tous sont des savants ou des propriétaires.

La Vieille : Ne t'énerve pas mon chou, je ne veux pas t'ennuyer, tu es tellement négligent, comme tous les grands génies ; cette réunion est importante, il faut qu'ils viennent tous ce soir. Peux-tu compter sur eux ? ont-ils promis ?

Le Vieux : Bois ton thé, Sémiramis.

Silence.

La Vieille : Le Pape, les papillons et les papiers ?

Le Vieux : Je les ai convoqués. *(Silence.)* Je vais

leur communiquer le message... Toute ma vie, je sentais que j'étouffais; à présent, ils sauront tout, grâce à toi, à l'orateur, vous seuls m'avez compris.

La Vieille : Je suis si fière de toi...

Le Vieux : La réunion aura lieu dans quelques instants.

La Vieille : C'est donc vrai, ils vont venir, ce soir ? Tu n'auras plus envie de pleurer, les savants et les propriétaires remplacent les papas et les mamans. *(Silence.)* On ne pourrait pas ajourner la réunion ? Ça ne va pas trop nous fatiguer ?

> *Agitation plus accentuée. Depuis quelques instants déjà, le Vieux tourne à petits pas indécis, de vieillard ou d'enfant, autour de la Vieille. Il a pu faire un pas ou deux vers une des portes, puis revenir tourner en rond.*

Le Vieux : Tu crois vraiment que ça pourrait nous fatiguer ?

La Vieille : Tu es un peu enrhumé.

Le Vieux : Comment faire pour décommander ?

La Vieille : Invitons-les un autre soir. Tu pourrais téléphoner.

Le Vieux : Mon Dieu, je ne peux plus, il est trop tard. Ils doivent déjà être embarqués !

La Vieille : Tu aurais dû être plus prudent.

> *On entend le glissement d'une barque sur l'eau.*

Le Vieux : Je crois que l'on vient déjà... *(Le bruit du glissement de la barque se fait entendre plus fort.)* ... Oui, on vient !...

> *La Vieille se lève aussi et marche en boitillant.*

La Vieille : C'est peut-être l'Orateur.

Le Vieux : Il ne vient pas si vite. Ça doit être quelqu'un d'autre. *(On entend sonner.)* Ah !

La Vieille : Ah !

Nerveusement, le Vieux et la Vieille se dirigent vers la porte cachée du fond à droite. Tout en se dirigeant vers la porte, ils disent :

Le Vieux : Allons...
La Vieille : Je suis toute dépeignée... attends un peu...
Elle arrange ses cheveux, sa robe, tout en marchant boitilleusement, tire sur ses gros bas rouges.

Le Vieux : Il fallait te préparer avant... tu avais bien le temps.
La Vieille : Que je suis mal habillée... j'ai une vieille robe, toute fripée...
Le Vieux : Tu n'avais qu'à la repasser... dépêche-toi! Tu fais attendre les gens.

Le Vieux suivi par la Vieille qui ronchonne arrive à la porte, dans le renfoncement ; on ne les voit plus, un court instant ; on les entend ouvrir la porte, puis la refermer après avoir fait entrer quelqu'un.

Voix du Vieux : Bonjour, Madame, donnez-vous la peine d'entrer. Nous sommes enchantés de vous recevoir. Voici ma femme.
Voix de la Vieille : Bonjour, Madame, très heureuse de vous connaître. Attention, n'abîmez pas votre chapeau. Vous pouvez retirer l'épingle, ce sera plus commode. Oh! non, on ne s'assoira pas dessus.
Voix du Vieux : Mettez votre fourrure là. Je vais vous aider. Non, elle ne s'abîmera pas.
Voix de la Vieille : Oh! quel joli tailleur... un corsage tricolore... Vous prendrez bien quelques biscuits... Vous n'êtes pas grosse... non... potelée... Déposez le parapluie.
Voix du Vieux : Suivez-moi, s'il vous plaît.
Le Vieux, *de dos* : Je n'ai qu'un modeste emploi...
Le Vieux et la Vieille se retournent en même temps et en s'écartant un peu pour laisser la place, entre eux, à l'invitée. Celle-ci est invisible.

Le Vieux et la Vieille avancent, maintenant, de face, vers le devant de la scène; ils parlent à la Dame invisible qui avance entre eux deux.

Le Vieux, *à la Dame invisible* : Vous avez eu beau temps ?
La Vieille, *à la même* : Vous n'êtes pas trop fatiguée ?... Si, un peu.
Le Vieux, *à la même* : Au bord de l'eau...
La Vieille, *à la même* : Trop aimable de votre part.
Le Vieux, *à la même* : Je vais vous apporter une chaise.

Le Vieux se dirige à gauche; il sort par la porte 6.

La Vieille, *à la même* : En attendant, prenez cette chaise. *(Elle indique une des deux chaises et s'assoit sur l'autre, à droite de la Dame invisible.)* Il fait chaud, n'est-ce pas ? *(Elle sourit à la Dame.)* Quel joli éventail! Mon mari... *(le Vieux réapparaît par la porte n° 7, avec une chaise)*... m'en avait offert un semblable, il y a soixante-treize ans... Je l'ai encore... *(le Vieux met la chaise à gauche de la Dame invisible)*... c'était pour mon anniversaire!...

Le Vieux s'assoit sur la chaise qu'il vient d'apporter, la Dame invisible se trouve donc au milieu, le Vieux, la figure tournée vers la Dame, lui sourit, hoche la tête, frotte doucement ses mains l'une contre l'autre, a l'air de suivre ce qu'elle dit. Le jeu de la Vieille est semblable.

Le Vieux : Madame, la vie n'a jamais été bon marché.
La Vieille, *à la Dame* : Vous avez raison... *(La Dame parle.)* Comme vous dites. Il serait temps que cela change... *(Changement de ton.)* Mon mari, peut-être, va s'en occuper... il vous le dira.
Le Vieux, *à la Vieille* : Tais-toi, tais-toi, Sémiramis, ce n'est pas encore le moment d'en parler. *(A la Dame.)*

Excusez-moi, Madame, d'avoir éveillé votre curiosité. *(La Dame réagit.)* Chère Madame, n'insistez pas...

> *Les deux Vieux sourient. Ils rient même. Ils ont l'air très contents de l'histoire racontée par la Dame invisible. Une pause, un blanc dans la conversation. Les figures ont perdu toute expression.*

Le Vieux, *à la même* : Oui, vous avez tout à fait raison...
La Vieille : Oui, oui, oui... oh! que non.
Le Vieux : Oui, oui, oui. Pas du tout.
La Vieille : Oui?
Le Vieux : Non!?
La Vieille : Vous l'avez dit.
Le Vieux *(il rit)* : Pas possible.
La Vieille *(elle rit)* : Oh! alors. *(Au Vieux.)* Elle est charmante.
Le Vieux, *à la Vieille* : Madame a fait ta conquête. *(A la Dame.)* Mes félicitations!...
La Vieille, *à la Dame* : Vous n'êtes pas comme les jeunes d'aujourd'hui...
Le Vieux *(il se baisse péniblement pour ramasser un objet invisible que la Dame invisible a laissé tomber)* : Laissez... ne vous dérangez pas... je vais le ramasser... oh! vous avez été plus vite que moi...

Il se relève.

La Vieille, *au Vieux* : Elle n'a pas ton âge!
Le Vieux, *à la Dame* : La vieillesse est un fardeau bien lourd. Je souhaite que vous restiez jeune éternellement.
La Vieille, *à la même* : Il est sincère, c'est son bon cœur qui parle. Au *(Vieux.)* Mon chou!

> *Quelques instants de silence. Les vieux, de profil à la salle, regardent la Dame, souriant poliment ; ils tournent ensuite la tête vers le public, puis regardent de nouveau la Dame, répondent par des sourires à son sourire ; puis, par les répliques qui suivent à ses questions.*

La Vieille : Vous êtes bien aimable de vous intéresser à nous.

Le Vieux : Nous vivons retirés.

La Vieille : Sans être misanthrope, mon mari aime la solitude.

Le Vieux : Nous avons la radio, je pêche à la ligne, et puis il y a un service de bateaux assez bien fait.

La Vieille : Le dimanche, il en passe deux le matin, un le soir, sans compter les embarcations privées.

Le Vieux, *à la Dame* : Quand il fait beau, il y a la lune.

La Vieille, *à la même* : Il assume toujours ses fonctions de Maréchal des logis... ça l'occupe... C'est vrai, à son âge, il pourrait prendre du repos.

Le Vieux, *à la Dame* : J'aurai bien le temps de me reposer dans la tombe.

La Vieille, *au Vieux* : Ne dis pas ça, mon petit chou... *(A la Dame.)* La famille, ce qu'il en reste, les camarades de mon mari, venaient encore nous voir, de temps à autre, il y a dix ans...

Le Vieux, *à la Dame* : L'hiver, un bon livre, près du radiateur, des souvenirs de toute une vie...

La Vieille, *à la Dame* : Une vie modeste mais bien remplie... deux heures par jour, il travaille à son message.

On entend sonner. Depuis très peu d'instants, on entendait le glissement d'une embarcation.

La Vieille, *au Vieux* : Quelqu'un. Va vite.

Le Vieux, *à la Dame* : Vous m'excusez, Madame ! Un instant ! *(A la Vieille.)* Va vite chercher des chaises !

La Vieille, *à la Dame* : Je vous demande un petit moment, ma chère.

On entend de violents coups de sonnette.

Le Vieux, *se dépêchant, tout cassé, vers la porte à droite, tandis que la Vieille va vers la porte cachée, à gauche, se dépêchant mal, boitillant* : C'est une personne bien autoritaire. *(Il se dépêche, il ouvre la porte n° 2; entrée du Colonel invisible ; peut-être sera-t-il utile que l'on entende, discrètement, quelques sons de trompette, quelques notes du « Salut au Colonel » ; dès qu'il a ouvert la porte, apercevant le Colonel invisible, le Vieux se fige en un « garde à vous » respectueux.)* Ah!... mon Colonel! *(Il lève vaguement le bras en direction de son front, pour un salut qui ne se précise pas.)* Bonjour, mon Colonel... C'est un honneur étonnant pour moi... je... je... je ne m'attendais pas... bien que... pourtant... bref, je suis très fier de recevoir, dans ma demeure discrète, un héros de votre taille... *(Il serre la main invisible que lui tend le Colonel invisible et s'incline cérémonieusement, puis se redresse.)* Sans fausse modestie, toutefois, je me permets de vous avouer que je ne me sens pas indigne de votre visite! Fier, oui... indigne, non!...

La Vieille apparaît avec sa chaise, par la droite.

La Vieille : Oh! Quel bel uniforme! Quelles belles décorations! Qui est-ce, mon chou?

Le Vieux, *à la Vieille* : Tu ne vois donc pas que c'est le Colonel?

La Vieille, *au Vieux* : Ah!

Le Vieux, *à la Vieille* : Compte les galons! *(Au Colonel.)* C'est mon épouse, Sémiramis. *(À la Vieille.)* Approche, que je te présente à mon Colonel. *(La Vieille s'approche, traînant d'une main la chaise, fait une révérence sans lâcher la chaise. Au Colonel.)* Ma femme. *(A la Vieille.)* Le Colonel.

La Vieille : Enchantée, mon Colonel. Soyez le bienvenu. Vous êtes un camarade de mon mari, il est Maréchal...

Le Vieux, *mécontent* : Des logis, des logis...

La Vieille *(le Colonel invisible baise la main de la Vieille ; cela se voit d'après le geste de la main de la Vieille se soulevant comme vers des lèvres ; d'émotion, la Vieille lâche la chaise)* : Oh! il est bien poli... ça se voit que c'est un supérieur, un être supérieur!... *(Elle reprend la chaise ; au Colonel.)* La chaise est pour vous...

Le Vieux, *au Colonel invisible* : Daignez nous suivre...

(*Ils se dirigent tous vers le devant de la scène, la Vieille traînant la chaise; au Colonel.*) Oui, nous avons quelqu'un. Nous attendons beaucoup d'autres personnes!...

La Vieille place la chaise à droite.

LA VIEILLE, *au Colonel* : Asseyez-vous, je vous prie.

Le Vieux présente l'un à l'autre les deux personnages invisibles.

LE VIEUX : Une jeune dame de nos amies...
LA VIEILLE : Une très bonne amie...
LE VIEUX, *même jeu* : Le Colonel... un éminent militaire.
LA VIEILLE, *montrant la chaise qu'elle vient d'apporter au Colonel* : Prenez donc cette chaise...
LE VIEUX, *à la Vieille* : Mais non, tu vois bien que le Colonel veut s'asseoir à côté de la Dame!...

Le Colonel s'assoit invisiblement sur la troisième chaise à partir de la gauche de la scène; la Dame invisible est supposée se trouver sur la deuxième; une conversation inaudible s'engage entre les deux personnages invisibles assis l'un près de l'autre; les deux vieux restent debout, derrière leurs chaises, d'un côté et de l'autre des deux invités invisibles; le Vieux à gauche à côté de la Dame, la Vieille, à la droite du Colonel.

LA VIEILLE, *écoutant la conversation des deux invités* : Oh! Oh! C'est trop fort.
LE VIEUX, *même jeu* : Peut-être. (*Le Vieux et la Vieille, par-dessus les têtes des deux invités, se feront des signes, tout en suivant la conversation qui prend une tournure qui a l'air de mécontenter les vieux. Brusquement.*) Oui, mon Colonel, ils ne sont pas encore là, ils vont venir. C'est l'Orateur qui parlera pour moi, il expliquera le sens de mon message... Attention, Colonel, le mari de cette dame peut arriver d'un instant à l'autre.
LA VIEILLE, *au Vieux* : Qui est ce monsieur?

Le Vieux, *à la Vieille* : Je te l'ai dit, c'est le Colonel.

Il se passe, invisiblement, des choses inconvenantes.

La Vieille, *au Vieux* : Je le savais.

Le Vieux : Alors pourquoi le demandes-tu?

La Vieille : Pour savoir. Colonel, pas par terre les mégots!

Le Vieux, *au Colonel* : Mon Colonel, mon Colonel, j'ai oublié. La dernière guerre, l'avez-vous perdue ou gagnée?

La Vieille, *à la Dame invisible* : Mais ma petite, ne vous laissez pas faire!

Le Vieux : Regardez-moi, regardez-moi, ai-je l'air d'un mauvais soldat? Une fois, mon Colonel, à une bataille...

La Vieille : Il exagère! C'est inconvenant! *(Elle tire le Colonel par sa manche invisible.)* Écoutez-le! Mon chou, ne le laisse pas faire!

Le Vieux, *continuant vite* : A moi tout seul, j'ai tué 209, on les appelait ainsi car ils sautaient très haut pour échapper, pourtant moins nombreux que les mouches, c'est moins amusant, évidemment. Colonel, mais grâce à ma force de caractère, je les ai... Oh! non, je vous en prie, je vous en prie.

La Vieille, *au Colonel* : Mon mari ne ment jamais : nous sommes âgés, il est vrai, pourtant nous sommes respectables.

Le Vieux, *avec violence au Colonel* : Un héros doit aussi être poli, s'il veut être un héros complet!

La Vieille, *au Colonel* : Je vous connais depuis bien longtemps. Je n'aurais jamais cru cela de votre part. *(A la Dame, tandis que l'on entend des barques.)* Je n'aurais jamais cru cela de sa part. Nous avons notre dignité, un amour-propre personnel.

Le Vieux, *d'une voix très chevrotante* : Je suis encore en mesure de porter les armes. *(Coup de sonnette.)* Excusez-moi, je vais ouvrir. *(Il fait un faux mouvement, la chaise de la dame invisible se renverse.)* Oh! pardon.

La Vieille, *se précipitant* : Vous ne vous êtes pas

fait du mal ? *(Le Vieux et la Vieille aident la Dame invisible à se relever.)* Vous vous êtes salie, il y a de la poussière.

Elle aide la Dame à s'épousseter. Nouveau coup de sonnette.

Le Vieux : Je m'excuse, je m'excuse. *(A la Vieille.)* Va chercher une chaise.

La Vieille, *aux deux invisibles* : Excusez-nous un instant.

Tandis que le Vieux va ouvrir la porte n° 3, la Vieille sort pour aller chercher une chaise par la porte n° 5 et reviendra par la porte n° 8.

Le Vieux, *se dirigeant vers la porte* : Il voulait me faire enrager. Je suis presque en colère. *(Il ouvre la porte.)* Oh! Madame, c'est vous! Je n'en crois pas mes yeux, et pourtant si... je ne m'y attendais plus du tout... vraiment c'est... Oh! Madame, Madame... j'ai pourtant bien pensé à vous, toute ma vie, toute la vie, Madame, on vous appelait « la belle »... c'est votre mari... on me l'a dit, assurément... vous n'avez pas changé du tout... oh! si, si, comme votre nez s'est allongé, comme il a gonflé... je ne m'en étais pas aperçu à première vue, mais je m'en aperçois... terriblement allongé... ah! quel dommage! Ce n'est tout de même pas exprès... comment cela est-il arrivé ?... petit à petit... excusez-moi, Monsieur et cher ami, permettez-moi de vous appeler cher ami, j'ai connu votre femme bien avant vous... c'était la même, avec un nez tout différent... je vous félicite, Monsieur, vous avez l'air de beaucoup vous aimer. *(La Vieille, par la porte n° 8, apparaît avec une chaise.)* Sémiramis, il y a deux personnes d'arrivées, il faut encore une chaise... *(La Vieille pose la chaise derrière les quatre autres, puis sort par la porte 8 pour rentrer par la porte 5, au bout de quelques instants, avec une autre chaise qu'elle posera à côté de celle qu'elle venait d'apporter. A ce moment, le Vieux sera arrivé avec ses deux invités près de la Vieille.)* Approchez, approchez, nous avons déjà du monde, je vais vous présenter... ainsi donc,

Madame... oh! belle, belle, mademoiselle Belle, ainsi on vous appelait... vous êtes courbée en deux... oh! Monsieur, elle est bien belle encore quand même, sous ses lunettes, elle a encore ses jolis yeux; ses cheveux sont blancs, mais sous les blancs il y a les bruns, les bleus, j'en suis certain... approchez, approchez... qu'est-ce que c'est, Monsieur, un cadeau, pour ma femme ? *(À la Vieille qui vient d'arriver avec la chaise.)* Sémiramis, c'est la belle, tu sais, la belle... *(Au Colonel et à la première Dame invisible.)* C'est mademoiselle, pardon, madame Belle, ne souriez pas... et son mari... *(A la Vieille.)* Une amie d'enfance, je t'en ai souvent parlé... et son mari. *(De nouveau au Colonel et à la première Dame invisibles.)* Et son mari...

La Vieille, *fait la révérence* : Il présente bien, ma foi. Il a belle allure. Bonjour, Madame, bonjour, Monsieur. *(Elle montre aux nouveaux venus les deux autres personnes invisibles.)* Des amis, oui...

Le Vieux, *à la Vieille* : Il vient t'offrir un cadeau.

La Vieille prend le cadeau.

La Vieille : Est-ce une fleur, Monsieur ? ou un berceau ? un poirier ? ou un corbeau ?

Le Vieux, *à la Vieille* : Mais non, tu vois bien que c'est un tableau ?

La Vieille : Oh! comme c'est beau! Merci, Monsieur... *(A la première Dame invisible.)* Regardez, ma chère amie, si vous voulez.

Le Vieux, *au Colonel invisible* : Regardez, si vous voulez.

La Vieille, *au mari de la Belle* : Docteur, docteur, j'ai des nausées, j'ai des bouffées, j'ai mal au cœur, j'ai des douleurs, je ne sens plus mes pieds, j'ai froid aux yeux, j'ai froid aux doigts, je souffre du foie, docteur, docteur !...

Le Vieux, *à la Vieille* : Ce monsieur n'est pas docteur, il est photograveur.

La Vieille, *à la première Dame* : Si vous avez fini de le regarder, vous pouvez l'accrocher. *(Au Vieux.)* Ça ne fait rien, il est quand même charmant, il est éblouissant. (*Au Photograveur.*) Sans vouloir vous faire de compliments...

> *Le Vieux et la Vieille doivent maintenant se trouver derrière les chaises, tout près l'un de l'autre, se touchant presque, mais dos à dos ; ils parlent ; le Vieux à la Belle ; la Vieille au Photograveur ; de temps en temps, une réplique, en tournant la tête, est adressée à l'un ou à l'autre des deux premiers invités.*

Le Vieux, *à la Belle* : Je suis très ému... Vous êtes bien vous, tout de même... Je vous aimais, il y a cent ans... Il y a en vous un tel changement... Il n'y a en vous aucun changement... Je vous aimais, je vous aime...
La Vieille, *au Photograveur* : Oh! Monsieur, Monsieur, Monsieur...
Le Vieux, *au Colonel* : Je suis d'accord avec vous sur ce point.
La Vieille, *au Photograveur* : Oh! vraiment, Monsieur, vraiment... (*A la première Dame.*) Merci de l'avoir accroché... Excusez-moi si je vous ai dérangé.

> *La lumière est plus forte à présent. Elle devient de plus en plus forte à mesure qu'entrent les arrivants invisibles.*

Le Vieux, *presque pleurnichant, à la Belle* : Où sont les neiges d'antan ?
La Vieille, *au Photograveur* : Oh! Monsieur, Monsieur, Monsieur... oh! Monsieur...
Le Vieux, *indiquant du doigt la première Dame à la Belle* : C'est une jeune amie... Elle est très douce...
La Vieille, *indiquant du doigt le Colonel au Photograveur* : Oui, il est Colonel d'État à cheval... un camarade de mon mari... un subalterne, mon mari est Maréchal...
Le Vieux, *à la Belle* : Vos oreilles n'ont pas toujours été pointues !... ma belle, vous souvenez-vous ?
La Vieille, *au Photograveur, minaudant, grotesque ; elle doit l'être de plus en plus dans cette scène ; elle montrera ses*

gros bas rouges, soulèvera ses nombreuses jupes, fera voir un jupon plein de trous, découvrira sa vieille poitrine ; puis, les mains sur les hanches, lancera sa tête en arrière, en poussant des cris érotiques, avancera son bassin, les jambes écartées, elle rira, rire de vieille putain ; ce jeu, tout différent de celui qu'elle a eu jusqu'à présent et de celui qu'elle aura par la suite, et qui doit révéler une personnalité cachée de la Vieille, cessera brusquement : Ce n'est plus de mon âge... Vous croyez ?

Le Vieux, *à la Belle, très romantique* : De notre temps, la lune était un astre vivant, ah ! oui, oui, si on avait osé, nous étions des enfants. Voulez-vous que nous rattrapions le temps perdu... peut-on encore ? peut-on encore ? ah ! non, non, on ne peut plus. Le temps est passé aussi vite que le train. Il a tracé des rails sur la peau. Vous croyez que la chirurgie esthétique peut faire des miracles ? *(Au Colonel.)* Je suis militaire, et vous aussi, les militaires sont toujours jeunes, les maréchaux sont comme des dieux... *(A la Belle.)* Il en devrait être ainsi... hélas ! hélas ! nous avons tout perdu. Nous aurions pu être si heureux, je vous le dis; nous aurions pu, nous aurions pu; peut-être, des fleurs poussent sous la neige !...

La Vieille, *au Photograveur* : Flatteur ! coquin ! ah ! ah ! Je fais plus jeune que mon âge ? Vous êtes un petit apache ! Vous êtes excitant.

Le Vieux, *à la Belle* : Voulez-vous être mon Yseult et moi votre Tristan ? la beauté est dans les cœurs... Comprenez-vous ? On aurait eu la joie en partage, la beauté, l'éternité... l'éternité... Pourquoi n'avons-nous pas osé ? Nous n'avons pas assez voulu... Nous avons tout perdu, perdu, perdu.

La Vieille, *au Photograveur* : Oh non, oh ! non, oh ! là là, vous me donnez des frissons. Vous aussi, vous êtes chatouillé ? chatouilleux ou chatouilleur ? J'ai un peu honte... *(Elle rit.)* Aimez-vous mon jupon ? Préférez-vous cette jupe ?

Le Vieux, *à la Belle* : Une pauvre vie de Maréchal des logis !

La Vieille, *tourne la tête vers la première Dame invisible* : Pour préparer des crêpes de Chine ? Un œuf de bœuf, une heure de beurre, du sucre gastrique. *(Au Photograveur.)* Vous avez des doigts adroits, ah... tout de mê-ê-ê-me!... oh-oh-oh-oh.

Le Vieux, *à la belle* : Ma noble compagne, Sémiramis, a remplacé ma mère. *(Il se tourne vers le Colonel.)* Colonel, je vous l'avais pourtant bien dit, on prend la vérité où on la trouve.

Il se retourne vers la Belle.

La Vieille, *au Photograveur* : Vous croyez vraiment, vraiment, que l'on peut avoir des enfants à tout âge ? des enfants de tout âge ?

Le Vieux, *à la Belle* : C'est bien ce qui m'a sauvé : la vie intérieure, un intérieur calme, l'austérité, mes recherches scientifiques, la philosophie, mon message...

La Vieille, *au Photograveur* : Je n'ai encore jamais trompé mon époux, le Maréchal... pas si fort, vous allez me faire tomber... Je ne suis que sa pauvre maman! *(Elle sanglote.)* Une arrière, arrière *(elle le repousse)*, arrière... maman. Ces cris, c'est ma conscience qui les pousse. Pour moi, la branche du pommier est cassée. Cherchez ailleurs votre voie. Je ne veux pas cueillir les roses de la vie...

Le Vieux, *à la Belle* : ... des préoccupations d'un ordre supérieur...

Le Vieux et la Vieille conduisent la Belle et le Photograveur à côté des deux autres invités invisibles, et les font asseoir.

Le Vieux et la Vieille, *au Photograveur et à la Belle* : Asseyez-vous, asseyez-vous.

Les deux vieux s'assoient, lui à gauche, elle à droite avec les quatre chaises vides entre eux. Longue scène muette, puis ponctuée, de temps à autre, de « non », de « oui », de « non », de « oui »[1]. *Les vieux écoutent ce que disent les personnes invisibles.*

---

[1]. Les « oui », « non », « oui », « non » doivent partir de façon rythmique, lentement, comme une sorte de mélopée ; puis le rythme s'accélère. Les têtes des vieux dodelinent selon la cadence.

Les Chaises

La Vieille, *au Photograveur* : Nous avons eu un fils... il vit bien sûr... il s'en est allé... c'est une histoire courante... plutôt bizarre... il a abandonné ses parents... il avait un cœur d'or... il y a bien longtemps... Nous qui l'aimions tant... il a claqué la porte... Mon mari et moi avons essayé de le tenir de force... il avait sept ans, l'âge de raison, on lui criait : Mon fils, mon enfant, mon fils, mon enfant... il n'a pas tourné la tête...

Le Vieux : Hélas, non... non... nous n'avons pas eu d'enfant... J'aurais bien voulu avoir un fils... Sémiramis aussi... nous avons tout fait... ma pauvre Sémiramis, elle qui est si maternelle. Peut-être ne le fallait-il pas. Moi-même j'ai été un fils ingrat... Ah!... De la douleur, des regrets, des remords, il n'y a que ça... il ne nous reste que ça...

La Vieille : Il disait : Vous tuez les oiseaux! pourquoi tuez-vous les oiseaux?... Nous ne tuons pas les oiseaux... on n'a jamais fait de mal à une mouche... Il avait de grosses larmes dans les yeux. Il ne nous laissait pas les essuyer. On ne pouvait pas l'approcher. Il disait : si, vous tuez tous les oiseaux, tous les oiseaux... Il nous montrait ses petits poings... Vous mentez, vous m'avez trompé! Les rues sont pleines d'oiseaux tués, de petits enfants qui agonisent. C'est le chant des oiseaux!... Non, ce sont des gémissements. Le ciel est rouge de sang... Non, mon enfant, il est bleu... Il criait encore : Vous m'avez trompé, je vous adorais, je vous croyais bons... les rues sont pleines d'oiseaux morts, vous leur avez crevé les yeux... Papa, maman, vous êtes méchants!... Je ne veux plus rester chez vous... Je me suis jetée à ses genoux... Son père pleurait. Nous n'avons pas pu l'arrêter... On l'entendit encore crier : C'est vous les responsables... Qu'est-ce que c'est responsable?

Le Vieux : J'ai laissé ma mère mourir toute seule dans un fossé. Elle m'appelait, gémissait faiblement : Mon petit enfant, mon fils bien-aimé, ne me laisse par mourir toute seule... Reste avec moi. Je n'en ai pas pour bien longtemps. Ne t'en fais pas, maman, lui dis-je, je reviendrai dans un instant... j'étais pressé... j'allais au bal, danser. Je reviendrai dans un instant.

A mon retour, elle était morte déjà, et enterrée profondément... J'ai creusé la terre, je l'ai cherchée... je n'ai pas pu la trouver... Je sais, je sais, les fils, toujours, abandonnent leur mère, tuent plus ou moins leur père... La vie est comme cela... mais moi, j'en souffre... les autres, pas...

La Vieille : Il criait : Papa, maman, je ne vous reverrai pas...

Le Vieux : J'en souffre, oui, les autres pas...

La Vieille : Ne lui en parlez pas à mon mari. Lui qui aimait tellement ses parents. Il ne les a pas quittés un instant. Il les a soignés, choyés... Ils sont morts dans ses bras, en lui disant : Tu as été un fils parfait. Dieu sera bon pour toi.

Le Vieux : Je la vois encore allongée dans son fossé, elle tenait du muguet dans sa main, elle criait : Ne m'oublie pas, ne m'oublie pas... elle avait de grosses larmes dans ses yeux, et m'appelait par mon surnom d'enfant : Petit poussin, disait-elle, petit poussin, ne me laisse pas toute seule, là.

La Vieille, *au Photograveur* : Il ne nous a jamais écrit. De temps à autre, un ami nous dit qu'il l'a vu là, qu'il l'a vu ci, qu'il se porte bien, qu'il est un bon mari...

Le Vieux, *à la Belle* : A mon retour, elle était enterrée depuis longtemps. *(A la première Dame.)* Oh! si, oh! si, Madame, nous avons le cinéma dans la maison, un restaurant, des salles de bains...

La Vieille, *au Colonel* : Mais oui, Colonel, c'est bien parce qu'il...

Le Vieux : Dans le fond, c'est bien ça.

Conversation à bâtons rompus, s'enlisant.

La Vieille : Pourvu!
Le Vieux : Ainsi je n'ai... je lui... Certainement...
La Vieille *(dialogue disloqué ; épuisement)* : Bref.
Le Vieux : A notre, et aux siens.
La Vieille : A ce que.
Le Vieux : Je le lui ai.
La Vieille : Le, ou la ?

Le Vieux : Les.
La Vieille : Les papillotes... Allons donc.
Le Vieux : Il n'en est.
La Vieille : Pourquoi?
Le Vieux : Oui.
La Vieille : Je.
Le Vieux : Bref.
La Vieille : Bref.
Le Vieux, *à la première Dame* : Plaît-il, Madame?

Quelques instants, les vieux restent figés sur leur chaise. Puis on entend de nouveau sonner.

Le Vieux, *avec une nervosité qui ira grandissant* : On vient. Du monde. Encore du monde.
La Vieille : Il m'avait bien semblé entendre des barques...
Le Vieux : Je vais ouvrir. Va chercher des chaises. Excusez-moi, Messieurs, Mesdames.

Il va vers la porte n° 7.

La Vieille, *aux personnages invisibles qui sont déjà là* : Levez-vous, s'il vous plaît, un instant. L'Orateur doit bientôt venir. Il faut préparer la salle pour la conférence. *(La Vieille arrange les chaises, les dossiers tournés vers la salle.)* Donnez-moi un coup de main. Merci.
Le Vieux *(il ouvre la porte n° 7)* : Bonjour, Mesdames, bonjour, Messieurs. Donnez-vous la peine d'entrer.

Les trois ou quatre personnes invisibles qui arrivent sont très grandes et le Vieux doit se hausser sur les pointes des pieds pour serrer leur main.
La Vieille, après avoir placé les chaises comme il est dit ci-dessus, va à la suite du Vieux.

Le Vieux, *faisant les présentations* : Ma femme... Monsieur... Madame... ma femme... Monsieur... Madame... ma femme...
La Vieille : Qui sont tous ces gens-là, mon chou?

Le Vieux, *à la Vieille* : Va chercher des chaises, chérie.

La Vieille : Je ne peux pas tout faire !...

> *Elle sortira, tout en ronchonnant, par la porte n° 6, rentrera par la porte n° 7, tandis que le Vieux ira avec les nouveaux venus vers le devant de la scène.*

Le Vieux : Ne laissez pas tomber votre appareil cinématographique... *(Encore des présentations.)* Le Colonel... La Dame... Madame la Belle... Le Photograveur... Ce sont des journalistes, ils sont venus eux aussi écouter le conférencier, qui sera certainement là tout à l'heure... Ne vous impatientez pas... Vous n'allez pas vous ennuyer... tous ensemble... *(La Vieille fait son apparition avec deux chaises par la porte n° 7.)* Allons toi, plus vite avec tes chaises... il en faut encore une.

> *La Vieille va chercher une autre chaise, toujours ronchonnant, par la porte n° 3 et reviendra par la porte n° 8.*

La Vieille : Ça va, ça va... je fais ce que je peux... je ne suis pas une mécanique... Qui sont-ils tous ces gens-là ?

> *Elle sort.*

Le Vieux : Asseyez-vous, asseyez-vous, les dames avec les dames, les messieurs avec les messieurs, ou le contraire, si vous voulez... Nous n'avons pas de chaises plus belles... c'est plutôt improvisé... excusez... prenez celle du milieu... voulez-vous un stylo ?... téléphonez à Maillot, vous aurez Monique... Claude c'est providence... Je n'ai pas la radio.... Je reçois tous les journaux... ça dépend d'un tas de choses; j'administre ces logis, mais je n'ai pas de personnel... il faut faire des économies... pas d'interview, je vous en prie, pour le moment... après, on verra... vous allez avoir tout de suite une place assise... mais qu'est-ce qu'elle fait ?... *(La Vieille apparaît par la porte n° 8 avec une chaise.)* Plus vite, Sémiramis...

La Vieille : Je fais de mon mieux... Qui sont-ils tous ces gens-là ?
Le Vieux : Je t'expliquerai plus tard.
La Vieille : Et celle-là ? celle-là, mon chou ?
Le Vieux : Ne t'en fais pas... *(Au Colonel.)* Mon Colonel, le journalisme est un métier qui ressemble à celui du guerrier... *(A la Vieille.)* Occupe-toi un peu des dames, ma chérie... *(On sonne. Le Vieux se précipite vers la porte nº 8.)* Attendez, un instant... *(A la Vieille.)* Des chaises !
La Vieille : Messieurs, Mesdames, excusez-moi...

> *Elle sortira par la porte nº 3, reviendra par la porte nº 2 ; le Vieux va ouvrir la porte cachée nº 9 et disparaît au moment où la Vieille réapparaît par la porte nº 3.*

Le Vieux, *caché* : Entrez... entrez... entrez... entrez... *(Il réapparaît, traînant derrière lui une quantité de personnes invisibles dont un tout petit enfant qu'il tient par la main.)* On ne vient pas avec des petits enfants à une conférence scientifique... il va s'ennuyer le pauvre petit... s'il se met à crier ou à pisser sur les robes des dames, cela va en faire du joli ! *(Il les conduit au milieu de la scène. La Vieille arrive avec deux chaises.)* Je vous présente ma femme. Sémiramis, ce sont leurs enfants.
La Vieille : Messieurs, mesdames... oh ! qu'ils sont gentils !
Le Vieux : Celui-là c'est le plus petit.
La Vieille : Qu'il est mignon... mignon... mignon !
Le Vieux : Pas assez de chaises.
La Vieille : Ah ! la la la la...

> *Elle sort chercher une autre chaise, elle utilisera maintenant pour entrer et sortir les portes nᵒˢ 2 et 3 à droite.*

Le Vieux : Prenez le petit sur vos genoux... Les deux jumeaux pourront s'asseoir sur une même chaise. Attention, elles ne sont pas solides... ce sont les chaises de la maison, elles appartiennent au propriétaire. Oui, mes enfants, il nous disputerait, il est méchant... il voudrait qu'on les lui achète, elles n'en valent pas la peine. *(La Vieille arrive le plus vite qu'elle peut avec une chaise.)* Vous ne vous connaissez pas tous... vous vous voyez pour la première fois... vous vous connaissiez tous de nom... *(A la Vieille.)* Sémiramis, aide-moi à faire les présentations...

La Vieille : Qui sont tous ces gens-là ?... Je vous présente, permettez, je vous présente... mais qui sont-ils ?

Le Vieux : Permettez-moi de vous présenter... que je vous présente... que je vous la présente... Monsieur, Madame, Mademoiselle... Monsieur... Madame... Madame... Monsieur...

La Vieille, *au Vieux* : As-tu mis ton tricot ? *(Aux invisibles.)* Monsieur, Madame, Monsieur...

Nouveau coup de sonnette.

Le Vieux : Du monde !

Un autre coup de sonnette.

La Vieille : Du monde !

Un autre coup de sonnette, puis d'autres, et d'autres encore ; le vieux est débordé ; les chaises, tournées vers l'estrade, dossiers à la salle, forment des rangées régulières, toujours augmentées, comme pour une salle de spectacle ; le Vieux, essoufflé, s'épongeant le front, va d'une porte à l'autre, place les gens invisibles, tandis que la Vieille, clopin-clopant, n'en pouvant plus, va, le plus vite qu'elle peut, d'une porte à l'autre, chercher et porter des chaises ; il y a maintenant beaucoup de personnes invisibles sur le plateau ; les vieux font attention pour ne pas heurter les gens ; pour se faufiler entre les rangées de chaises. Le mouvement pourra se faire comme suit : le Vieux va à la porte nº 4, la Vieille sort par la porte nº 3, revient par la porte nº 2 ; le Vieux va ouvrir la porte nº 7, la Vieille sort par la porte nº 8, revient par la porte nº 6 avec les chaises, etc., afin de faire le tour du plateau, par l'utilisation de toutes les portes.

La Vieille : Pardon... pardon... quoi... ben... pardon... pardon...

Le Vieux : Messieurs, entrez... Mesdames... entrez... c'est Madame... permettez... oui...

La Vieille, *avec des chaises* : Là... là... ils sont trop... Ils sont vraiment trop, trop... trop nombreux, ah! la la la la...

> *On entend du dehors de plus en plus fort et de plus en plus près les glissements des barques sur l'eau ; tous les bruits ne viennent plus que des coulisses. La Vieille et le Vieux continuent le mouvement indiqué ci-dessus ; on ouvre des portes, on apporte des chaises. Sonnerie ininterrompue.*

Le Vieux : Cette table nous gêne[1]. *(Il déplace, ou plutôt il esquisse le mouvement de déplacer une table, de manière à ne pas ralentir, aidé par la Vieille.)* Il n'y a guère de place, ici, excusez-nous...

La Vieille, *en esquissant le geste de débarrasser la table, au Vieux* : As-tu mis ton tricot ?

> *Coups de sonnette.*

Le Vieux : Du monde! Des chaises! du monde! des chaises! Entrez, entrez Messieurs-dames... Sémiramis, plus vite... On te donnera bien un coup de main...

La Vieille : Pardon... pardon... bonjour, Madame... Madame... Monsieur... Monsieur... oui, oui, les chaises...

Le Vieux, *tandis que l'on sonne de plus en plus fort et que l'on entend le bruit des barques heurtant le quai tout près, et de plus en plus fréquemment, s'empêtre dans les chaises, n'a presque pas le temps d'aller d'une porte à l'autre, tellement les sonneries se succèdent vite* : Oui, tout de suite...

---

[1]. Réplique supprimée à la représentation ; ainsi que, bien sûr, l'indication scénique qui suit. Il n'y avait pas de table.

as-tu mis ton tricot ? oui, oui... tout de suite, patience, oui, oui... patience...

La Vieille : Ton tricot ? Mon tricot ?... pardon, pardon.

Le Vieux : Par ici, Messieurs-dames, je vous demande... je vous de... pardon... mande... entrez, entrez... vais conduire.... là, les places... chère amie... pas par là... attention... vous mon amie ?...

> *Puis, un long moment, plus de paroles. On entend les vagues, les barques, les sonneries ininterrompues. Le mouvement est à son point culminant d'intensité. Les portes s'ouvrent et se ferment toutes à présent, sans arrêt, toutes seules. La grande porte du fond reste fermée. Allées et venues des vieux, sans un mot, d'une porte à l'autre ; ils ont l'air de glisser sur des roulettes. Le vieux reçoit les gens, les accompagne, mais ne va pas très loin, il leur indique seulement les places après avoir fait un ou deux pas avec eux ; il n'a pas le temps. La Vieille apporte des chaises. Le Vieux et la Vieille se rencontrent et se heurtent, une ou deux fois, sans interrompre le mouvement. Puis, au milieu et au fond de la scène, le Vieux, presque sur place, se tournera de gauche à droite, de droite à gauche, etc., vers toutes les portes et indiquera les places du bras. Le bras bougera très vite. Puis, enfin, la Vieille s'arrêtera, avec une chaise à la main, qu'elle posera, reprendra, reposera, faisant mine de vouloir aller elle aussi d'une porte à l'autre, de droite à gauche, de gauche à droite, bougeant très vite la tête et le cou ; cela ne doit pas faire tomber le mouvement ; les deux vieux devront toujours donner l'impression de ne pas s'arrêter, tout en restant à peu près sur place ; leurs mains, leur buste, leur tête, leurs yeux s'agiteront, en dessinant peut-être des petits cercles. Enfin, ralentissement, d'abord léger, progressif, du mouvement : les sonneries moins fortes, moins fréquentes ; les portes s'ouvriront de moins en moins vite ; les gestes des vieux ralentiront progressivement. Au moment où les portes cesseront*

tout à fait de s'ouvrir et de se fermer, les sonneries de se faire entendre, on devra avoir l'impression que le plateau est archiplein de monde[1].

Le Vieux : Je vais vous placer... patience... Sémiramis, bon sang...
La Vieille, *un grand geste ; les mains vides :* Il n'y a plus de chaises, mon chou. *(Puis, brusquement, elle se mettra à vendre des programmes invisibles dans la salle*

---

1. Le nombre des chaises apportées sur le plateau doit être important : une quarantaine au moins ; davantage si possible. Elles arrivent très vite, de plus en plus vite. Il y a accumulation. Le plateau est envahi par ces chaises, cette foule des absences présentes. Pour cette raison (rythme, vitesse), il est préférable que le rôle de la Vieille soit joué par une comédienne jeune qui compose. Ainsi il en a été à Paris (Tsilla Chelton) et à Londres et New York (Joan Plowright). C'est un tour de force, cela doit tenir un peu du cirque. A la fin de ce numéro, des chaises peuvent également apparaître dans le fond du décor. Par l'éclairage, la petite chambre des vieux doit donner l'impression d'être devenue immense, comme l'intérieur d'une cathédrale. C'est ainsi qu'elle apparaissait dans la mise en scène de Jacques Mauclair (1956) et grâce aux décors de Jacques Noël.

Les répliques de la Vieille, lorsque celle-ci répétera les derniers mots du Vieux, sont tantôt comme un écho très amplifié, tantôt doivent être dites sur un ton de mélopée et de lamentations cadencées.

A partir d'un certain moment, les chaises ne représentent plus des personnages déterminés (Dame, Colonel, la Belle, Photograveur, etc..), mais bien la foule. Elles jouent toutes seules.

C'est pour cela que j'insiste sur le fait qu'il est recommandé au metteur en scène, pendant l'arrivée des dernières vagues de chaises, de laisser la Vieille affolée les apporter sans parler, durant une minute. Pendant cette minute, et pendant que seules les sonneries retentiront sans arrêt, le Vieux, à l'avant-scène, comme un pantin, pourra simplement s'incliner, faire des révérences rapides, tête à droite, à gauche, devant lui, pour saluer les invités.

Nous avions envisagé même d'utiliser une *deuxième Vieille*, ayant une silhouette identique à celle de Sémiramis, qui apporterait des chaises au moment de l'accélération, en entrant de dos et sortant toujours de dos, aussitôt, au moment même où Sémiramis serait sortie du côté opposé du plateau, afin de donner l'impression de la rapidité et que Sémiramis et ses chaises viennent de partout à la fois. La *seconde Vieille* pourrait faire ce jeu une fois ou deux. Une certaine impression de simultanéité pourrait être donnée ainsi : la Vieille semble entrer d'un côté au moment même où elle sort de l'autre et vice versa.

pleine, aux portes fermées.) Le programme, demandez le programme, le programme de la soirée, demandez le programme!

Le Vieux : Du calme, Messieurs, Mesdames, on va s'occuper de vous... Chacun son tour, par ordre d'arrivée... Vous aurez de la place. On s'arrangera.

La Vieille : Demandez le programme! Attendez donc un peu, Madame, je ne peux pas servir tout le monde à la fois, je n'ai pas trente-trois mains, je ne suis pas une vache... Monsieur, ayez, je vous prie, l'amabilité de passer le programme à votre voisine, merci... ma monnaie, ma monnaie...

Le Vieux : Puisque je vous dis qu'on va vous placer! Ne vous énervez pas! Par ici, c'est par ici, là, attention... oh, cher ami... chers amis...

La Vieille : ... Programme... mandez gramme... gramme...

Le Vieux : Oui, mon cher, elle est là, plus bas, elle vend les programmes,... il n'y a pas de sots métiers... c'est elle... vous la voyez?... vous avez une place dans la deuxième rangée... à droite... non, à gauche... c'est ça!...

La Vieille : ...gramme...gramme... programme... demandez le programme...

Le Vieux : Que voulez-vous que j'y fasse? Je fais de mon mieux! *(A des invisibles assis.)* Poussez-vous un petit peu, s'il vous plaît... encore une petite place, elle sera pour vous, Madame... approchez. *(Il monte sur l'estrade, obligé par la poussée de la foule.)* Mesdames, Messieurs, veuillez nous excuser, il n'y a plus de places assises...

La Vieille, *qui se trouve à un bout opposé, en face du Vieux, entre la porte n° 3 et la fenêtre :* Demandez le programme... qui veut le programme? Chocolat glacé, caramels... bonbons acidulés... *(Ne pouvant bouger, la Vieille, coincée par la foule, lance ses programmes et ses bonbons au hasard, par-dessus les têtes invisibles.)* En voici! en voilà!

Le Vieux, *sur l'estrade, debout, très animé; il est bousculé, descend de l'estrade, remonte, redescend, heurte un* visage, *est heurté par un coude, dit :* Pardon... mille excuses... faites attention...

> *Poussé, il chancelle, a du mal à rétablir son équilibre, s'agrippe à des épaules.*

La Vieille : Qu'est-ce que c'est que tout ce monde ? Programme, demandez donc le programme, chocolat glacé.
Le Vieux : Mesdames, Mesdemoiselles, Messieurs, un instant de silence, je vous en supplie... du silence... c'est très important... les personnes qui n'ont pas de places assises sont priées de bien vouloir dégager le passage... c'est ça... Ne restez pas entre les chaises.
La Vieille, *au Vieux, presque criant :* Qui sont tous ces gens-là, mon chou ? Qu'est-ce qu'ils viennent faire ici ?
Le Vieux : Dégagez, Messieurs-dames. Les personnes qui n'ont pas de place assise doivent, pour la commodité de tous, se mettre debout, contre le mur, là, sur la droite ou la gauche... vous entendrez tout, vous verrez tout, ne craignez rien, toutes les places sont bonnes !

> *Il se fait un grand remue-ménage ; poussé par la foule, le Vieux fera presque le tour du plateau et devra se trouver à la fenêtre de droite, près de l'escabeau ; la Vieille devra faire le même mouvement en sens inverse, et se trouvera à la fenêtre de gauche, près de l'autre escabeau.*

Le Vieux, *faisant le mouvement indiqué :* Ne poussez pas, ne poussez pas.
La Vieille, *même jeu :* Ne poussez pas, ne poussez pas.
Le Vieux, *même jeu :* Poussez pas, ne poussez pas.
La Vieille, *même jeu :* Ne poussez pas, Messieurs-dames, ne poussez pas.
Le Vieux, *même jeu :* Du calme... doucement... du calme... qu'est-ce que...

La Vieille, *même jeu :* Vous n'êtes pourtant pas des sauvages, tout de même.

Ils sont enfin arrivés à leurs places définitives. Chacun près de sa fenêtre. Le Vieux, à gauche, à la fenêtre du côté de l'estrade. La Vieille à droite. Ils ne bougeront plus jusqu'à la fin.

La Vieille *(elle appelle son Vieux) :* Mon chou... je ne te vois plus... où es-tu ? Qui sont-ils ? Qu'est-ce qu'ils veulent tous ces gens-là ? Qui est celui-là ?
Le Vieux : Où es-tu ? Où es-tu, Sémiramis ?
La Vieille : Mon chou, où es-tu ?
Le Vieux : Ici, près de la fenêtre... m'entends-tu ?...
La Vieille : Oui, j'entends ta voix !... Il y en a beaucoup... mais je distingue la tienne...
Le Vieux : Et toi, où es-tu ?
La Vieille : A la fenêtre, moi aussi !... Mon chéri, j'ai peur, il y a trop de monde... nous sommes bien loin l'un de l'autre... à notre âge, nous devons faire attention... nous pourrions nous égarer... Il faut rester tout près, on ne sait jamais, mon chou, mon chou...
Le Vieux : Ah !... je viens de t'apercevoir... oh !... on se reverra, ne crains rien... je suis avec des amis. *(Aux amis.)* Que je suis content de vous serrer la main... Mais oui, je crois au progrès, ininterrompu, avec des secousses pourtant, pourtant...
La Vieille : Ça va, merci... Quel mauvais temps ! Comme il fait beau ! *(A part.)* J'ai peur quand même... Qu'est-ce que je fais là ?... *(Elle crie.)* Mon chou ! Mon chou !...

Chacun de son côté parlera aux invités.

Le Vieux : Pour empêcher l'exploitation de l'homme par l'homme, il nous faut de l'argent, de l'argent, encore de l'argent !
La Vieille : Mon chou ! *(Puis accaparée par des amis.)* Oui, mon mari est là, c'est lui qui organise... là-bas... oh ! vous n'y arriverez pas... il faudrait pouvoir traverser, il est avec des amis...

Le Vieux : Certainement pas... je l'ai toujours dit... la logique pure, ça n'existe pas... c'est de l'imitation.

La Vieille : Voyez-vous, il y a de ces gens heureux. Le matin, ils prennent leur petit déjeuner en avion, à midi, ils déjeunent en chemin de fer, le soir, ils dînent en paquebot. Ils dorment la nuit dans des camions qui roulent, roulent, roulent...

Le Vieux : Vous parlez de la dignité de l'homme ? Tâchons au moins de sauver la face. La dignité n'est que son dos.

La Vieille : Ne glissez pas dans les ténèbres.

Elle éclate de rire, en conversation.

Le Vieux : Vos compatriotes me le demandent.

La Vieille : Certainement... racontez-moi tout.

Le Vieux : Je vous ai convoqués... pour qu'on vous explique... l'individu et la personne, c'est une seule et même personne.

La Vieille : Il a un air emprunté. Il nous doit beaucoup d'argent.

Le Vieux : Je ne suis pas moi-même. Je suis un autre. Je suis l'un dans l'autre.

La Vieille : Mes enfants, méfiez-vous les uns des autres.

Le Vieux : Je me réveille quelquefois au milieu du silence absolu. C'est la sphère. Il n'y manque rien. Il faut faire attention cependant. Sa forme peut disparaître subitement. Il y a des trous par où elle s'échappe.

La Vieille : Des revenants, voyons, des fantômes, des rien du tout... Mon mari exerce des fonctions très importantes, sublimes.

Le Vieux : Excusez-moi !... Ce n'est pas du tout mon avis !... Je vous ferai connaître à temps mon opinion à ce sujet... Je ne dirai rien pour le moment !... C'est l'Orateur, celui que nous attendons, c'est lui qui vous dira, qui répondra pour moi, tout ce qui nous tient à cœur... Il vous expliquera tout... quand ?... lorsque le moment sera venu... le moment viendra bientôt...

La Vieille, *de son côté à ses amis :* Le plus tôt sera le

mieux... Bien entendu... *(A part.)* Ils ne vont plus nous laisser tranquilles. Qu'ils s'en aillent!... Mon pauvre chou où est-il, je ne l'aperçois plus...

Le Vieux, *même jeu :* Ne vous impatientez pas comme ça. Vous entendrez mon message. Tout à l'heure.

La Vieille, *à part :* Ah!... j'entends sa voix!... *(Aux amis.)* Savez-vous, mon époux a toujours été incompris. Son heure enfin est venue.

Le Vieux : Écoutez-moi. J'ai une riche expérience. Dans tous les domaines de la vie, de la pensée... Je ne suis pas un égoïste : il faut que l'humanité en tire son profit.

La Vieille : Aïe! Vous me marchez sur les pieds... J'ai des engelures!

Le Vieux : J'ai mis au point tout un système. *(A part.)* L'Orateur devrait être là! *(Haut.)* J'ai énormément souffert.

La Vieille : Nous avons beaucoup souffert. *(A part.)* L'Orateur devrait être là! C'est l'heure pourtant.

Le Vieux : Beaucoup souffert, beaucoup appris.

La Vieille *(comme l'écho)* : Beaucoup souffert, beaucoup appris.

Le Vieux : Vous verrez vous-même, mon système est parfait.

La Vieille *(comme l'écho)* : Vous verrez vous-même, son système est parfait.

Le Vieux : Si on veut bien obéir à mes instructions.

La Vieille (écho) : Si on veut suivre ses instructions.

Le Vieux : Sauvons le monde!...

La Vieille (écho) : Sauver son âme en sauvant le monde!...

Le Vieux : Une seule vérité pour tous!

La Vieille (écho) : Une seule vérité pour tous!

Le Vieux : Obéissez-moi!...

La Vieille (écho) : Obéissez-lui!...

Le Vieux : Car j'ai la certitude absolue!...

La Vieille (écho) : Il a la certitude absolue!

Le Vieux : Jamais...

La Vieille (écho) : Au grand jamais...

Soudain on entend dans les coulisses du bruit, des fanfares.

La Vieille : Que se passe-t-il ?

Les bruits grandissent, puis la porte du fond s'ouvre toute grande, à grand fracas ; par la porte ouverte, on n'aperçoit que le vide, mais, très puissante, une grande lumière envahit le plateau par la grande porte et les fenêtres qui, à l'arrivée de l'Empereur, également invisible, se sont fortement éclairées.

Le Vieux : Je ne sais pas... je ne crois pas... est-ce possible... mais oui... mais oui... incroyable... et pourtant si... oui... si... oui... c'est l'Empereur ! Sa Majesté l'Empereur !

Lumière maximum d'intensité, par la porte ouverte, par les fenêtres ; mais lumière froide, vide ; des bruits encore qui cesseront brusquement.

La Vieille : Mon chou... mon chou... qui est-ce ?
Le Vieux : Levez-vous !... C'est Sa Majesté l'Empereur ! L'Empereur, chez moi, chez nous... Sémiramis... te rends-tu compte ?
La Vieille, *ne comprenant pas* : L'Empereur... L'Empereur ? mon chou ! *(Puis soudain, elle comprend.)* Ah ! oui, l'Empereur ! Majesté ! Majesté ! *(Elle fait éperdument des révérences grotesques, innombrables.)* Chez nous ! chez nous !
Le Vieux, *pleurant d'émotion* : Majesté !... Oh ! ma Majesté !... ma petite, ma grande Majesté !... Oh ! quelle sublime grâce... c'est un rêve merveilleux...
La Vieille *(comme l'écho)* : Rêve merveilleux... erveilleux...
Le Vieux, *à la foule invisible* : Mesdames, Messieurs, levez-vous, notre Souverain bien-aimé, l'Empereur, est parmi nous ! Hourrah ! Hourrah !

Il monte sur l'escabeau ; il se soulève sur la pointe des pieds pour pouvoir apercevoir l'Empereur ; la Vieille, de son côté, fait de même.

La Vieille : Hourrah! Hourrah!

Trépignements.

Le Vieux : Votre Majesté!... Je suis là!... Votre Majesté! M'entendez-vous? Me voyez-vous? Faites donc savoir à sa Majesté que je suis là! Majesté! Majesté!! Je suis là, votre plus fidèle serviteur!...

La Vieille *(toujours faisant écho)* : Votre plus fidèle serviteur, Majesté!

Le Vieux : Votre serviteur, votre esclave, votre chien, haouh, haouh, votre chien, Majesté...

La Vieille, *pousse très fort des hurlements de chien :* Houh... houh... houh...

Le Vieux, *se tordant les mains :* Me voyez-vous? Répondez, Sire!... Ah, je vous aperçois, je viens d'apercevoir la figure auguste de votre Majesté... Votre front divin... Je l'ai aperçu, oui, malgré l'écran des courtisans...

La Vieille : Malgré les courtisans... nous sommes là, Majesté.

Le Vieux : Majesté! Majesté! Ne laissez pas, Mesdames, Messieurs, Sa Majesté debout... vous voyez ma Majesté, je suis vraiment le seul à avoir soin de vous, de votre santé, je suis le plus fidèle de vos sujets...

La Vieille (écho) : Les plus fidèles sujets de votre Majesté!

Le Vieux : Laissez-moi donc passer, Mesdames et Messieurs... comment faire pour me frayer un passage dans cette cohue... il faut que j'aille présenter mes très humbles respects à Sa Majesté l'Empereur... Laissez-moi passer...

La Vieille, (écho) : Laissez-le passer... laissez-le passer... passer... asser...

Le Vieux : Laissez-moi passer, laissez-moi donc passer. *(Désespéré.)* Ah! arriverai-je jamais jusqu'à Lui?

La Vieille (écho) : A lui... à lui...

Le Vieux : Pourtant, mon cœur et tout mon être sont à Ses pieds, la foule des courtisans l'entoure, ah! ah! ils veulent m'empêcher d'arriver jusqu'à lui... Ils se doutent bien eux tous que... oh! je m'entends, je m'entends... Les intrigues de la Cour, je connais ça... On veut me séparer de votre Majesté!

La Vieille : Calme-toi, mon chou... Sa Majesté te voit, te regarde... Sa Majesté m'a fait un clin d'œil... Sa Majesté est avec nous!...

Le Vieux : Qu'on donne à l'Empereur la meilleure place... près de l'estrade... qu'il entende tout ce que dira l'Orateur.

La Vieille, *se hissant sur son escabeau, sur la pointe des pieds, soulevant son menton le plus haut qu'elle peut, pour mieux voir :* On s'occupe de l'Empereur enfin.

Le Vieux : Le ciel soit loué *(A l'Empereur.)* Sire... que votre Majesté ait confiance. C'est un ami, mon représentant, qui est auprès de votre Majesté. *(Sur la pointe des pieds, debout sur un escabeau.)* Messieurs, Mesdames, Mesdemoiselles, mes petits enfants, je vous implore...

La Vieille (écho) : Plore... plore...

Le Vieux : ... Je voudrais voir... écartez-vous... je voudrais... le regard céleste, le respectable visage, la couronne, l'auréole de Sa Majesté... Sire, daignez tourner votre illustre face de mon côté, vers votre serviteur humble... si humble... oh! j'aperçois nettement cette fois... j'aperçois...

La Vieille (écho) : Il aperçoit cette fois... il aperçoit... perçoit... çoit...

Le Vieux : Je suis au comble de la joie... je n'ai pas de parole pour exprimer la démesure de ma gratitude... dans mon modeste logis, oh! Majesté! oh! soleil!... ici... ici... dans ce logis où je suis, il est vrai, le Maréchal... mais dans la hiérarchie de votre armée, je ne suis qu'un simple Maréchal des logis...

La Vieille (écho) : Maréchal des logis...

Le Vieux : J'en suis fier... fier et humble, à la fois... comme il se doit... hélas! certes, je suis Maréchal, j'aurais pu être à la Cour impériale, je ne surveille ici qu'une petite cour... Majesté... je... Majesté, j'ai du mal à m'exprimer... j'aurais pu avoir... beaucoup de choses, pas mal de biens si j'avais su, si j'avais voulu, si je... si nous... Majesté, excusez mon émotion...

La Vieille : A la troisième personne!

Le Vieux, *pleurnichant :* Que votre Majesté daigne m'excusez! Vous êtes donc venu... on n'espérait plus... on aurait pu ne pas être là... oh! sauveur, dans ma vie, j'ai été humilié...

La Vieille (écho), *sanglotant :* ...milié... milié...

Le Vieux : J'ai beaucoup souffert dans ma vie... J'aurais pu être quelque chose, si j'avais pu être sûr de l'appui de votre Majesté... je n'ai aucun appui... si vous n'étiez pas venu, tout aurait été trop tard... vous êtes, Sire, mon dernier recours...

La Vieille (écho) : Dernier recours... Sire... ernier recours... ire... recours...

Le Vieux : J'ai porté malheur à mes amis, à tous ceux qui m'ont aidé... La foudre frappait la main qui vers moi se tendait...

La Vieille (écho) : ... mains qui se tendaient... tendaient... aient...

Le Vieux : On a toujours eu de bonnes raison de me haïr, de mauvaises raisons de m'aimer...

La Vieille : C'est faux, mon chou, c'est faux. Je t'aime moi, je suis ta petite mère...

Le Vieux : Tous mes ennemis ont été récompensés et mes amis m'ont trahi...

La Vieille (écho) : Amis... trahi... trahi...

Le Vieux : On m'a fait du mal. Ils m'ont persécuté. Si je me plaignais, c'est à eux que l'on donnait toujours raison... J'ai essayé, parfois, de me venger... je n'ai jamais pu, jamais pu me venger... j'avais trop pitié... je ne voulais pas frapper l'ennemi à terre, j'ai toujours été trop bon.

La Vieille (écho) : Il était trop bon, bon, bon, bon, bon...

Le Vieux : C'est ma pitié qui m'a vaincu...

La Vieille (écho) : Ma pitié... pitié... pitié...

Le Vieux : Mais eux n'avaient pas pitié. Je donnais un coup d'épingle, ils me frappaient à coups de massue, à coups de couteau, à coups de canon, ils me broyaient les os...
La Vieille (écho) : ... les os... les os... les os...
Le Vieux : On prenait ma place, on me volait, on m'assassinait... J'étais le collectionneur de désastres, le paratonnerre des catastrophes...
La Vieille (écho) : Paratonnerre... catastrophe... paratonnerre...
Le Vieux : Pour oublier, Majesté, j'ai voulu faire du sport... de l'alpinisme... on m'a tiré par les pieds pour me faire glisser... j'ai voulu monter des escaliers, on m'a pourri les marches... Je me suis effondré... J'ai voulu voyager, on m'a refusé le passeport... J'ai voulu traverser la rivière, on m'a coupé les ponts...
La Vieille (écho) : Coupé les ponts.
Le Vieux : J'ai voulu franchir les Pyrénées, il n'y avait déjà plus de Pyrénées.
La Vieille (écho) : Plus de Pyrénées... Il aurait pu être, lui aussi, Majesté, comme tant d'autres, un Rédacteur chef, un Acteur chef, un Docteur chef, Majesté, un Roi chef...
Le Vieux : D'autre part on n'a jamais voulu me prendre en considération... on ne m'a jamais envoyé les cartes d'invitation... Pourtant moi, écoutez, je vous le dis, moi seul aurais pu sauver l'humanité, qui est bien malade. Votre Majesté s'en rend compte comme moi... ou, du moins, j'aurais pu lui épargner les maux dont elle a tant souffert ce dernier quart de siècle, si j'avais eu l'occasion de communiquer mon message; je ne désespère pas de la sauver, il est encore temps, j'ai le plan... hélas, je m'exprime difficilement...
La Vieille, *par-dessus les têtes invisibles :* L'Orateur sera là, il parlera pour toi. Sa Majesté est là... ainsi on écoutera, tu n'as plus à t'inquiéter, tu as tous les atouts, ça a changé, ça a changé...
Le Vieux : Que votre Majesté me pardonne... elle a bien d'autres soucis... j'ai été humilié... Mesdames et Messieurs, écartez-vous un tout petit peu, ne me cachez

pas complètement le nez de Sa Majesté, je veux voir briller les diamants de la couronne impériale... Mais si votre Majesté a daigné venir sous mon toit misérable, c'est bien parce qu'elle condescend à prendre en considération ma pauvre personne. Quelle extraordinaire compensation. Majesté, si matériellement je me hausse sur la pointe des pieds, ce n'est pas par orgueil, ce n'est que pour vous contempler!... moralement je me jette à vos genoux...

La Vieille, *sanglotant* : A vos genoux, Sire, nous nous jetons à vos genoux, à vos pieds, à vos orteils...

Le Vieux : J'ai eu la gale. Mon patron m'a mis à la porte parce que je ne faisais pas la révérence à son bébé, à son cheval. J'ai reçu des coups de pied au cul, mais tout cela, Sire, n'a plus aucune importance... puisque... Sire... Majesté... regardez... je suis là... là...

La Vieille (écho) : Là... là... là... là... là... là...

Le Vieux : Puisque votre Majesté est là... puisque votre Majesté prendra en considération mon message... Mais l'Orateur devrait être là... Il fait attendre Sa Majesté...

La Vieille : Que Sa Majesté l'excuse. Il doit venir. Il sera là dans un instant. On nous a téléphoné.

Le Vieux : Sa Majesté est bien bonne. Sa Majesté ne partira pas comme ça sans avoir tout écouté, tout entendu.

La Vieille (écho) : Tout entendu... entendu... tout écouté...

Le Vieux : C'est lui qui va parler en mon nom... Moi, je ne peux pas... je n'ai pas de talent... lui il a tous les papiers, tous les documents...

La Vieille : Un peu de patience, Sire, je vous en supplie... il doit venir.

La Vieille : Il doit venir à l'instant.

Le Vieux, *pour que l'Empereur ne s'impatiente pas* : Majesté, écoutez, j'ai eu la révélation il y a longtemps... j'avais quarante ans... je dis ça aussi pour vous, Messieurs-dames... un soir, après le repas, comme de coutume, avant d'aller au lit, je m'assis sur les genoux de mon père... mes moustaches étaient plus grosses

que les siennes et plus pointues... ma poitrine plus velue... mes cheveux grisonnants déjà, les siens étaient encore bruns... Il y avait des invités, des grandes personnes, à table, qui se mirent à rire, rire.
La Vieille (écho) : Rire... rire...
Le Vieux : Je ne plaisante pas, leur dis-je. J'aime bien mon papa. On me répondit : Il est minuit, un gosse ne se couche pas si tard. Si vous ne faites pas encore dodo c'est que vous n'êtes plus un marmot. Je ne les aurais quand même pas crus s'ils ne m'avaient pas dit vous...
La Vieille (écho) : « Vous. »
Le Vieux : Au lieu de tu...
La Vieille (écho) : Tu...
Le Vieux : Pourtant, pensais-je, je ne suis pas marié. Je suis donc encore enfant. On me maria à l'instant même, rien que pour me prouver le contraire... Heureusement, ma femme m'a tenu lieu de père et de mère [1]...
La Vieille : L'Orateur doit venir, Majesté...
Le Vieux : Il viendra, l'Orateur.
La Vieille : Il viendra.
Le Vieux : Il viendra.
La Vieille : Il viendra.
Le Vieux : Il viendra.
La Vieille : Il viendra.
Le Vieux : Il viendra, il viendra.
La Vieille : Il viendra, il viendra.
Le Vieux : Viendra.
La Vieille : Il vient.
Le Vieux : Il vient.
La Vieille : Il vient, il est là.
Le Vieux : Il vient, il est là.
La Vieille : Il vient, il est là.
Le Vieux et la Vieille : Il est là...
La Vieille : Le voilà!... *(Silence ; interruption de tout mouvement. Pétrifiés, les deux vieux fixent du regard la porte n° 5 ; la scène immobile dure assez longtemps, une*

---

[1]. La tirade du Vieux sur le père (à partir de « Majesté, écoutez, j'ai eu la révélation »... jusqu'à « ma femme m'a tenu lieu de père et de mère ») a été supprimée à la représentation. Je conseille que l'on continue de la supprimer.

demi-minute environ; très lentement, très lentement, la porte s'ouvre toute grande, silencieusement; puis l'Orateur apparaît; c'est un personnage réel. C'est le type du peintre ou du poète du siècle dernier : feutre noir à larges bords, lavallière, vareuse, moustache et barbiche, l'air assez cabotin, suffisant; si les personnages invisibles doivent avoir le plus de réalité possible, l'Orateur, lui, devra paraître irréel; en longeant le mur de droite, il ira, comme glissant, doucement, jusqu'au fond, en face de la grande porte, sans tourner la tête à droite ou à gauche; il passera près de la Vieille sans sembler la remarquer, même lorsque la Vieille touchera son bras pour s'assurer qu'il existe; à ce moment, la Vieille dira :) Le voilà!

Le Vieux : Le voilà!

La Vieille, *qui l'a suivi du regard et continuera de le suivre :* C'est bien lui, il existe. En chair et en os.

Le Vieux, *le suivant du regard :* Il existe. Et c'est bien lui. Ce n'est pas un rêve!

La Vieille : Ce n'est pas un rêve, je te l'avais bien dit.

Le Vieux croise les mains, lève les yeux au ciel; il exulte silencieusement. L'Orateur, arrivé au fond, enlève son chapeau, s'incline en silence, salue avec son chapeau comme un mousquetaire et un peu comme un automate, devant l'Empereur invisible. A ce moment :

Le Vieux : Majesté... je vous présente l'Orateur...
La Vieille : C'est lui!

Puis l'Orateur remet son chapeau sur la tête et monte sur l'estrade où il regarde, de haut, le public invisible du plateau, les chaises; il se fige dans une pose solennelle.

Le Vieux, *au public invisible :* Vous pouvez lui demander des autographes. *(Automatiquement, silencieusement, l'Orateur signe et distribue d'innombrables autographes. Le Vieux pendant ce temps lève encore les yeux au ciel en joignant les mains et dit, exultant :)* Aucun homme, de son vivant, ne peut espérer plus...

La Vieille (écho) : Aucun homme ne peut espérer plus.

Le Vieux, *à la foule invisible :* Et maintenant avec l'autorisation de votre Majesté, je m'adresse à vous tous, Mesdames, Mesdemoiselles, Messieurs, mes petits enfants, chers confrères, chers compatriotes, Monsieur le Président, mes chers compagnons d'armes...
La Vieille (écho) : Et mes petits enfants... ants... ants...
Le Vieux : Je m'adresse à vous tous, sans distinction d'âge, de sexe, d'état civil, de rang social, de commerce, pour vous remercier, de tout mon cœur.
La Vieille (écho) : Vous remercier...
Le Vieux : Ainsi que l'Orateur... chaleureusement, d'être venus en si grand nombre... du silence, Messieurs !...
La Vieille (écho) : ... Silence, Messieurs...
Le Vieux : J'adresse aussi mes remerciements à tous ceux qui ont rendu possible la réunion de ce soir, aux organisateurs...
La Vieille : Bravo !

Pendant ce temps, sur l'estrade, l'Orateur est solennel, immobile, sauf la main qui, automatiquement, signe des autographes.

Le Vieux : Aux propriétaires de cet immeuble, à l'architecte, aux maçons qui ont bien voulu élever ces murs !...
La Vieille (écho) : ... murs...
Le Vieux : À tous ceux qui en ont creusé les fondations... Silence, Messieurs-dames...
La Vieille (écho) : ...ssieurs-dames...
Le Vieux : Je n'oublie pas et j'adresse mes plus vifs remerciements aux ébénistes qui fabriquèrent les chaises sur lesquelles vous pouvez vous asseoir, à l'artisan adroit...
La Vieille (écho) : ...droit...
Le Vieux : ... qui fit le fauteuil dans lequel s'enfonce mollement votre Majesté, ce qui ne l'empêche pas cependant de conserver un esprit dur et ferme... Merci encore à tous les techniciens, machinistes, électrocutiens...
La Vieille (écho) : ...cutiens, cutiens...
Le Vieux : ... aux fabricants de papier et aux imprimeurs, correcteurs, rédacteurs à qui nous devons les

programmes, si joliment ornés, à la solidarité universelle de tous les hommes, merci, merci, à notre patrie, à l'État *(il se tourne du côté où doit se trouver l'Empereur)* dont votre Majesté dirige l'embarcation avec la science d'un vrai pilote... merci à l'ouvreuse...

La Vieille (écho) : ... ouvreuse... heureuse...

Le Vieux *(il montre du doigt la Vieille)* : Vendeuse de chocolats glacés et de programmes...

La Vieille (écho) : grammes...

Le Vieux : ... mon épouse, ma compagne... Sémiramis !...

La Vieille (écho) : ...pouse... pagne... miss... *(A part.)* Mon chou, il n'oublie jamais de me citer.

Le Vieux : Merci à tous ceux qui m'ont apporté leur aide financière ou morale, précieuse et compétente, contribuant ainsi à la réussite totale de la fête de ce soir... merci encore, merci surtout à notre Souverain bien-aimé, Sa Majesté l'Empereur...

La Vieille (écho) : ...jesté l'Empereur...

Le Vieux, *dans un silence total :* ... Un peu de silence... Majesté...

La Vieille (écho) : ...ajesté... jesté...

Le Vieux : Majesté, ma femme et moi-même n'avons plus rien à demander à la vie. Notre existence peut s'achever dans cette apothéose... merci au ciel qui nous a accordé de si longues et si paisibles années... Ma vie a été bien remplie. Ma mission est accomplie. Je n'aurai pas vécu en vain, puisque mon message sera révélé au monde... *(Geste vers l'Orateur qui ne s'en aperçoit pas : ce dernier repousse du bras les demandes d'autographes, très digne et ferme.)* Au monde, ou plutôt à ce qu'il en reste ! *(Geste large vers la foule invisible.)* A vous, Messieurs-dames et chers camarades, qui êtes les restes de l'humanité, mais avec de tels restes on peut encore faire de la bonne soupe... Orateur ami... *(L'Orateur regarde autre part.)* Si j'ai été longtemps méconnu, mésestimé par mes contemporains, c'est qu'il en devait être ainsi. *(La Vieille sanglote.)* Qu'importe à présent tout cela, puisque je te laisse, à toi, mon cher Orateur et ami *(l'Orateur rejette une nouvelle demande d'auto-*

graphe ; puis prend une pose indifférente, regarde de tous les côtés) ... le soin de faire rayonner sur la postérité, la lumière de mon esprit... Fais donc connaître à l'Univers ma philosophie. Ne néglige pas non plus les détails, tantôt cocasses, tantôt douloureux ou attendrissants de ma vie privée, mes goûts, mon amusante gourmandise... raconte tout... parle de ma compagne... *(la Vieille redouble de sanglots)* ... de la façon dont elle préparait ses merveilleux petits pâtés turcs, de ses rillettes de lapin à la normandillette... parle du Berry, mon pays natal... Je compte sur toi, grand maître et Orateur... quant à moi et ma fidèle compagne, après de longues années de labeur pour le progrès de l'humanité pendant lesquelles nous fûmes les soldats de la juste cause, il ne nous reste plus qu'à nous retirer à l'instant, afin de faire le sacrifice suprême que personne ne nous demande mais que nous accomplirons quand même...

La Vieille, *sanglotant :* Oui, oui, mourons en pleine gloire... mourons pour entrer dans la légende... Au moins, nous aurons notre rue...

Le Vieux, *à la Vieille :* O, toi, ma fidèle compagne!... toi qui as cru en moi, sans défaillance, pendant un siècle, qui ne m'as jamais quitté, jamais..., hélas, aujourd'hui, à ce moment suprême, la foule nous sépare sans pitié...

> J'aurais pourtant
> voulu tellement
> finir nos os
> sous une même peau
> dans un même tombeau
> de nos vieilles chairs
> nourrir les mêmes vers
> ensemble pourrir...

La Vieille : ... ensemble pourrir...
Le Vieux : Hélas!... hélas!...
La Vieille : Hélas!... hélas!...
Le Vieux : ... Nos cadavres tomberont loin de l'autre, nous pourrirons dans la solitude aquatique... Ne nous plaignons pas trop.

La Vieille : Il faut faire ce qui doit être fait !...

Le Vieux : Nous ne serons pas oubliés. L'Empereur éternel se souviendra de nous, toujours.

La Vieille (écho) : Toujours.

Le Vieux : Nous laisserons des traces, car nous sommes des personnes et non pas des villes.

Le Vieux et la Vieille, *ensemble* : Nous aurons notre rue !

Le Vieux : Soyons unis dans le temps et dans l'éternité si nous ne pouvons l'être dans l'espace, comme nous le fûmes dans l'adversité : mourons au même instant... *(A l'Orateur impassible, immobile.)* Une dernière fois... je te fais confiance... je compte sur toi... Tu diras tout... Lègue le message... *(A l'Empereur.)* Que votre Majesté m'excuse... Adieu, vous tous. Adieu, Sémiramis.

La Vieille : Adieu, vous tous !... Adieu, mon chou !

Le Vieux : Vive l'Empereur !

Il jette sur l'Empereur invisible des confetti et des serpentins ; on entend des fanfares ; lumière vive, comme le feu d'artifice.

La Vieille : Vive l'Empereur !

Confetti et serpentins en direction de l'Empereur, puis sur l'Orateur immobile et impassible, sur les chaises vides.

Le Vieux, *même jeu* : Vive l'Empereur !

La Vieille, *même jeu* : Vive l'Empereur !

La Vieille et le Vieux, *en même temps se jettent chacun par sa fenêtre, en criant « Vive l'Empereur ». Brusquement le silence ; plus de feu d'artifice, on entend un « Ah » des deux côtés du plateau, le bruit glauque des corps tombant à l'eau. La lumière venant des fenêtres et de la grande porte a disparu : il ne reste que la faible lumière du début ; les fenêtres, noires, restent grandes ouvertes ; leurs rideaux flottent au vent.*

L'Orateur, *qui est resté immobile, impassible pendant la scène du double suicide, se décide au bout de plusieurs instants à parler ; face aux rangées de chaises vides, il fait*

comprendre à la foule invisible qu'il est sourd et muet ; il fait des signes de sourd-muet : efforts désespérés pour se faire comprendre ; puis il fait entendre des râles, des gémissements, des sons gutturaux de muet. He, Mme, mm, mm.
Ju, gou, hou, hou.
Heu, heu, gu, gou, gueue.

Impuissant, il laisse tomber ses bras le long du corps ; soudain, sa figure s'éclaire, il a une idée, il se tourne vers le tableau noir, il sort une craie de sa poche et écrit en grosses majuscules :

ANGEPAIN

puis :

NNAA NNM NWNWNW V

Il se tourne, de nouveau, vers le public invisible, le public du plateau, montre du doigt ce qu'il a tracé au tableau noir.

L'Orateur : Mmm, Mmm, Gueue, Gou, Gu, Mmm, Mmm, Mmm, Mmmm.

Puis, mécontent, il efface, avec des gestes brusques, les signes à la craie, les remplace par d'autres, parmi lesquels on distingue, toujours en grosses majuscules :

ΛADIEU ΛDIEU ΛPΛ

De nouveau, l'Orateur se tourne vers la salle ; il sourit, interrogateur, ayant l'air d'espérer avoir été compris, avoir dit quelque chose ; il montre, du doigt, aux chaises vides ce qu'il vient d'écrire ; immobile quelques instants il attend, assez satisfait, un peu solennel, puis, devant l'absence d'une réaction espérée, petit à petit son sourire disparaît, sa figure s'assombrit ; il attend encore un peu ; tout d'un coup, il salue avec humeur, brusquerie, descend de l'estrade ; s'en va vers la grande porte du fond, de sa démarche fantomatique ; avant de sortir par cette porte, il salue cérémonieusement, encore, les rangées de chaises vides, l'invisible Empereur. La scène reste vide avec ses chaises, l'estrade, le parquet couverts de serpentins et de confetti. La porte du fond est grande ouverte sur le noir.

On entend pour la première fois les bruits humains de la foule invisible : ce sont des éclats de rire, des murmures, des « chut », des toussotements ironiques ; faibles au début, ces bruits vont grandissant ; puis, de nouveau, progressivement, s'affaiblissent. Tout cela doit durer assez longtemps pour que le public — le vrai et visible — s'en aille avec cette fin bien gravée dans l'esprit. Le rideau tombe très lentement [1].

Avril-juin 1951.

Rideau.

[1]. A la représentation, le rideau tombait sur les mugissements de l'Orateur muet. Le tableau noir était supprimé.

Il n'y a pas eu de musique de scène à la première création de cette pièce, en 1952. A la seconde création, celle de Mauclair, en 1956, puis à la reprise en 1961, Pierre Barbaud a composé des fragments musicaux pour nous : on les entendait notamment à l'arrivée de l'Empereur (fanfares), à l'arrivée accélérée des chaises et surtout à la fin, au moment des remerciements du Vieux : musique dérisoirement triomphale, de fête foraine, soulignant le jeu ironique, à la fois grotesque et dramatique, des deux acteurs.

Victimes du devoir

PSEUDO-DRAME

PERSONNAGES

CHOUBERT . . . . R.-J. Chauffard.
MADELEINE . . . . Tsilla Chelton.
LE POLICIER . . . . Jacques Mauclair.
NICOLAS D'EU . . . . J. Alric.
LA DAME. . . . . Pauline Campiche.
MALLOT avec un *t*.

Le pseudo-drame Victimes du devoir *a été créé au* Théâtre du Quartier Latin, *en février 1953, dans une mise en scène de Jacques Mauclair.*
Musique de scène de Pauline Campiche. Décors de René Allio.
Aux reprises de 1954, puis de 1959, Théâtre de Babylone *et* Studio des Champs-Élysées, *les décors étaient de Jacques Noël. Un rouge cramoisi était la couleur dominante.*

Intérieur petit-bourgeois. Choubert, assis dans un fauteuil près de la table, lit son journal. Sa femme, Madeleine, sur une chaise, devant la table, raccommode des chaussettes. Un silence.

MADELEINE, *s'interrompant dans son travail* : Quoi de nouveau sur le journal ?
CHOUBERT : Il ne se passe jamais rien. Des comètes, un bouleversement cosmique, quelque part dans l'univers. Presque rien. Des contraventions pour les voisins parce que leurs chiens font des saletés sur le trottoir...
MADELEINE : C'est bien fait. C'est bien embêtant quand on marche dessus.
CHOUBERT : Et pour les gens qui habitent le rez-de-chaussée, ils ouvrent leurs fenêtres le matin, ils voient ça, ça les énerve pour toute la journée.
MADELEINE : Ils sont trop sensibles.
CHOUBERT : C'est la nervosité de l'époque. L'homme moderne a perdu sa sérénité d'autrefois. *(Silence.)* Ah, il y a aussi un communiqué.
MADELEINE : Quel communiqué ?
CHOUBERT : C'est assez intéressant. L'Administration préconise, pour les habitants des grandes villes, le détachement. C'est, nous dit-on, le seul moyen qui nous reste de remédier à la crise économique, au déséquilibre spirituel et aux embarras de l'existence.

Madeleine : Tout le reste a déjà été essayé. Ça n'a rien donné. Ce n'est peut-être la faute à personne.

Choubert : Pour l'instant, l'Administration ne fait encore que recommander amicalement cette solution suprême. Ne soyons pas dupes : nous savons parfaitement que la recommandation tourne toujours en commandement.

Madeleine : Tu te hâtes toujours de généraliser!

Choubert : Nous savons que les suggestions prennent brusquement figure de règlement, de lois sévères.

Madeleine : Que veux-tu, mon pauvre ami, la loi est nécessaire, étant nécessaire et indispensable, elle est bonne, et tout ce qui est bon est agréable. Il est, en effet, très agréable d'obéir aux lois, d'être un bon citoyen, de faire son devoir, de posséder une conscience pure!...

Choubert : Oui, Madeleine. Dans le fond, c'est toi qui as raison. La loi a du bon.

Madeleine : Évidemment.

Choubert : Oui, oui. Le renoncement a l'avantage important d'être, à la fois, politique et mystique. Il porte ses fruits sur deux plans.

Madeleine : Cela permet de faire d'une pierre deux coups.

Choubert : C'est là son intérêt.

Madeleine : Tu vois ?

Choubert : D'ailleurs, si je me souviens de mes leçons d'histoire, ce système administratif, le détachement-système, a déjà été expérimenté il y a trois siècles, et puis il y a cinq siècles, il y a aussi dix-neuf siècles, et aussi l'année dernière...

Madeleine : Rien de nouveau sous le soleil!

Choubert : ... Avec succès, sur des populations entières, dans les métropoles, dans les campagnes *(il se lève)*, sur des nations, des nations comme la nôtre!

Madeleine : Assieds-toi.

Choubert se rassoit.

Choubert, *assis :* Seulement, il est vrai, cela demande le sacrifice de certaines commodités individuelles. C'est tout de même ennuyeux.

Madeleine : Oh, pas forcément !... Le sacrifice n'est pas toujours difficile. Il y a sacrifice et sacrifice. Même si c'est ennuyeux, au tout début, de se défaire de certaines habitudes, une fois que c'est défait, c'est défait, personne n'y pense plus sérieusement !

Un silence.

Choubert : Toi qui vas souvent au cinéma, tu aimes beaucoup le théâtre.
Madeleine : Comme tout le monde, bien sûr.
Choubert : Plus que tout le monde.
Madeleine : Oui, plutôt plus.
Choubert : Que penses-tu du théâtre d'aujourd'hui, quelles sont tes conceptions théâtrales ?
Madeleine : Encore ton théâtre ! Tu en es obsédé, tu vas faire une psychose.
Choubert : Penses-tu vraiment que l'on puisse faire du nouveau au théâtre ?
Madeleine : Je te répète que rien n'est nouveau sous le soleil. Même quand il n'y a pas de soleil.

Silence.

Choubert : Tu as raison. Oui, tu as raison. Toutes les pièces qui ont été écrites, depuis l'antiquité jusqu'à nos jours, n'ont jamais été que policières. Le théâtre n'a jamais été que réaliste et policier. Toute pièce est une enquête menée à bonne fin. Il y a une énigme, qui nous est révélée à la dernière scène. Quelquefois, avant. On cherche, on trouve. Autant tout révéler dès le début.
Madeleine : Tu devrais donner des exemples, mon ami.
Choubert : Je pense au miracle de la femme que Notre-Dame empêcha d'être brûlée vive. Si on ne tient pas compte de l'intervention divine qui n'a vraiment rien à voir là-dedans, il reste un fait divers : une femme fait assassiner son gendre par deux tueurs de passage, pour des raisons ambiguës...
Madeleine : Et inavouables...
Choubert : ... La police arrive, on fait une enquête,

on découvre la coupable. C'est du théâtre policier. Du théâtre naturaliste. Le théâtre d'Antoine.
MADELEINE : En effet.
CHOUBERT : Le théâtre n'a jamais évolué dans le fond.
MADELEINE : C'est dommage.
CHOUBERT : Tu vois, c'est du théâtre énigmatique, l'énigme est policière. Ça a toujours été comme ça.
MADELEINE : Mais le classicisme ?
CHOUBERT : C'est du théâtre policier distingué. Comme tout naturalisme.
MADELEINE : Tu as des idées originales. Elles sont peut-être justes. Tu devrais tout de même demander l'avis de personnes autorisées.
CHOUBERT : Quelles personnes ?
MADELEINE : Il y en a, parmi les amateurs de cinéma, les professeurs du Collège de France, les membres influents de l'Institut agronomique, les Norvégiens, certains vétérinaires... Les vétérinaires surtout doivent avoir beaucoup d'idées à ce sujet.
CHOUBERT : Tout le monde a des idées. Ce n'est pas cela qui manque. Mais ce sont les faits qui comptent.
MADELEINE : Les faits, rien que les faits. On pourrait quand même leur demander.
CHOUBERT : Il faudra leur demander.
MADELEINE : Il faut leur donner le temps de réfléchir. Tu as le temps...
CHOUBERT : La question me passionne.

> *Silence.*
> *Madeleine raccommode ses chaussettes.*
> *Choubert lit son journal.*
> *On entend frapper à une porte qui n'est pas une des portes de la pièce dans laquelle se trouvent Choubert et Madeleine. Choubert lève cependant la tête.*

MADELEINE : C'est à côté, chez la concierge. Elle n'est jamais là.

> *On entend de nouveau frapper à la porte de la*

concierge se trouvant, vraisemblablement, sur le même palier. Puis :

La Voix du Policier : Concierge! Concierge!

Silence. On frappe de nouveau, puis, de nouveau :

La Voix du Policier : Concierge! Concierge!
Madeleine : Elle n'est jamais là. Que nous sommes mal servis!
Choubert : On devrait river les concierges à leur loge. On demande peut-être quelqu'un de la maison. Si j'allais voir?

Il se lève, se rassoit.

Madeleine, *sans violence* : Ce n'est pas notre affaire. Nous ne sommes pas des concierges, mon ami. Dans la société, chacun a sa mission sociale bien déterminée!

Court silence. Choubert lit son journal. Madeleine raccommode ses chaussettes.
Coups timides à la porte de droite.

Choubert : Maintenant, c'est chez nous.
Madeleine : Tu peux aller voir, mon ami.
Choubert : Je vais ouvrir.

Choubert se lève, se dirige vers la porte de droite, ouvre. Apparaît le Policier sur le pas de la porte. Il est très jeune, il a une serviette sous le bras. Il porte un pardessus beige, pas de chapeau, il est blond, un air doucereux, excessivement timide.

Le Policier, *sur le pas de la porte* : Bonsoir, Monsieur. *(Puis à Madeleine qui s'est levée à son tour et se dirige, elle aussi, vers la porte.)* Bonsoir, Madame.
Choubert : Bonsoir, Monsieur. *(A Madeleine.)* C'est le Policier.
Le Policier, *avançant d'un seul petit pas timide* : Je m'excuse, Madame, Monsieur, je voulais demander un renseignement à la concierge, la concierge n'est pas dans sa loge...

Madeleine : Naturellement.

Le Policier : ... savez-vous où elle est, savez-vous si elle doit venir bientôt ? Oh, excusez-moi, excusez-moi, je... je n'aurais certainement pas frappé à votre porte si j'avais trouvé la concierge, je n'aurais pas osé vous déranger...

Choubert : La concierge doit rentrer, Monsieur, bientôt. Elle ne sort, en principe, que le samedi soir, pour aller au bal. Elle va tous les samedis soir au bal, depuis qu'elle a marié sa fille. Comme nous sommes le mardi soir...

Le Policier : Je vous remercie infiniment, Monsieur, je m'en vais, Monsieur, je vais l'attendre sur le palier. J'ai l'honneur de vous saluer. Agréez, Madame, mes hommages respectueux.

Madeleine, *à Choubert* : Quel jeune homme bien élevé ! Il est d'une politesse exquise. Demande-lui donc ce qu'il veut, tu pourrais peut-être le renseigner.

Choubert, *au Policier* : Que désirez-vous, Monsieur, je pourrais peut-être vous renseigner.

Le Policier : Je suis vraiment navré de vous déranger.

Madeleine : Vous ne nous dérangez nullement.

Le Policier : Il s'agit d'une chose tout à fait simple...

Madeleine, *à Choubert* : Fais-le donc entrer.

Choubert, *au Policier* : Donnez-vous donc la peine d'entrer, Monsieur.

Le Policier : Oh, Monsieur, je, vraiment, je...

Choubert : Ma femme vous prie d'entrer, Monsieur.

Madeleine, *au Policier* : Mon mari et moi nous vous prions d'entrer, cher Monsieur.

Le Policier, *consultant sa montre-bracelet* : Je m'aperçois que je n'ai pas le temps, je suis déjà en retard, vous savez !

Madeleine, *à part* : Il a une montre en or !

Choubert, *à part* : Elle a déjà remarqué qu'il a une montre en or !

Le Policier : ... enfin, pour cinq minutes, puisque vous insistez... mais je ne pourrai pas... bref... je rentre, si vous voulez, à la condition que vous me laissiez partir tout de suite...

Madeleine : Soyez tranquille, cher Monsieur, nous n'allons pas vous retenir de force... venez tout de même vous reposer un petit instant.

Le Policier : Merci. Je vous suis bien obligé. Vous êtes bien aimable.

Le Policier fait encore un pas dans la pièce, s'arrête, entrouvre son pardessus.

Madeleine, *à Choubert :* Quel beau complet marron, tout neuf!

Choubert, *à Madeleine :* Quels magnifiques souliers!

Madeleine, *à Choubert :* Quels beaux cheveux blonds! *(Le Policier passe sa main dans ses cheveux blonds.)* Il a de jolis yeux, son regard est doux. Tu ne trouves pas?

Choubert, *à Madeleine :* Il est sympathique, il inspire confiance. Il a un visage d'enfant.

Madeleine : Ne restez pas debout, Monsieur. Veuillez donc vous asseoir.

Choubert : Prenez un siège.

Le Policier avance encore d'un pas. Il ne s'assoit pas.

Le Policier : Vous êtes bien les époux Choubert, n'est-ce pas?

Madeleine : Mais oui, Monsieur.

Le Policier, *à Choubert :* Il paraît que vous aimez le théâtre, Monsieur?

Choubert : Euh... euh... oui... ça m'intéresse.

Le Policier : Comme vous avez raison! Moi aussi, Monsieur, j'aime le théâtre. Hélas, je n'ai guère le temps d'y aller.

Choubert : Les pièces qu'on y joue!

Le Policier, *à Madeleine :* Monsieur Choubert est aussi, je crois, un partisan de la politique du « détachement-système »?

Madeleine, *à peine surprise* : Oui, Monsieur, en effet.

Le Policier, *à Choubert* : J'ai l'honneur de partager votre opinion, Monsieur. *(Aux deux.)* Je regrette de prendre de votre temps. Je voulais seulement savoir si les locataires qui vous ont précédés s'appelaient Mallot, avec un *t* à la fin, ou Mallod, avec un *d*. C'est tout.

Choubert, *sans hésiter* : Mallot, avec un *t*.

Le Policier, *plus froid* : C'est bien ce que je pensais. *(Sans parler, le Policier s'avance carrément dans la pièce, encadré par Madeleine et Choubert, ceux-ci, toutefois, un demi-pas en arrière. Le Policier se dirige vers la table, saisit une des deux chaises, s'assoit, tandis que Madeleine et Choubert restent debout, à ses côtés. Le Policier pose sa serviette sur la table, la déplie. Il sort un grand étui à cigarettes de sa poche, n'en offre pas à ses hôtes, en allume une sans se presser, croise ses jambes, aspire une nouvelle bouffée, puis :)* Vous avez donc connu les Mallot?

> *Il a prononcé cette phrase en levant les yeux d'abord sur Madeleine, puis sur Choubert qu'il fixe plus longuement.*

Choubert, *un peu intrigué* : Non. Je ne les ai pas connus.

Le Policier : Alors comment savez-vous que leur nom prend un *t* à la fin?

Choubert, *très surpris* : Ah, oui, c'est juste... Comment je le sais? Comment je le sais?... Comment je le sais?... Je ne sais pas comment je le sais!

Madeleine, *à Choubert* : Tu es extraordinaire! Réponds. Quand nous sommes seuls, tu n'as pas la langue dans la poche. Tu parles vite, tu parles trop, tu as des violences de langage, tu cries. *(Au Policier.)* Vous ne le connaissez pas sous cet aspect. Oh, il est bien plus déluré que ça, dans l'intimité.

Le Policier : J'en prends note.

Madeleine, *au Policier* : Pourtant, je l'aime bien. C'est mon mari, n'est-ce pas? *(A Choubert.)* Allons, voyons, avons-nous connu les Mallot ou pas! Parle? Fais un effort, souviens-toi...

CHOUBERT, *après un effort muet de mémoire de quelques instants qui mécontente visiblement Madeleine, tandis que la figure du Policier demeure impassible* : Je ne peux pas me rappeler! Les ai-je connus ou non!

LE POLICIER, *à Madeleine* : Enlevez-lui la cravate, Madame, ça le gêne peut-être. Ça ira mieux après.

CHOUBERT, *au Policier* : Merci, Monsieur. *(A Madeleine qui lui retire sa cravate.)* Merci, Madeleine.

LE POLICIER, *à Madeleine* : La ceinture aussi, ses lacets!

Madeleine les lui enlève.

CHOUBERT, *au Policier* : Ça me serrait trop, Monsieur, vous êtes bien aimable.

LE POLICIER, *à Choubert* : Alors, Monsieur!

MADELEINE, *à Choubert* : Alors?

CHOUBERT : Je respire beaucoup mieux. Je me sens plus libre dans mes mouvements. Mais je ne peux toujours pas me rappeler.

LE POLICIER, *à Choubert* : Voyons, mon vieux, vous n'êtes plus un enfant.

MADELEINE, *à Choubert* : Voyons, tu n'es plus un enfant. Tu entends ce qu'on te dit?... Tu me désespères!

LE POLICIER, *se basculant sur sa chaise, à Madeleine* : Voulez-vous me donner du café?

MADELEINE : Avec plaisir, cher Monsieur, je vais vous en préparer. Attention, ne vous balancez pas, vous pourriez tomber.

LE POLICIER, *continuant de se balancer sur sa chaise* : Ne vous en faites pas, Madeleine. *(Avec un sourire ambigu à Choubert.)* C'est bien ainsi qu'elle s'appelle? *(A Madeleine.)* Ne vous en faites pas, Madeleine, j'ai l'habitude... Bien fort le café, bien sucré!

MADELEINE : Trois morceaux de sucre?

LE POLICIER : Douze morceaux! Et un calva, un grand.

MADELEINE : Bien, Monsieur.

Madeleine quitte la pièce par la porte de gauche. On entendra le bruit du moulin à café provenant des coulisses, très fort au début, jusqu'à couvrir presque les voix du Policier et de Choubert, puis de plus en plus faible.

CHOUBERT : Ainsi donc, Monsieur, vous êtes bien comme moi un partisan convaincu du « détachement-système » en politique et mystique ? Je suis heureux de savoir que, sur le plan artistique, nous avons encore les mêmes goûts puisque vous êtes acquis aux principes d'un art dramatique révolutionnaire !

LE POLICIER : Il ne s'agit pas de cela pour le moment ! *(Le Policier sort une photo de sa poche, la tend à Choubert.)* Tâche de te rafraîchir la mémoire, regarde la photo, est-ce bien Mallot ? *(Le ton du Policier devient de plus en plus dur ; au bout d'un instant :)* Est-ce bien Mallot ?

Un réflecteur doit soudain faire surgir de l'ombre, à l'extrême gauche de l'avant-scène, un grand portrait que l'on ne pouvait voir sans projecteur et qui représente, d'uen façon assez approximative, un homme tel que le décrit Choubert d'après la photo qu'il contemple, dans sa main ; les personnages ne prêtent, naturellement, aucune attention — ils font comme s'ils ne savaient pas qu'il est là — au portrait illuminé qui, de nouveau, disparaîtra dans l'obscurité, dès qu'on en aura fait la description ; peut-être serait-il préférable de remplacer le portrait éclairé par un acteur debout, immobile, à l'extrême gauche de l'avant-scène et répondant au même signalement ; peut-être encore pourrait-on avoir, à la fois, le portrait et l'acteur aux deux extrémités de l'avant-scène.

CHOUBERT, *après avoir fixé, avec beaucoup d'attention, la photo, un long moment, tout en décrivant la figure de l'homme* : C'est un homme d'une cinquantaine d'années... oui... je vois... Il ne s'était pas rasé depuis plusieurs jours... Il a, sur la poitrine, une plaque portant le numéro 58.614... Oui, c'est bien 58.614...

Le réflecteur s'éteint, on ne voit plus le personnage ou le portrait de l'avant-scène.

Le Policier : Est-ce bien Mallot ? Je suis très patient.

Choubert, *au bout d'un autre moment de silence* : Vous savez, Monsieur l'Inspecteur, je...

Le Policier : Principal !

Choubert : Pardon, vous savez, Monsieur l'Inspecteur principal, je ne puis m'en rendre compte. Comme ça, sans cravate, le col déchiré, la figure toute meurtrie, enflée, comment le reconnaître ?... Il me semble, cependant, oui, il me semble bien que ça pourrait être lui... oui, oui... ça doit être lui...

Le Policier : Quand l'as-tu connu et qu'est-ce qu'il te racontait ?

Choubert, *se laissant choir sur sa chaise* : Excusez-moi, Monsieur l'Inspecteur principal, je suis terriblement fatigué !...

Le Policier : Je te demande : quand l'as-tu connu et qu'est-ce qu'il te racontait ?

Choubert : Quand est-ce que je l'ai connu ? *(Il prend sa tête dans ses mains.)* Qu'est-ce qu'il me racontait ? Qu'est-ce qu'il me racontait ? Qu'est-ce qu'il me racontait ?

Le Policier : Réponds !

Choubert : Qu'est-ce qu'il me racontait ?... Qu'est-ce qu'il... Mais quand ai-je bien pu faire sa connaissance ?... quand est-ce que je l'ai vu la première fois ? Quand l'ai-je vu la dernière fois ?

Le Policier : Ce n'est pas à moi de donner la réponse.

Choubert : Où était-ce ? Où ?... où ?... Dans le jardin ?... La maison de mon enfance ?... L'école ?... Au régiment ?... Le jour de son mariage ?... De mon mariage ?... Ai-je été son témoin ?... A-t-il été mon témoin ?... Non.

Le Policier : Tu ne veux pas te rappeler ?

Choubert : Je ne peux pas... Je me souviens, pourtant... un endroit au bord de la mer, au crépuscule, il faisait humide, il y a longtemps, des rochers sombres... *(Tournant la tête du côté où est sortie Madeleine.)* Madeleine ! le café de Monsieur l'Inspecteur principal.

Madeleine, *entrant* : Le café peut se moudre tout seul.

Choubert, *à Madeleine* : Voyons, Madeleine, tu devrais t'en occuper.

Le Policier, *donnant un coup de poing sur la table* : Tu es bien gentil, mais ça ne te regarde pas. Occupe-toi de tes affaires. Tu me parlais d'un endroit au bord de la mer... *(Choubert se tait.)* Est-ce que tu m'entends ?

Madeleine, *impressionnée, mélange de crainte et d'admiration, par le geste et l'autorité du Policier, à Choubert* : Le monsieur te demande si tu l'entends ? Réponds, voyons.

Choubert : Oui, Monsieur.

Le Policier : Alors ? alors ?

Choubert : Oui, j'ai dû le connaître à cet endroit. Nous devions être tout jeunes !...

> *Madeleine, qui, en revenant, avait déjà changé d'allure et même de voix, laisse tomber sa vieille robe et apparaît dans une robe décolletée ; elle est une autre, sa voix aussi a changé ; elle est devenue tendre et mélodieuse.*

Choubert : Non, non, je ne le vois pas là...

Le Policier : Tu ne le vois pas là ! tu ne le vois pas là ! Voyez-vous ça ! Mais où alors ? Dans les bistrots ? Ivrogne ! Et ça se dit un homme marié !

Choubert : En y réfléchissant bien, je suppose que Mallot avec un *t* doit se trouver en bas, tout en bas...

Le Policier : Descends donc.

Madeleine, *de sa voix mélodieuse* : Tout en bas, tout en bas, tout en bas, tout en bas...

Choubert : Il doit y faire sombre, on n'y verra rien.

Le Policier : Je te dirigerai. Tu n'auras qu'à suivre mes conseils : ce n'est pas difficile, tu n'as qu'à te laisser glisser.

Choubert : Oh ! je suis déjà bien bas.

Le Policier, *durement* : Pas assez !

Madeleine : Pas assez, chéri, mon amour, pas assez ! *(Elle enlace Choubert d'une façon langoureuse, presque obscène ; puis elle s'est mise à genoux devant lui, l'oblige à fléchir les genoux.)* Ne tiens pas les jambes raides ! attention, ne glisse pas! les marches sont mouillées... *(Madeleine s'est relevée.)* Tiens bien la rampe... Descends... descends... si tu me veux!

> *Choubert s'appuie sur le bras de Madeleine, comme si c'était une rampe d'escalier; il fait comme s'il descendait des marches; Madeleine retire son bras, Choubert ne s'en aperçoit pas, il continue de s'appuyer sur une rampe imaginaire; il descend les marches, vers Madeleine. L'expression de sa figure est lubrique; soudain, il s'arrête, tend un bras, regarde le plancher, puis autour de lui.*

CHOUBERT : Ça doit être là.
LE POLICIER : Pour le moment.
CHOUBERT : Madeleine!
MADELEINE, *à reculons va vers le canapé tout en disant, mélodieusement* : Je suis là... je suis là... Descends... Une marche... Un pas... une marche... un pas... une marche... un pas... une marche... un pas... une marche... Coucou... coucou... *(Elle s'allonge sur le canapé.)* Chéri...

> *Choubert va vers elle en riant nerveusement. Quelques instants, Madeleine, sur le canapé, souriante, érotique, les bras tendus vers Choubert, chante :*

MADELEINE : La, la la la la...

> *Choubert tout près du canapé, debout, a les bras tendus vers Madeleine comme si celle-ci était encore très loin; il rit, du même rire étrange, se balance légèrement sur place; la scène dure quelques secondes, pendant lesquelles Madeleine interrompt son chant, par des rires agaçants, tandis que Choubert l'appelle, d'une voix étouffée :*

CHOUBERT : Madeleine! Madeleine! je viens... C'est moi, Madeleine! c'est moi... tout de suite... tout de suite...
LE POLICIER : Il a bien descendu les premières marches. Il faut qu'il s'enfonce maintenant. Ça va jusqu'à présent.

L'intervention du Policier interrompt cette scène érotique ; Madeleine se relève, elle conservera encore un certain temps sa voix mélodieuse, avec de moins en moins de sensualité, jusqu'à devenir de nouveau, parfois, plus tard, acariâtre comme tout à l'heure. Madeleine, après s'être levée, se dirigera vers le fond de la scène en se rapprochant toutefois, un peu, du Policier ; Choubert laisse tomber les bras le long de son corps et, la figure inexpressive, marche lentement, d'un pas d'automate, en direction du Policier.

Le Policier, *à Choubert* : Tu dois descendre encore.
Madeleine, *à Choubert* : Descends, mon amour, descends... descends... descends...
Choubert : Il fait sombre.
Le Policier : Pense à Mallot, écarquille les yeux. Cherche Mallot...
Madeleine *(presque chanté)* : Cherche Mallot, Mallot, Mallot...
Choubert : Je marche dans la boue. Elle colle à mes semelles... Comme mes pieds sont lourds ! J'ai peur de glisser.
Le Policier : N'aie pas peur. Descends, débouche, tourne à droite, tourne à gauche.
Madeleine, *à Choubert* : Descends, descends, chéri, mon chéri, descends bien...
Le Policier : Descends, droite, gauche, droite, gauche. *(Choubert se laisse guider par les paroles du Policier et poursuit sa démarche somnambulique. Pendant ce temps, Madeleine tourne le dos à la salle, a jeté un châle sur ses épaules ; elle s'est voûtée brusquement, de dos elle a l'air très vieille. Ses épaules sont secouées par des sanglots muets.)* Droit devant toi...

Choubert se tourne vers Madeleine et lui parle. Il a une expression douloureuse, les mains jointes.

Choubert : Est-ce bien toi, Madeleine ? est-ce bien toi, Madeleine ? Quel malheur ! Comment cela est-il arrivé ? Comment est-ce possible ? On ne s'en était pas aperçus... Pauvre petite vieille, pauvre poupée défraîchie, c'est toi pourtant. Comme tu as changé! Mais quand cela est-il arrivé? Comment n'a-t-on pas empêché? Ce matin, il y avait des fleurs sur notre chemin. Le soleil remplissait le ciel. Ton rire était clair. Nous avions des vêtements tout neufs, nous étions entourés d'amis. Personne n'était mort, tu n'avais encore jamais pleuré. L'hiver est venu brusquement. Notre route est déserte. Où sont-ils les autres? Dans les tombeaux, au bord de la route. Je veux notre joie, nous avons été volés, nous avons été dépouillés. Hélas! hélas, retrouverons-nous la lumière bleue. Madeleine, crois-moi, je te jure ce n'est pas moi qui t'ai vieillie! Non... je ne veux pas, je ne crois pas, l'amour est toujours jeune, l'amour ne meurt jamais. Je n'ai pas changé. Toi non plus, tu fais semblant. Oh pourtant si, je ne puis me mentir, tu es vieille, comme tu es vieille! Qui t'a fait vieillir? Vieille, vieille, vieille, vieille, petite vieille, poupée vieille. Notre jeunesse, sur la route. Madeleine, ma petite fille, je t'achèterai une robe neuve, des bijoux, des primevères. Ton visage retrouvera sa fraîcheur, je veux, je t'aime, je veux, je t'en supplie, quand on aime on ne vieillit pas. Je t'aime, rajeunis, jette ton masque, regarde-moi dans les yeux. Il faut rire, ris, ma petite fille, pour effacer les rides. Oh! si nous pouvions courir en chantant. Je suis jeune. Nous sommes jeunes.

> *Tournant le dos à la salle, il prend Madeleine par la main et d'une très vieille voix, en faisant semblant de courir, ils chantent tous les deux. Leurs voix sont cassées, mêlées de sanglots.*

CHOUBERT, *accompagné vaguement par Madeleine* : Les sources printanières... Les feuilles nouvelles... Le jardin enchanté a sombré dans la nuit, a glissé dans la boue... Notre amour dans la nuit, notre amour dans la boue, dans la nuit, dans la boue... Notre jeunesse perdue, les larmes deviennent des sources pures... des sources de vie, des sources immortelles... Les fleurs fleurissent-elles dans la boue...

LE POLICIER : Ce n'est pas ça, ce n'est pas ça. Tu perds ton temps, tu oublies Mallot, tu t'arrêtes, tu t'attardes, paresseux... et tu n'es pas dans la bonne direction. Si tu ne vois pas Mallot dans les feuillages ou dans l'eau des sources, ne t'arrête pas, continue. Nous n'avons pas le temps. Lui, pendant ce temps-là, il court qui sait où. Toi tu t'attendris, tu t'attendris sur toi-même et tu t'arrêtes, il ne faut jamais s'attendrir, il ne faut pas t'arrêter. *(Pendant les premiers mots prononcés par le Policier, Madeleine et Choubert ont petit à petit cessé de chanter. A Madeleine qui s'est retournée et s'est redressée :)* Dès qu'il s'attendrit, il s'arrête.

CHOUBERT : Je ne m'attendrirai plus, Monsieur l'Inspecteur principal.

LE POLICIER : C'est ce que nous verrons. Descends, tourne, descends, tourne.

Choubert a repris sa marche et Madeleine est redevenue ce qu'elle était avant la scène précédente.

CHOUBERT : Suis-je descendu assez bas, Monsieur l'Inspecteur principal ?

LE POLICIER : Pas encore. Descends toujours.

MADELEINE : Courage.

CHOUBERT *(il a les yeux fermés, les bras tendus)* : Je tombe, je me relève, je tombe, je me relève...

LE POLICIER : Ne te relève plus.

MADELEINE : Ne te relève plus, mon chéri.

LE POLICIER : Cherche Mallot, Mallot avec un *t*. Vois-tu Mallot ? Vois-tu Mallot ?... T'en approches-tu ?

MADELEINE : Mallot... Mallo-o-o-o...

CHOUBERT, *toujours les yeux fermés* : J'ai beau écarquiller les yeux...

LE POLICIER : Je ne te demande pas de lire avec les yeux.

MADELEINE : Descends, laisse-toi glisser, chéri.

LE POLICIER : Il s'agit de le toucher, de le saisir, étends tes bras, tâtonne... tâtonne... Ne crains rien...

CHOUBERT : Je cherche...

LE POLICIER : Il n'est même pas à mille mètres sous les mers.

MADELEINE : Descends, voyons, n'aie pas peur.

Choubert : Le tunnel est obstrué.
Le Policier : Descends sur place.
Madeleine : Enfonce-toi, mon chéri.
Le Policier : Peux-tu encore parler ?
Choubert : La boue m'arrive au menton.
Le Policier : Pas assez. Ne crains pas la boue. Tu es encore loin de Mallot.
Madeleine : Enfonce-toi, chéri, dans l'épaisseur.
Le Policier : Enfonce ton menton, c'est ça... la bouche...
Madeleine : Aussi la bouche. *(Choubert pousse des grognements étouffés.)* Allons, enfouis-toi... plus bas, plus bas, toujours...

Grognements de Choubert.

Le Policier : Le nez...
Madeleine : Le nez...

Pendant ce temps, jeu de Choubert mimant comme une descente au fond des eaux, la noyade.

Le Policier : Les yeux...
Madeleine : Il a ouvert un œil dans la boue... Un cil dépasse... *(A Choubert.)* Baisse davantage ton front, mon amour.
Le Policier : Crie donc plus fort, il n'entend pas...
Madeleine, *à Choubert, très fort :* Baisse davantage ton front, mon amour !... Descends ! *(Au Policier.)* Il a toujours été dur d'oreille.
Le Policier : On voit encore percer le bout de son oreille.
Madeleine, *criant, à Choubert :* Chéri... Plonge ton oreille !
Le Policier, *à Madeleine :* On voit ses cheveux.
Madeleine, *à Choubert :* Tu laisses encore voir tes cheveux... Descends donc. Étends les bras dans la boue, défais tes doigts, nage dans l'épaisseur, atteins Mallot, à tout prix... Descends... Descends...
Le Policier : Il faut avoir du fond. Bien sûr. Ta

femme a raison. C'est dans la profondeur que tu peux trouver Mallot.

> *Silence. Choubert est vraiment bien bas. Il avance avec peine, les yeux fermés, comme au fond de l'eau.*

MADELEINE : On ne l'entend plus.
LE POLICIER : Il a dépassé le mur du son.

> *Obscurité. On entend les voix des personnages, on ne les aperçoit plus pour l'instant.*

MADELEINE : Oh! Pauvre chéri, j'ai peur pour lui. Je n'entendrai plus sa voix adorée...
LE POLICIER, *à Madeleine, durement :* Sa voix nous reviendra, ne complique pas la situation par tes jérémiades.

> *Lumière. Sur la scène il n'y a que Madeleine et le Policier.*

MADELEINE : On ne le voit plus.
LE POLICIER : Il a dépassé le mur optique.
MADELEINE : Il est en danger! Il est en danger! Je n'aurais pas dû me prêter à ce jeu.
LE POLICIER : Il te reviendra, Madeleine, ton trésor, peut-être avec du retard, mais il te reviendra sûrement. Il n'a pas fini de nous en faire voir. Ça a la peau dure.
MADELEINE, *pleurant :* Je n'aurais pas dû. J'ai mal fait. Dans quel état doit-il être! mon pauvre chéri...
LE POLICIER, *à Madeleine :* Tais-toi, Madeleine! Que crains-tu, tu es avec moi... Nous sommes seuls tous les deux, ma beauté.

> *Il enlace vaguement Madeleine, puis il défait son étreinte.*

MADELEINE, *pleurant :* Qu'avons-nous fait! Mais il le fallait, n'est-ce pas? Tout ceci est légal?
LE POLICIER : Mais oui, bien sûr, ne crains rien. Il te reviendra. Courage. Moi aussi je l'aime bien.
MADELEINE : C'est vrai?

Le Policier : Il nous reviendra, par un détour...
Il revivra en nous... *(Gémissements venant des coulisses.)*
Tu entends... Sa respiration...
Madeleine : Oui, sa respiration adorée.

> *Obscurité. Lumière. Choubert traverse la scène d'un bout à l'autre. Les deux autres personnages n'y sont plus.*

Choubert : J'aperçois... j'aperçois...

> *Ses paroles sont étouffées par des gémissements. Il sort par la droite, tandis que Madeleine et le Policier rentrent par la gauche. Ces deux derniers se sont transformés. Ils sont devenus deux personnages différents qui jouent la scène suivante :*

Madeleine : Tu es un être ignoble ! Tu m'as humiliée, tu m'as torturée toute une vie. Tu m'as défigurée moralement. Tu m'as vieillie. Tu m'as détruite. Je ne te supporterai plus.
Le Policier : Et qu'est-ce que tu comptes faire ?
Madeleine : Je me tuerai, je m'empoisonnerai.
Le Policier : Tu es libre. Je ne t'en empêcherai pas.
Madeleine : Tu seras bien débarrassé, tu seras content ! N'est-ce pas, tu veux te débarrasser de moi ! Je le sais ! Je le sais.
Le Policier : Je ne veux pas me débarrasser de toi à n'importe quel prix ! Mais je peux facilement me passer de toi. Et de tes jérémiades. Tu es ennuyeuse, voilà. Tu ne comprends rien à la vie, tu ennuies tout le monde.
Madeleine, *sanglote :* Monstre !
Le Policier : Ne pleure pas, ça te rend encore plus laide que de coutume !...

> *Choubert est réapparu et, de loin, sans dire un mot, comme impuissant, il assiste à la scène en se tordant les mains ; tout au plus peut-on l'entendre balbutier : « Père, mère, père, mère... »*

MADELEINE, *hors d'elle* : C'est trop. Je n'en supporterai pas plus.

Elle sort un petit flacon de son corsage, le porte à ses lèvres.

LE POLICIER : Tu es folle, tu ne vas pas faire ça! Ne fais pas ça!

Le Policier se dirige vers Madeleine, la prend par le bras pour l'empêcher d'avaler le poison, puis, soudain, tandis que l'expression de son visage change, c'est lui qui la force à boire.
Choubert pousse un cri. Noir. De nouveau lumière. Il est seul sur scène.

CHOUBERT : J'ai huit ans, c'est le soir. Ma mère me tient par la main, c'est la rue Blomet après le bombardement. Nous longeons des ruines. J'ai peur. La main de ma mère tremble dans ma main. Des silhouettes surgissent entre les pans des murs. Seuls leurs yeux éclairent dans l'ombre.

Madeleine fait son apparition, silencieusement. Elle se dirige vers Choubert. Elle est sa mère.

LE POLICIER (*apparaît à l'autre bout de la scène, il approchera pas à pas très lentement*) : Parmi ces silhouettes, regarde, il y a peut-être celle de Mallot...
CHOUBERT : Leurs yeux s'éteignent... Tout rentre dans la nuit, sauf une lucarne lointaine. Il fait tellement sombre que je ne vois plus ma mère. Sa main s'est fondue. J'entends sa voix.
LE POLICIER : Elle doit te parler de Mallot.
CHOUBERT : Elle dit, tristement, tristement : tu auras à verser beaucoup de larmes, je vais te quitter, mon enfant, mon poussin...
MADELEINE, *avec beaucoup de tendresse dans la voix* : Mon enfant, mon poussin...
CHOUBERT : Je vais être seul dans la nuit, dans la boue...
MADELEINE : Mon pauvre enfant, dans la nuit, dans la boue, tout seul, mon poussin...

Choubert : Seule sa voix, un souffle, me dirige. Elle dit...
Madeleine : Il faudra pardonner, mon enfant, c'est cela le plus dur...
Choubert : C'est cela le plus dur.
Madeleine : C'est cela le plus dur.
Choubert : Elle dit encore...
Madeleine : ... Le temps des larmes viendra, le temps des remords, la pénitence, il faut être bon, tu souffriras si tu n'es pas bon, si tu ne pardonnes pas. Quand tu le verras, obéis-lui, embrasse-le, pardonne-lui.

Madeleine sort silencieusement.
Choubert se trouve devant le Policier qui, face au public, assis à la table, tient sa tête entre les mains et demeure ainsi, immobile.

Choubert : La voix s'est tue. *(Choubert s'adresse au Policier :)* Père, nous ne nous sommes jamais compris... Peux-tu encore m'entendre ? Je t'obéirai, pardonne-nous, nous t'avons pardonné... Montre ton visage ! *(Le Policier ne bouge pas.)* Tu étais dur, tu n'étais peut-être pas trop méchant. Ce n'est peut-être pas ta faute. Ce n'est pas toi. Je haïssais ta violence, ton égoïsme. Je n'ai pas eu de pitié pour tes faiblesses. Tu me frappais. Mais j'ai été plus dur que toi. Mon mépris t'a frappé beaucoup plus fort. C'est mon mépris qui t'a tué. N'est-ce pas ? Ecoute... Je devais venger ma mère... Je le devais... Où était mon devoir ?... Le devais-je vraiment ?... Elle a pardonné, mais moi j'ai continué d'assumer sa vengeance... A quoi sert la vengeance ? C'est toujours le vengeur qui souffre... M'entends-tu ? Découvre ton visage. Donne-moi la main. Nous aurions pu être de bons copains. J'ai été bien plus méchant que toi. Tu étais bourgeois, qu'est-ce que ça peut faire ? J'ai eu tort de te mépriser. Je ne vaux pas mieux que toi. De quel droit t'avoir puni ? *(Le Policier ne bouge toujours pas.)* Faisons la paix ! Faisons la paix ! Donne-moi la main ! Allons, viens avec moi, on va retrouver les camarades ! Nous boirons ensemble. Regarde-moi, regarde. Je te ressemble. Tu ne veux pas... Si tu voulais me regarder, tu verrais comme je te ressemble. J'ai tous tes défauts. *(Silence. La position du Policier reste inchangée.)* Qui aura pitié de moi, l'impitoyable! Même si tu me pardonnais, jamais je ne pourrais me pardonner à moi-même!

Cependant que l'attitude du Policier reste inchangée, la voix du Policier, enregistrée sur disque, se fait entendre, en provenance d'un coin opposé de la scène; Choubert, immobile, reste les bras le long du corps tant que dure le monologue qui suit; Choubert est sans expression, avec, de temps à autre, de courts réveils désespérés [1].

Voix du Policier : Mon enfant, je représentais des maisons de commerce. Mon métier m'obligeait d'errer sur toute la terre. Hélas, je me trouvais toujours, d'octobre à mars dans l'hémisphère nord, d'avril à septembre dans l'hémisphère sud, si bien qu'il n'y avait, dans ma vie, que des hivers. J'étais misérablement payé, mal vêtu, ma santé était mauvaise. Je vivais en état de colère perpétuelle. Mes ennemis devenaient de plus en plus puissants, de plus en plus riches. Mes protecteurs faisaient faillite, puis périssaient, emportés, les uns après les autres, par des maladies déshonorantes ou des accidents ridicules. Je n'essuyais que des déboires. Le bien que je faisais se changeait en mal, le mal que l'on me faisait ne se changeait pas en bien. Ensuite, je fus soldat. Je fus obligé, par ordre, de participer au massacre de dizaines de milliers de soldats ennemis, de peuplades de femmes, de vieillards, d'enfants. Puis ma ville natale et toute sa banlieue furent détruites de fond en comble. Dans la paix, la misère continua, j'avais horreur de l'homme. Je projetais des vengeances horribles. J'exécrais la terre, le soleil, ses satellites. J'aurais voulu m'exiler dans un autre univers. Il n'en existe pas.

Choubert, *dans la même position :* Il ne veut pas me regarder... Il ne veut pas me parler...

---

[1]. A la représentation, le Policier levait la tête et parlait lui-même. Cette solution est préférable.

Voix du Policier [1], *tandis que le Policier lui-même est toujours dans la même attitude :* Tu naquis, mon fils, juste au moment où j'allais dynamiter la planète. C'est ta naissance qui la sauva. Tu m'empêchas, du moins, de tuer le monde dans mon cœur. Tu me réconcilias avec l'humanité, tu me lias indissolublement à son histoire, à ses malheurs, ses crimes, ses espoirs, ses désespoirs. Je tremblais pour son sort... et pour le tien.

Choubert, *même jeu, tandis que le Policier est toujours dans la même attitude :* Je ne saurai donc jamais...

Voix du Policier [1] : Oui, à peine avais-tu surgi du néant, que je me sentis désarmé, pantelant, heureux et malheureux, mon cœur de pierre se fit éponge, torchon, je fus saisi de vertige, d'un remords sans nom à la pensée que je n'avais pas voulu avoir de descendant et que j'avais essayé d'empêcher ta venue au monde. Tu aurais pu ne pas être, tu aurais pu ne pas être! J'en ressentis une énorme panique rétrospective; un regret déchirant, aussi, pour les milliards d'enfants qui auraient pu naître, qui ne sont pas nés, pour les innombrables visages qui ne seront jamais caressés, les petites mains qui ne seront tenues dans les mains d'aucun père, les lèvres qui ne babilleront jamais. J'aurais voulu remplir le vide avec de l'être. J'essayais de m'imaginer toutes ces petites créatures qui ont failli exister, je voulais les créer dans l'esprit afin de pouvoir les pleurer, au moins, comme de véritables défunts.

Choubert, *même jeu. Même attitude du policier :* Il se taira toujours!...

Voix du Policier [1] : Mais, en même temps, une joie débordante m'envahissait, car tu existais, mon cher enfant, toi, tremblante étoile dans un océan de ténèbres, île d'être entourée de rien, toi, dont l'existence annulait le néant. Je baisais tes yeux en pleurant : « Mon Dieu, mon Dieu! » soupirais-je. J'étais reconnaissant à Dieu, car s'il n'y avait pas eu la création, s'il n'y avait pas eu

---

1. Ou le Policier lui-même.

l'histoire universelle, les siècles et les siècles, il n'y aurait pas eu toi, mon fils, qui étais bien l'aboutissement de toute l'histoire du monde. Tu n'aurais pas été là s'il n'y avais pas eu l'enchaînement sans fin des causes et des effets, parmi lesquels toutes les guerres, toutes les révolutions, les déluges, toutes les catastrophes sociales, géologiques, cosmiques : car tout est le résultat de toute la série des causes universelles, et toi, mon enfant, aussi. Je fus reconnaissant à Dieu pour toute ma misère et pour toute la misère des siècles, pour tous les malheurs, pour tous les bonheurs, pour les humiliations, pour les horreurs, pour les angoisses, pour la grande tristesse, au bout desquels il y avait ta naissance, qui justifiait, rachetait à mes yeux tous les désastres de l'Histoire. J'avais pardonné au monde, pour l'amour de toi. Tout était sauvé puisque rien ne pouvait plus rayer de l'existence universelle le fait de ta naissance. Même lorsque tu ne serais plus, me disais-je, rien ne pourra empêcher que tu aies été. Tu étais là, inscrit à jamais dans les registres de l'univers, fixé solidement dans la mémoire éternelle de Dieu.

CHOUBERT, *même jeu. Même position du Policier :* Il ne dira jamais, jamais, jamais...

VOIX DU POLICIER *(changeant de ton)* : Et toi... Plus j'étais fier de toi, plus je t'aimais, plus tu me méprisais, me chargeais de tous les crimes, de ceux que j'avais commis, de ceux que je n'avais pas commis. Il y a eu ta mère, la pauvre. Mais qui peut savoir ce qui s'est passé entre nous, si c'est sa faute, si c'est ma faute, si c'est sa faute, si c'est ma faute...

CHOUBERT, *même jeu. Même attitude du Policier :* Il ne parlera plus, c'est ma faute, c'est ma faute !...

VOIX DU POLICIER [1] : Tu as eu beau me renier, tu as eu beau rougir de moi, insulter ma mémoire. Je ne t'en veux pas. Je ne peux plus haïr. Je pardonne, malgré moi. Je te dois plus que tu me dois. Je ne voudrais pas que tu souffres, je voudrais que tu ne te sentes plus coupable. Oublie ce que tu crois être tes fautes.

1. Ou le Policier lui-même.

CHOUBERT : Père, pourquoi ne parles-tu pas, pourquoi ne veux-tu pas répondre?... Jamais plus hélas, jamais plus ta voix ne se fera entendre... Jamais, jamais, jamais, jamais... Je ne saurai jamais...

LE POLICIER, *brusquement, se levant ; à Choubert :* Les pères ont des cœurs de mères dans ce pays. Il ne sert à rien de se lamenter. Tes histoires personnelles, on s'en balance! Occupe-toi de Mallot. Suis sa trace. N'aie rien d'autre dans la tête. Il n'y a que Mallot d'intéressant dans toute l'affaire. T'en fais pas pour le reste, je te dis.

CHOUBERT : Monsieur l'Inspecteur principal, j'aurais tout de même bien voulu savoir, vous voyez... Est-ce que... C'étaient tout de même mes parents...

LE POLICIER : Ah! tes complexes! Tu ne vas pas nous embêter avec ça! Ton papa, ta maman, la piété filiale!... C'est pas mes oignons, je ne suis pas payé pour ça. Continue ta route.

CHOUBERT : Faut-il donc encore descendre, Monsieur l'Inspecteur principal?...

Il cherche, l'air aveugle, avec son pied.

LE POLICIER : Tu nous décriras tout ce que tu vas voir!

CHOUBERT, *avançant, avec hésitation, l'air aveugle :* ... Marche de droite... Marche de gauche... de gauche... gauche...

LE POLICIER, *à Madeleine qui rentre par la droite :* Attention aux marches, Madame...

MADELEINE : Merci, cher ami. J'aurais pu tomber...

Le Policier et Madeleine sont devenus des spectateurs de théâtre.

LE POLICIER, *s'empressant vers Madeleine :* Prenez donc mon bras...

Le Policier et Madeleine vont s'installer ; Choubert disparaît quelques instants dans la pénombre, après s'être éloigné d'un même pas hésitant ; il réapparaîtra, à un bout opposé du plateau, sur une estrade ou une petite scène.

Le Policier, *à Madeleine :* Asseyez-vous. Installons-nous. Ça va commencer. Il se donne en spectacle, tous les soirs.

Madeleine : Vous avez bien fait de retenir des places.

Le Policier : Prenez ce fauteuil.

Il met les deux chaises l'une à côté de l'autre.

Madeleine : Merci, cher ami. Ces places sont-elles bonnes ? Ce sont les meilleures ? Est-ce qu'on voit tout ? Est-ce qu'on entend bien ? Avez-vous des jumelles ?

Choubert est apparu en plein sur la petite scène, marchant à l'aveuglette.

Le Policier : C'est lui...

Madeleine : Oh, il est impressionnant, il joue bien ! Il est vraiment aveugle ?

Le Policier : On ne peut pas savoir. On le dirait.

Madeleine : Le pauvre ! On aurait bien fait de lui donner deux bâtons blancs, un petit, de sergent de ville, il réglerait lui-même la circulation, et un plus grand, d'aveugle... *(Au Policier.)* Faut-il enlever mon chapeau ? Non, n'est-ce pas, cher ami. Je ne gêne personne. Je ne suis pas trop grande.

Le Policier : Il parle, taisez-vous, on ne l'entend pas.

Madeleine, *au Policier :* C'est peut-être parce qu'il est sourd aussi...

Choubert, *sur l'estrade :* Où suis-je ?

Madeleine, *au Policier :* Où est-il ?

Le Policier, *à Madeleine :* Ne vous impatientez pas. Il va vous le dire. C'est son rôle.

Choubert : ... des sortes de rues... des sortes de chemins... des sortes de lacs... des sortes de gens... des sortes de nuits... des sortes de cieux... une sorte de monde...

Madeleine, *au Policier :* Que dit-il ?... des sortes de quoi ?

Le Policier, *à Madeleine :* Toutes sortes de sortes...

Madeleine, *fort, à Choubert :* Trop bas !

Le Policier, *à Madeleine :* Taisez-vous donc ! ce n'est pas permis.

Choubert : ... Des ombres se réveillent...

Madeleine, *au Policier :* Quoi !... Serions-nous bons seulement pour payer et pour applaudir ? *(A Choubert, encore plus fort.)* Plus fort !

Choubert, *continuant son jeu :* ... Une nostalgie, des déchirures, les bribes d'un univers...

Madeleine, *au Policier :* Qu'est-ce que ça veut dire ?

Le Policier, *à Madeleine :* Il dit : les bribes d'un univers...

Choubert, *même jeu :* Un trou béant...

Le Policier, *à l'oreille de Madeleine :* Un trou béant...

Madeleine, *au Policier :* Il est anormal. C'est un malade. Il n'a pas les pieds sur terre.

Le Policier, *à Madeleine :* Il les a au-dessous.

Madeleine, *au Policier :* Ah oui ! c'est vrai ! *(Avec admiration.)* Comme vous comprenez tout facilement, cher ami !

Choubert, *continuant son jeu :* Me résigner... Me résigner... La lumière obscure... les étoiles sombres... Je souffre d'un mal inconnu...

Madeleine, *au Policier :* Quel est le nom de l'acteur qui joue ce rôle ?

Le Policier : C'est Choubert.

Madeleine, *au Policier :* Pas le musicien, j'espère !

Le Policier, *à Madeleine :* Rassurez-vous.

Madeleine, *très fort, à Choubert :* Moins bas !

Choubert : Ma figure est mouillée de larmes. Où est la beauté ? Où est le bien ? Où est l'amour ? J'ai perdu la mémoire...

Madeleine : Ce n'est pas le moment ! Il n'y a pas de souffleur !

Choubert, *avec un accent de désespoir :* Mes jouets... en morceaux... Mes jouets brisés... Mes jouets d'enfant...

Madeleine : C'est enfantin !

Le Policier, *à Madeleine :* Votre remarque me semble pertinente.

Choubert : Je suis vieux... Je suis vieux...

Madeleine : Il ne le paraît pas tellement. Il exagère. Il veut qu'on le plaigne.

Choubert : Autrefois... autrefois...

Madeleine : Qu'est-ce que c'est encore ?

Le Policier, *à Madeleine :* Il évoque son passé, je suppose, chère amie.

Madeleine : Si on se mettait tous à évoquer le nôtre, où irions-nous... Nous aurions tous des choses à dire. Nous nous en gardons bien. Par modestie, par pudeur.

Choubert : ... Autrefois... Un grand vent se lève...

Il gémit très fort.

Madeleine : Il pleure...

Le Policier, *à Madeleine :* Il imite le bruit du vent... dans la forêt.

Choubert, *continuant son jeu :* Le vent secoue les forêts, l'éclair déchire les épaisseurs noires, au fond de la tempête, à l'horizon, un rideau géant et sombre se soulève...

Madeleine : Comment ? Comment ?

Choubert, *continuant son jeu :* ... Au fond apparaît, lumineuse dans les ténèbres, dans un calme de rêve, entourée de tempête, une miraculeuse cité...

Madeleine, *au Policier :* Une quoi ?

Le Policier : La cité ! la cité !

Madeleine : Je comprends.

Choubert, *continuant son jeu :* ... ou un miraculeux jardin, une fontaine jaillissante, des jeux d'eaux, des fleurs de feu dans la nuit...

Madeleine : Et ça se croit poète, certainement ! Du mauvais parnassianisme-symbolisme-surréalisme !

Choubert, *même jeu :* ... un palais de flammes glacées, des statues lumineuses, des mers incandescentes, des continents qui flambent dans les nuits, dans des océans de neige !

Madeleine : C'est un cabotin ! C'est idiot ! C'est inadmissible ! C'est un menteur !

Le Policier, *criant, à Choubert, et redevenant, à moitié, le Policier, tout en demeurant, à moitié, un spectateur étonné :* Vois-tu son ombre noire se découper dans la lumière ? Ou, peut-être, sa silhouette lumineuse se découper dans le noir ?

Choubert : Les feux sont moins clairs, le palais moins brillant, cela s'assombrit.

Le Policier, *à Choubert :* Dis-nous au moins ce que tu ressens ?... Quels sont tes sentiments ? Dis-le !

Madeleine, *au Policier :* Cher ami, nous ferions mieux de passer le reste de la soirée au cabaret...

Choubert, *continuant son jeu :* ... Une joie... de la douleur... un déchirement... un apaisement... De la plénitude... Du vide... Un espoir désespéré. Je me sens fort, je me sens faible, je me sens mal, je me sens bien, mais je sens, surtout, je me sens, encore, je me sens...

Madeleine, *au Policier :* Tout ceci est plein de contradictions.

Le Policier, *à Choubert :* Après ? après ? *(A Madeleine.)* Un instant, chère amie, je m'excuse...

Choubert, *dans un grand cri :* Cela va-t-il s'éteindre ? Cela s'éteint. La nuit m'environne. Un seul papillon de lumière se soulève lourdement...

Madeleine, *au Policier :* Cher ami, cette fumisterie...

Choubert : C'est une dernière étincelle.

Madeleine *(elle applaudit tandis que les rideaux de la petite scène se ferment)* : C'est très banal. Ç'aurait pu être plus attrayant... ou au moins instructif, n'est-ce pas, mais voyez-vous...

Le Policier, *à Choubert caché en ce moment par les rideaux :* Non, non ! tu vas marcher. *(A Madeleine.)* Il a fait fausse route. On va le remettre sur la bonne voie.

Madeleine : Nous allons faire un rappel.

Ils applaudissent.
La tête de Choubert réapparaît sortant des rideaux de la petite scène, un instant, puis disparaît de nouveau.

Le Policier : Choubert, Choubert, Choubert. Comprends-moi bien, il faut retrouver Mallot. C'est une question de vie ou de mort. C'est ton devoir. Le sort de l'humanité tout entière dépend de toi. Ce n'est pas si difficile que ça, il suffit de te rappeler, rappelle-toi, et alors tout va de nouveau s'éclairer... *(A Madeleine.)* Il était descendu trop bas. Il faut qu'il remonte... un peu... dans notre estime.

MADELEINE, *timidement, au Policier :* Il se sentait bien, pourtant.

LE POLICIER, *à Choubert :* Es-tu là ? Es-tu là ?

La petite scène s'est effacée. Réapparition de Choubert par un autre endroit.

CHOUBERT : Je remue mes souvenirs.

LE POLICIER : Remue-les avec méthode.

MADELEINE, *à Choubert :* Remue-les avec méthode. Écoute ce qu'on te dit.

CHOUBERT : Me voici à la surface.

LE POLICIER : C'est bien, mon ami, c'est bien...

CHOUBERT, *à Madeleine :* Est-ce que tu te rappelles ?

LE POLICIER, *à Madeleine :* Tu vois, ça va déjà mieux.

CHOUBERT : Honfleur... Comme la mer est bleue... Non... Au Mont Saint-Michel... Non... Dieppe... Non, je n'y suis jamais allé... A Cannes... Non plus.

LE POLICIER : Trouville, Deauville...

CHOUBERT : Je n'y suis jamais allé non plus.

MADELEINE : Il n'y est jamais allé non plus.

CHOUBERT : Collioure. Des architectes avaient construit un temple sur les vagues.

MADELEINE : Il divague !

LE POLICIER, *à Madeleine :* Finis avec tes jeux de mots stupides.

CHOUBERT : Aucune trace de Montbéliard...

LE POLICIER : C'est vrai, il a aussi le surnom de Montbéliard. Et tu prétendais ne pas le connaître !

MADELEINE, *à Choubert :* Tu vois.

CHOUBERT, *tout étonné :* Ah ! tiens, ma foi oui... C'est vrai... c'est drôle, c'est vrai.

LE POLICIER : Cherche ailleurs. Allons, vite, les villes...

CHOUBERT : Paris, Palerme, Pise, Berlin, New York...

LE POLICIER : Les ravins, les montagnes...

MADELEINE : Les montagnes, ce n'est pourtant pas cela qui manque...

Le Policier : Dans les Andes, voyons, dans les Andes... Y es-tu allé ?

Madeleine, *au Policier :* Jamais, Monsieur, pensez-vous...

Choubert : Non, mais je connais suffisamment la géographie pour...

Le Policier : Il ne faut pas l'inventer. Il faut le retrouver. Allons, mon ami, un tout petit effort...

Madeleine : Un tout petit petit effort.

Choubert, *dans un effort douloureux :* Mallot, avec un *t*, Montbéliard avec un *d*, avec un *t*, avec un *d*...

> *Selon le goût du metteur en scène, réapparition lumineuse, à un bout opposé du plateau, du personnage de tout à l'heure, avec son numéro matricule et, en plus, un bâton de montagne à la main, une corde ou des skis ; cette fois encore, ce personnage disparaît au bout de quelques secondes.*

Choubert : Porté par les courants de surface, je traverse l'océan. Je débarque en Espagne. Je me dirige vers la France. Les douaniers me saluent. Narbonne, Marseille, Aix, la ville engloutie. Arles, Avignon, ses papes, ses mules, ses palais. Au loin, le mont Blanc.

Madeleine, *qui commence progressivement à s'opposer, sournoisement, au nouvel itinéraire de Choubert, et au Policier :* La forêt t'en sépare.

Le Policier : Avance tout de même.

Choubert : Je pénètre dans le bois. Quelle fraîcheur ! Est-ce le soir ?

Madeleine : La forêt est épaisse...

Le Policier : N'aie pas peur.

Choubert : J'entends les sources. Des ailes frôlent mon visage. De l'herbe jusqu'à la ceinture. Plus de sentiers. Madeleine, donne-moi la main.

Le Policier, *à Madeleine :* Ne lui donne surtout pas la main.

Madeleine, *à Choubert :* Pas la main, il ne veut pas.

Le Policier, *à Choubert :* Tu t'en tireras tout seul. Regarde ! Lève les yeux !

Choubert : Le soleil brille entre les arbres. Lumière

bleue. J'avance rapidement, les branches s'écartent. A vingt pas des bûcherons travaillent, sifflent...

MADELEINE : Ce ne sont peut-être pas de vrais bûcherons...

LE POLICIER, *à Madeleine* : Silence!

CHOUBERT : La clarté du jour me guide. Je débouche de la forêt... sur un village rose.

MADELEINE : Ma couleur préférée...

CHOUBERT : Des maisons basses.

LE POLICIER : Vois-tu quelqu'un?

CHOUBERT : Il est trop tôt. Les volets sont fermés. La place est déserte. Une fontaine, une statue. Je cours, l'écho de mes sabots...

MADELEINE *(mouvements d'épaules)* : En sabots!

LE POLICIER : Avance. Tu y arrives... Avance toujours.

MADELEINE : Toujours, toujours, toujours, toujours.

CHOUBERT : Le terrain est plat. Ça monte doucement. Je fais des pas. Je suis au pied de la montagne.

LE POLICIER : Vas-y.

CHOUBERT : Je grimpe. Sentier abrupt, je m'accroche. J'ai laissé, derrière, la forêt. Le village est tout en bas. J'avance. A droite un lac.

LE POLICIER : Monte.

MADELEINE : On te dit de monter, si tu peux. Si tu peux!

CHOUBERT : Que c'est abrupt! Des ronces, des cailloux. J'ai dépassé le lac. J'aperçois la Méditerranée.

LE POLICIER : Monte, monte.

MADELEINE : Monte, puisqu'on te le dit.

CHOUBERT : Un renard, dernier animal. Une chouette aveuglée. Il n'y a plus un oiseau. Il n'y a plus de sources... Il n'y a plus de traces... Il n'y a plus d'écho. Je fais le tour d'horizon.

LE POLICIER : Le vois-tu, lui?

CHOUBERT : C'est le désert.

LE POLICIER : Plus haut. Monte.

MADELEINE : Monte donc, puisqu'il le faut.

CHOUBERT : Je m'accroche à des pierres, je glisse, je m'agrippe aux épines, je grimpe à quatre pattes... Ah! je ne supporte pas l'altitude... Pourquoi dois-je toujours escalader des montagnes... Pourquoi est-ce moi, toujours, que l'on oblige à faire l'impossible...

Madeleine, *au Policier* : C'est l'impossible... C'est lui qui le dit. *(A Choubert.)* Tu n'as pas honte.

Choubert : J'ai soif, j'ai chaud, je sue.

Le Policier : Ne t'arrête pas pour essuyer ton front. Tu feras ça plus tard. Plus tard. Monte.

Choubert : ... Tellement fatigué...

Madeleine : Déjà! *(Au Policier.)* Croyez-moi, Monsieur l'Inspecteur principal, ce n'est pas étonnant. Il n'est pas capable.

Le Policier, *à Choubert* : Paresseux.

Madeleine, *au Policier* : Il a toujours été paresseux. Il n'arrive jamais à rien.

Choubert : Pas un coin d'ombre. Le soleil est énorme. La fournaise. J'étouffe. Je grille.

Le Policier : Il ne doit plus être bien loin, tu vois, tu brûles.

Madeleine, *sans être entendue par le Policier* : Je pourrais envoyer quelqu'un d'autre à ta place...

Choubert : Une autre montagne devant moi. C'est un mur sans fissure. Je n'ai plus de souffle.

Le Policier : Plus haut, plus haut.

Madeleine, *très vite, tantôt au Policier, tantôt à Choubert* : Plus haut. Il n'a plus de souffle. Plus haut. Il ne faut pas qu'il s'élève trop au-dessus de nous. Tu ferais mieux de descendre. Plus haut. Plus bas. Plus haut.

Le Policier : Monte. Monte.

Madeleine : Plus haut. Plus bas.

Choubert : Mes mains sont en sang.

Madeleine, *à Choubert* : Plus haut. Plus bas.

Le Policier : Accroche-toi. Grimpe.

Choubert, *continuant son ascension, immobile* : Il est dur d'être seul au monde! Ah, si j'avais eu un fils!

Madeleine : J'aurais préféré une fille. Les garçons sont tellement ingrats!

Le Policier, *tapant du pied* : Une autre fois, ces considérations. *(A Choubert.)* Monte, ne perds pas ton temps.

Madeleine : Plus haut. Plus bas.

Choubert : Je ne suis qu'un homme après tout.
Le Policier : Il faut l'être jusqu'au bout.
Madeleine, *à Choubert* : Sois-le jusqu'au bout.
Choubert : Noon!... Non!... Je ne peux plus soulever les genoux. Je n'en peux plus !
Le Policier : Allons, un dernier effort.
Madeleine : Un dernier effort. Fais-le. Ne le fais pas. Fais-le.
Choubert : Ça y est, ça y est. J'y suis. La plate-forme!... On voit à travers le ciel, aucune trace de Montbéliard [1].
Madeleine, *au Policier* : Il va nous échapper, Monsieur l'Inspecteur principal.
Le Policier, *sans entendre Madeleine, à Choubert* : Cherche, cherche.
Madeleine, *à Choubert* : Cherche, ne cherche plus, cherche, ne cherche plus. *(Au Policier.)* Il va vous échapper.
Choubert : Il n'y a plus... Il n'y a plus... Il n'y a plus...
Madeleine : Plus quoi ?
Choubert : Plus de ville, plus de bois, plus de vallée, plus de mer, plus de ciel. Je suis seul.
Madeleine : Ici nous serions deux.
Le Policier : Qu'est-ce qu'il raconte ? Qu'est-ce qu'il veut dire ? Et Mallot donc ! Montbéliard !
Choubert : Je cours sans marcher.
Madeleine : Il va s'envoler... Choubert! Écoute...
Choubert : Je suis seul. J'ai perdu pied. Je n'ai pas le vertige... Je n'ai plus peur de mourir.
Le Policier : Tout cela m'est égal.
Madeleine : Pense à nous. La solitude n'est pas bonne. Tu ne peux pas nous laisser... Aie pitié, pitié! *(Elle est une mendiante.)* Je n'ai pas de pain à donner à mes enfants. J'ai quatre enfants. Mon mari en prison. Je sors de l'hôpital. Mon bon monsieur... bon mon-

---

[1]. Dans la mise en scène de Jacques Mauclair, l'ascension de Choubert se faisait ainsi : Choubert, après avoir passé sous la table, montait dessus, puis sur une chaise qu'on posait sur la table. Il se mettait à marcher à partir de la réplique : « Je pénètre dans le bois... » de la page 213.

sieur... *(Au Policier.)* Il m'en a fait voir!... Vous me comprenez maintenant, Monsieur l'Inspecteur principal ?

Le Policier, *à Choubert* : Entends la voix de la solidarité humaine. *(A part.)* Je l'ai trop poussé. Maintenant il nous échappe. *(Criant.)* Choubert, Choubert, Choubert... Mon ami, mon cher, nous nous sommes égarés tous les deux.

Madeleine, *au Policier* : Je vous l'avais bien dit.

Le Policier, *donne un soufflet à Madeleine* : Je ne te demande pas ton avis.

Madeleine, *au Policier* : Pardon, Monsieur l'Inspecteur principal.

Le Policier, *à Choubert* : Ton devoir est de chercher Mallot, ton devoir est de chercher Mallot, tu ne trahiras pas tes amis. Mallot, Montbéliard, Mallot, Montbéliard! Regarde, voyons, regarde. Tu vois que tu ne regardes pas. Qu'est-ce que tu vois?... Regarde devant toi. Écoute, réponds, réponds...

Madeleine : Réponds donc.

> *Pour faire redescendre Choubert, Madeleine et le Policier lui présentent tous les avantages de la vie quotidienne et sociale. Le jeu du Policier et de Madeleine est de plus en plus grotesque, jusqu'à en devenir une sorte de clownerie.*

Choubert : C'est un matin de juin. Je respire un air plus léger que l'air. Je suis plus léger que l'air. Le soleil se dissout dans une lumière plus grande que le soleil. Je passe à travers tout. Les formes ont disparu. Je monte... Je monte... Une lumière qui ruisselle... Je monte...

Madeleine : Il s'échappe!... Je vous l'avais bien dit, Monsieur l'Inspecteur, je vous l'avais bien dit... Je ne veux pas, je ne veux pas. *(Parlant en direction de Choubert.)* Emmène-moi avec toi au moins.

Le Policier, *à Choubert* : Tu ne vas pas me faire ça à moi... Eh! eh!... Salaud...

Choubert, *sans jeu, se parlant à lui-même* : Puis-je m'élancer... par... dessus... Puis-je... sauter... un pas... léger... un...

Le Policier *(marche militaire)* : Un, deux. Une, deux... Je t'ai appris le maniement des armes, tu étais fourrier de la compagnie... Tu ne vas pas faire la sourde oreille, tu n'es pas un déserteur... Tu ne vas pas manquer de respect à ton adjudant!... La discipline! *(Il sonne du clairon.)* ... La patrie qui t'a vu naître a besoin de toi.

Madeleine, *à Choubert* : Je ne bats que pour toi.

Le Policier, *à Choubert* : Tu as la vie, une carrière devant toi! Tu seras riche, heureux et bête, voïvode du Danube! Voici ta nomination! *(Il tend vers Choubert, qui ne regarde pas, un papier; c'est vraiment le tour du Policier et de Madeleine de se donner en spectacle. A Madeleine.)* Tant qu'il ne s'envolera pas, rien n'est perdu...

Madeleine, *à Choubert toujours immobile* : Voici de l'or, voici des fruits...

Le Policier : Les têtes de tes ennemis, on te les servira sur une assiette.

Madeleine : Tu te vengeras comme tu voudras, tu te vengeras sadiquement!

Le Policier : Je te ferai archevêque.

Madeleine : Pape!

Le Policier : Si tu veux. *(A Madeleine.)* On ne pourrait peut-être pas... *(A Choubert.)* Si tu veux, tu recommenceras ta vie, les premiers pas... tu te réaliseras...

Choubert, *sans voir ni entendre les autres* : Je glisse sur la passerelle, très haut, je peux voler!

Le Policier et Madeleine s'agrippent à Choubert.

Madeleine : Vite!... il faut lui redonner un peu de lest...

Le Policier, *à Madeleine* : Mêle-toi de tes affaires...

Madeleine, *au Policier* : C'est peut-être aussi un peu de votre faute, Monsieur l'Inspecteur principal...

Le Policier, *à Madeleine* : C'est la tienne. Je n'ai pas été soutenu. Tu ne m'as pas compris. On m'a donné une collaboratrice maladroite, une pauvre idiote...

Madeleine pleure.

Madeleine : Oh ! Monsieur l'Inspecteur principal !
Le Policier, *à Madeleine* : Une idiote !... Oui, une idiote... idiote... idiote... *(Se tournant brusquement vers Choubert.)* Le printemps est beau dans nos vallées, l'hiver y est doux, il ne pleut jamais en été...
Madeleine, *au Policier, en pleurnichant* : J'ai fait de mon mieux, Monsieur l'Inspecteur principal. J'ai fait tout ce que j'ai pu.
Le Policier, *à Madeleine* : Sotte ! Idiote !
Madeleine : Vous avez raison, Monsieur l'Inspecteur principal.
Le Policier, *à Choubert, d'une voix désespérée* : Et la récompense pour qui trouvera Mallot ! Si tu perds ton honneur, m'entends-tu, il te restera la fortune, l'uniforme, les honneurs !... Que veux-tu de plus !
Choubert : Je peux voler.
Madeleine et le Policier, *agrippés à Choubert* : Non ! Non ! Non ! Ne fais pas ça !
Choubert : Je baigne dans la lumière. *(Obscurité totale sur scène.)* La lumière me pénètre. Je suis étonné d'être, étonné d'être... étonné d'être...
Voix triomphante du Policier : Il ne dépassera pas le mur de l'étonnement.
Voix de Madeleine : Attention, Choubert... n'oublie pas ton vertige.
Voix de Choubert : Je suis lumière ! Je vole !
Voix de Madeleine : Tombe, voyons ! Éteins-toi.
Voix du Policier : Bravo Madeleine !
Voix de Choubert, *soudain angoissée* : Oh !... J'hésite... J'ai mal... Je m'élance !...

On entend Choubert pousser un gémissement.
Lumière sur scène.
Choubert est effondré dans une grande corbeille à papiers. A ses côtés, debout, Madeleine et le Policier. Un nouveau personnage, une Dame, tout à fait indifférente à l'action, est assise à gauche, près du mur, sur une chaise.

Le Policier, *à Choubert* : Alors, mon garçon ?
Choubert : Où suis-je ?

Le Policier : Tourne la tête, nigaud!

Choubert : Tiens, vous étiez là, Monsieur l'Inspecteur principal? Comment avez-vous fait pour entrer dans mes souvenirs?

Le Policier : Je t'ai suivi... pas à pas... Heureusement!

Madeleine : Oh! oui, heureusement!

Le Policier, *à Choubert* : Allons! Debout! *(Il le tire par les oreilles pour le relever.)* Si je n'avais pas été là... Si je ne t'avais pas retenu... Tu es inconsistant, tu es trop léger, tu n'as pas de mémoire, tu oublies tout, tu t'oublies, tu oublies ton devoir. Voilà ton défaut. Tu es trop lourd, tu es trop léger.

Madeleine : Je crois qu'il est plutôt trop lourd.

Le Policier, *à Madeleine* : Je n'aime guère que l'on me contredise! *(A Choubert.)* Je vais te guérir, moi... Je suis là pour ça.

Choubert : Je croyais pourtant être arrivé au sommet. Au delà même.

Le comportement de Choubert est de plus en plus celui d'un enfant en bas âge.

Le Policier : Ce n'est pas ce que l'on te demandait!

Choubert : Oh... je me suis trompé de route... J'ai froid... J'ai les pieds mouillés... J'ai froid dans le dos. Avez-vous un chandail bien sec?

Madeleine : Ah! il a froid dans le dos, tiens!...

Le Policier, *à Madeleine* : Tout ça c'est de la mauvaise volonté de sa part.

Choubert, *comme un enfant qui se défend* : C'est pas ma faute... J'ai cherché partout. J'ai pas trouvé... C'est pas ma faute... Vous m'avez surveillé, vous avez bien vu... Je n'ai pas triché.

Madeleine, *au Policier* : C'est de la pauvreté d'esprit. Comment ai-je pu prendre un pareil mari! Il faisait pourtant meilleure impression quand il était plus jeune! *(A Choubert.)* Tu vois? *(Au Policier.)* Il est rusé, Monsieur l'Inspecteur principal, je vous l'avais bien dit, et sournois!... Mais il est aussi très faible... Il faudrait le suralimenter, qu'il grossisse...

Le Policier, *à Choubert* : Tu es pauvre d'esprit!

Comment a-t-elle pu prendre un pareil mari ? Tu faisais pourtant meilleure impression quand tu étais plus jeune ! Tu vois ? Tu es rusé, je l'avais bien dit, et sournois !... Mais tu es aussi très faible, il faut que tu grossisses...

Choubert, *au Policier* : Madeleine vient de dire exactement la même chose. Vous l'avez copiée, Monsieur l'Inspecteur principal...

Madeleine, *à Choubert* : Tu n'as pas honte de parler comme ça à Monsieur l'Inspecteur principal ?

Le Policier, *qui se met dans une colère terrible* : Je vais t'apprendre à être poli ! Pauvre malheureux ! Pauvre rien du tout !

Madeleine, *au Policier qui ne l'écoute pas* : Je sais faire de la bonne cuisine, pourtant, Monsieur. Il a de l'appétit !...

Le Policier, *à Madeleine* : Vous n'allez pas m'apprendre la médecine, Madame, je connais mon métier. Votre garçon, ou bien il pique du nez, ou bien il s'égare. Il n'a pas de forces ! Il doit absolument grossir...

Madeleine, *à Choubert* : Tu entends ce que dit le Docteur ? Tu as eu de la chance encore d'être tombé sur ton derrière !

Le Policier, *de plus en plus furieux* : On en est exactement au même point que tout à l'heure ! De haut en bas, de bas en haut, de haut en bas, et ainsi de suite, et ainsi de suite, c'est le cercle vicieux !

Madeleine, *au Policier* : Hélas, il est bourré de tous les vices ! *(D'un ton désolé, à la Dame qui vient d'entrer et qui demeure impassible et silencieuse.)* N'est-ce pas, Madame ? *(A Choubert.)* Tu vas encore avoir le toupet de dire à Monsieur l'Inspecteur principal que ce n'est pas de la mauvaise volonté.

Le Policier : Je vous l'ai dit. Il est lourd quand il doit être léger, trop léger quand il doit être lourd, il est déséquilibré, il n'adhère pas à la réalité !

Madeleine, *à Choubert* : Tu n'as pas le sens de la réalité.

Choubert, *pleurnichant* : On l'appelle aussi Marius, Marin, Lougastec, Perpignan, Machecroche... Son dernier nom était Machecroche !...

Le Policier : Tu vois que tu es au courant, menteur ! Mais c'est lui qu'il nous faut, la crapule. Tu prendras des forces et tu iras le chercher. Il faut que tu apprennes à aller droit au but. *(A la Dame.)* N'est-ce pas, Madame ? *(La Dame ne répond pas ; on ne le lui demande pas, d'ailleurs.)* Je t'apprendrai, moi, à ne pas perdre ton temps sur la route.

Madeleine, *à Choubert* : Pendant ce temps-là, il file, lui, Machecroche... Il sera le premier, il ne perd pas son temps, il n'est pas paresseux.

Le Policier, *à Choubert* : Je t'en donnerai, moi, des forces. Je t'apprendrai à être obéissant.

Madeleine, *à Choubert* : Il faut toujours être obéissant.

Le Policier s'assoit de nouveau et fait basculer sa chaise.

Madeleine, *à la Dame* : N'est-ce pas, Madame ?

Le Policier, *criant très fort, à Madeleine* : Vas-tu m'apporter du café, oui ou non ?

Madeleine : Volontiers, Monsieur l'Inspecteur principal !

Elle va vers la cuisine.

Le Policier, *à Choubert* : A nous deux !

Au même moment, Madeleine sort ; et au même moment aussi, entre Nicolas, par la porte vitrée du fond ; Nicolas est grand, il a une grande barbe noire, les yeux gonflés de sommeil, les cheveux en broussaille, les vêtements fripés ; il a l'aspect de quelqu'un qui vient de se réveiller, après avoir dormi tout habillé.

Nicolas, *entrant* : Salut !

Choubert, *d'une voix qui ne doit exprimer ni espoir, ni crainte, ni surprise, mais une simple constatation neutre* : Tiens, Nicolas ! Tu as fini ton poème !

Le Policier, par contre, a l'air très mécontent de l'arrivée de ce nouveau personnage ; il a un sursaut, il regarde Nicolas d'un œil blanc, avec inquiétude,

*se soulève sur sa chaise, jette aussi un coup d'œil
à la sortie, comme s'il avait, vaguement, l'idée de
s'enfuir.*

CHOUBERT, *au Policier* : C'est Nicolas d'Eu.
LE POLICIER, *un peu hagard* : Le Tzar de Russie ?
CHOUBERT, *au même* : Oh, non, Monsieur. D'Eu,
c'est son nom de famille : D apostrophe, e, u. *(A la
Dame qui ne répond pas.)* N'est-ce pas, Madame ?
NICOLAS, *parle en gesticulant beaucoup* : Continuez,
continuez, ne vous interrompez pas pour moi ! Ne vous
gênez pas !

*Il va s'asseoir à l'écart, sur le canapé rouge.
Madeleine entre, avec une tasse de café ; elle ne
voit plus personne. Elle posera la tasse sur le buffet,
sortira de nouveau. Elle fera ce manège beaucoup
de fois de suite, sans arrêt, de plus en plus vite, en
amoncelant les tasses, jusqu'à couvrir tout le buffet*[1].

*Heureux de l'attitude de Nicolas, le Policier
pousse un soupir de soulagement, se remet à sourire,
plie, calmement, et replie sa serviette, pendant que
s'échangent brièvement les deux répliques suivantes :*

CHOUBERT, *à Nicolas* : Es-tu content de ton poème ?
NICOLAS, *à Choubert* : J'ai dormi. Ça repose mieux.
(A la Dame imperturbable.) N'est-ce pas, Madame ?

*Le Policier, ressaisissant Choubert sous son regard,
froisse une feuille de papier tirée de sa serviette,
la jette sur le plancher. Mouvement de Choubert,
comme pour la ramasser.*

LE POLICIER, *froid* : Ce n'est pas la peine. Ne la
ramasse pas. Elle est très bien là. *(Scrutant Choubert,
visage contre visage.)* Je vais t'en redonner des forces.
Tu ne peux pas retrouver Mallot, tu as des trous dans la

---

[1]. Ne pas craindre le trop grand nombre des tasses. Il faut en
mettre des dizaines sur le buffet, les unes sur les autres, ou sur
la table (s'il n'y a pas de buffet) comme aux représentations parisiennes.

mémoire. Nous allons boucher les trous de ta mémoire!

Nicolas, *toussote* : Pardon!

Le Policier, *fait un clin d'œil à Nicolas comme entre compères, puis avec servilité* : Pas de mal. *(Humblement, toujours à Nicolas.)* Vous êtes poète, Monsieur? *(A la Dame impassible.)* C'est un poète! *(Puis sortant de sa serviette une énorme croûte de pain, la tend à Choubert.)* Mange!

Choubert : Je viens de dîner, Monsieur l'Inspecteur principal, je n'ai pas faim, je ne mange pas beaucoup le soir...

Le Policier : Mange!

Choubert : Je n'ai pas envie. Je vous assure.

Le Policier : Je t'ordonne de manger, pour avoir des forces, pour boucher les trous de ta mémoire!

Choubert, *plaintivement* : Ah! si vous m'obligez...

L'air dégoûté, il dirige lentement la nourriture vers sa bouche, en geignant.

Le Policier : Plus vite, allons, plus vite, nous avons déjà perdu assez de temps comme cela!

Choubert mord, avec beaucoup de mal, dans la croûte rugueuse.

Choubert : C'est de l'écorce d'arbre, du chêne, vraisemblablement. *(A la Dame impassible.)* N'est-ce pas, Madame?

Nicolas, *sans quitter sa place, au Policier* : Que pensez-vous, Monsieur l'Inspecteur principal, du renoncement, du détachement?

Le Policier, *à Nicolas* : Un instant... Je m'excuse. *(A Choubert.)* C'est bon, c'est très sain. *(A Nicolas.)* Moi, vous savez, cher Monsieur, mon devoir est simplement de l'appliquer.

Choubert : C'est très dur!

Le Policier, *à Choubert* : Allons, pas d'histoires, pas de grimaces, vite, mastique!

Nicolas, *au Policier* : Vous n'êtes pas seulement un fonctionnaire, vous êtes aussi un être pensant!... comme le roseau... Vous êtes une personne...

Le Policier : Je ne suis qu'un soldat, Monsieur...
Nicolas, *sans ironie* : Je vous félicite.
Choubert, *geignant* : C'est bien dur.
Le Policier, *à Choubert* : Mastique!

Choubert, comme un enfant, à Madeleine qui continue d'entrer, de sortir, de poser ses tasses sur le buffet[1].

Choubert : Madeleine... Madelei-ei-ne...

Madeleine sort, rentre, sort, rentre, sans faire attention.

Le Policier, *à Choubert* : Laisse-la tranquille! *(Dirigeant, de sa place, par les gestes, la mastication de Choubert.)* Fais marcher tes mâchoires! Fais marcher tes mâchoires!
Choubert, *pleurant* : Pardon, Monsieur l'Inspecteur principal, pardon. Je vous en supplie!...

Il mastique.

Le Policier : Les larmes ne m'impressionnent pas.
Choubert, *qui mastique sans arrêt* : Ma dent se casse, je saigne!
Le Policier : Plus vite, allons, dépêche-toi, mastique, mastique, avale!
Nicolas : J'ai beaucoup réfléchi sur la possibilité d'un renouvellement du théâtre. Comment peut-il y avoir du nouveau au théâtre? Qu'en pensez-vous, Monsieur l'Inspecteur principal?
Le Policier, *à Choubert* : Vite, allons! *(A Nicolas.)* Je ne comprends pas votre question!
Choubert : Aïe!
Le Policier, *à Choubert :* Mastique!

Entrées et sorties toujours plus fréquentes de Madeleine.

Nicolas, *au Policier :* Je rêve d'un théâtre irrationaliste.

---

1. Ou sur la table (ou sur la table et le buffet et la cheminée éventuellement).

Le Policier, *à Nicolas, tout en surveillant Choubert :* Un théâtre non aristotélicien ?

Nicolas : Exactement. *(A la Dame impassible.)* Qu'est-ce que vous en dites, Madame ?

Choubert : Mon palais est tout écorché, ma langue est déchirée !...

Nicolas : Le théâtre actuel, en effet, est encore prisonnier de ses vieilles formes, il n'est pas allé au delà de la psychologie d'un Paul Bourget...

Le Policier : Oui-da, d'un Paul Bourget ! *(A Choubert.)* Avale !

Nicolas : Le théâtre actuel, voyez-vous, cher ami, ne correspond pas au style culturel de notre époque, il n'est pas en accord avec l'ensemble des manifestations de l'esprit de notre temps...

Le Policier, *à Choubert :* Avale ! mastique !...

Nicolas : Il est nécessaire pourtant de tenir compte de la nouvelle logique, des révélations qu'apporte une psychologie nouvelle... une psychologie des antagonismes...

Le Policier, *à Nicolas :* Psychologie, oui, Monsieur !...

Choubert, *la bouche pleine :* Psycho...lo...gie... nouv...

Le Policier, *à Choubert :* Mange, toi ! Tu parleras quand tu auras fini de manger ! *(A Nicolas.)* Je vous écoute. Un théâtre surréalisant ?

Nicolas : Dans la mesure où le surréalisme est onirique...

Le Policier, *à Nicolas :* Onirique ? *(A Choubert.)* Mastique, avale !

Nicolas : M'inspirant... *(A la Dame impassible.)* N'est-ce pas, Madame ? *(De nouveau à Choubert.)* M'inspirant d'une autre logique et d'une autre psychologie, j'apporterais de la contradiction dans la non-contradiction, de la non-contradiction dans ce que le sens commun juge contradictoire... Nous abandonnerons le principe de l'identité et de l'unité des caractères, au profit du mouvement, d'une psychologie dynamique... Nous ne sommes pas nous-mêmes... La personnalité n'existe pas. Il n'y a en nous que des forces contradictoires ou non contradictoires... Vous auriez intérêt d'ailleurs à lire *Logique et Contradiction*, l'excellent livre de Lupasco...

CHOUBERT, *pleurant* : Aïe, Aïe! *(A Nicolas, tout en mastiquant et en geignant.)* Vous aban-donnez ainsi... unité...

LE POLICIER, *à Choubert* : Ça ne te regarde pas... Ma-ange...

NICOLAS : Les caractères perdent leur forme dans l'informe du devenir. Chaque personnage est moins lui-même que l'autre. *(A la Dame impassible.)* N'est-ce pas, Madame ?

LE POLICIER, *à Nicolas* : Ainsi, il serait même davantage... *(A Choubert.)* Mange... *(A Nicolas)*... Un autre que lui-même ?

NICOLAS : C'est clair. Quant à l'action et à la causalité, n'en parlons plus. Nous devons les ignorer totalement, du moins sous leur forme ancienne trop grossière, trop évidente, fausse, comme tout ce qui est évident... Plus de drame ni de tragédie : le tragique se fait comique, le comique est tragique, et la vie devient gaie... la vie devient gaie...

LE POLICIER, *à Choubert* : Avale! Mange... *(A Nicolas.)* Je ne suis pas tout à fait d'accord avec vous... Bien que j'apprécie hautement vos idées géniales... *(A Choubert.)* Mange! Avale! Mastique! *(A Nicolas.)* Je demeure, quant à moi, aristotéliquement logique, fidèle avec moi-même, fidèle à mon devoir, respectueux de mes chefs... Je ne crois pas à l'absurde, tout est cohérent, tout devient compréhensible... *(A Choubert.)* Avale! *(A Nicolas.)* ... grâce à l'effort de la pensée humaine et de la science.

NICOLAS, *à la Dame* : Qu'en pensez-vous, Madame ?

LE POLICIER : J'avance, moi, Monsieur, j'avance pas à pas, je pourchasse l'insolite... Je veux trouver Mallot avec un *t* à la fin. *(A Choubert.)* Vite, vite, encore un morceau, allons, mastique, avale!

Entrées et sorties de Madeleine de plus en plus rapides, avec les tasses.

NICOLAS : Vous n'êtes pas de mon avis. Je ne vous en veux pas.

LE POLICIER, *à Choubert* : Vite, avale!

Nicolas : Je constate, cependant, tout à votre honneur, que vous êtes au courant de la question!

Choubert : Madelei-eine! Madelei-eine!

La bouche pleine, congestionné, il crie désespérément.

Le Policier, *à Nicolas :* Oui, cela entre dans mes préoccupations particulières. Cela m'intéresse profondément... Mais ça me fatigue de trop y penser...

Choubert mord de nouveau dans l'écorce; en met un gros morceau dans la bouche.

Choubert : Aïe!

Le Policier : Avale!

Choubert, *la bouche pleine :* J'essaie... J'fais... de... m' mieux... J' peux... p'us...

Nicolas, *au Policier très absorbé par ses efforts de faire manger Choubert :* Avez-vous pensé aussi à la réalisation pratique de ce théâtre neuf?

Le Policier, *à Choubert :* Si, tu peux! Tu ne veux pas! Tout le monde peut! Il faut vouloir, tu peux bien! *(A Nicolas.)* Je m'excuse, cher Monsieur, je ne puis vous en parler en ce moment, je n'ai pas le droit, je suis dans mes heures de service!

Choubert : Laissez-moi avaler par petits morceaux!

Le Policier : Oui, mais plus vite, plus vite, plus vite! *(A Nicolas.)* Nous en rediscuterons!

Choubert, *la bouche pleine (il est au niveau mental d'un bébé de deux ans; il sanglote) :* Ma-ma-ma-de-lei-lei-ne!!!

Le Policier : Pas d'histoire! Tais-toi! Avale! *(A Nicolas qui ne l'écoute plus, car il est absorbé dans ses méditations.)* Il fait de l'anorexie. *(A Choubert.)* Avale!

Choubert, *passe la main sur son front pour en essuyer la sueur, il a un haut-le-cœur :* Ma-a-de-leine!

Le Policier *(sa voix est glapissante) :* Attention, surtout ne vomis pas, ça ne servirait à rien, je te le ferais ravaler!

Choubert, *portant les mains à ses oreilles :* Vous m'écorchez les oreilles, Monsieur l'Inspecteur...

Le Policier, *criant toujours* : ... principal!

Choubert, *la bouche pleine, les mains à ses oreilles* : ... principal!!

Le Policier : Écoute bien ce que je te dis, Choubert, écoute, laisse tes oreilles, ne les bouche pas, sinon je te les boucherai, moi, avec des claques...

Il lui fait tomber les mains de force.

Nicolas, *qui, depuis les toutes dernières répliques, a l'air de suivre la scène avec le plus grand intérêt* : ... Mais... mais... qu'est-ce que vous faites là, qu'est-ce que vous faites donc?

Le Policier, *à Choubert* : Avale! Mastique! Avale! Mastique! Avale! Mastique! Avale! Mastique! Avale! Mastique! Avale!

Choubert, *la bouche pleine, dit des mots incompréhensibles* : Hheu... gl... vous... sav... clonnes... iffes... illes...

Le Policier, *à Choubert* : Qu'est-ce que tu dis?

Choubert, *crache dans sa main ce qu'il a dans sa bouche* : Est-ce que vous savez? Comme c'est beau les colonnes des temples et les genoux des jeunes filles!

Nicolas, *de sa place, au Policier qui, toujours occupé de sa besogne, ne l'écoute pas* : Mais qu'est-ce que vous lui faites à cet enfant?

Le Policier, *à Choubert* : Des sottises, au lieu d'avaler! A table, on ne parle pas! Voyez-vous ce morveux! Tu n'as pas honte! Il n'y a plus d'enfants! Ravale tout! Vite!

Choubert : Oui, Monsieur l'Inspecteur principal... *(Il remet dans la bouche ce qu'il avait craché dans sa main; puis, la bouche pleine, les yeux dans ceux du Policier.)* ...A...y... est...!

Le Policier : Et ça aussi!... *(Il lui met dans la bouche un autre morceau de pain.)* Mastique!... Avale!...

Choubert, *fait des efforts pénibles pour mastiquer et pour avaler, sans réussir* : ...ois... er...

Le Policier : Quoi?

Nicolas, *au Policier* : Il dit que c'est du bois, du fer. Ça ne pourra jamais passer. Ne le voyez-vous pas? *(A la Dame impassible.)* N'est-ce pas, Madame?

Le Policier, *à Choubert :* Ce n'est que de la mauvaise volonté de sa part!

Madeleine *entre une dernière fois avec des tasses, elle les pose sur la table; personne ne touchera à ces tasses, personne n'y prêtera attention :* Voici le café! C'est du thé!

Nicolas, *au Policier :* Il fait des efforts, tout de même, le pauvre enfant! Ce bois, ce fer, ça s'est embouteillé dans sa gorge!

Madeleine, *à Nicolas :* S'il a envie de se défendre, il peut le faire tout seul!

Choubert essaie de crier, ne le peut, il suffoque.

Le Policier, *à Choubert :* Plus vite, plus vite, je te dis, avale tout de suite tout!

Exaspéré, le Policier va vers Choubert, lui ouvre la bouche, se prépare à lui enfoncer son poing dans la gorge; préalablement, le Policier aura retroussé sa manche.

Nicolas, brusquement, se lève, s'approche, sans mot dire, menaçant, du Policier, se plante immobile devant lui.

Madeleine, *étonnée :* Qu'est-ce qui lui prend?

Le Policier lâche la tête de Choubert qui regarde la scène sans quitter sa chaise, sans cesser de mastiquer, sans parler; le Policier est stupéfait par l'intervention de Nicolas; d'une voix devenue tout à coup autre, tremblante, le Policier presque pleurnichant dit à Nicolas :

Le Policier : Mais, Monsieur Nicolas d'Eu, je ne fais que mon devoir! Je ne suis pas là pour l'embêter! Je dois tout de même bien savoir où se cache Mallot, avec un *t* à la fin. Il n'y a pas d'autre méthode. Je n'ai pas le choix. Quant à votre ami, qui deviendra aussi le mien, j'espère, un jour... *(Il montre Choubert assis, congestionné, qui regarde et mastique, mastique.)* ... je l'estime, oui, sincèrement! Vous aussi, mon cher Monsieur Nicolas d'Eu, je vous estime. J'ai souvent entendu parler de vos œuvres, de vous...

Madeleine, *à Nicolas :* Monsieur t'estime, Nicolas.

Nicolas, *au Policier :* Vous mentez!
Le Policier et Madeleine : Oh!!
Nicolas, *au Policier :* La vérité est que je n'écris pas, moi, et je m'en vante!
Le Policier, *atterré :* Oh, si, Monsieur, si, vous écrivez! *(Avec une frayeur grandissante.)* On doit écrire.
Nicolas : Inutile. Nous avons Ionesco et Ionesco, cela suffit!
Le Policier : Mais, Monsieur, il y a toujours des choses à dire... *(Il tremble de frayeur; à la Dame.)* N'est-ce pas, Madame?
La Dame : Non! Non! Pas Madame : Mademoiselle!...
Madeleine, *à Nicolas :* Monsieur l'Inspecteur principal a raison. Il y a toujours des choses à dire. Puisque le monde moderne est en décomposition, tu peux être un témoin de la décomposition!
Nicolas, *hurlant :* Je m'en moque!...
Le Policier, *tremblant de plus en plus :* Oh, si, Monsieur!
Nicolas, *riant avec mépris au nez du Policier :* Je m'en moque que vous m'estimiez ou non! *(Il saisit le Policier par le revers de son veston.)* Vous ne voyez pas que vous êtes fou?

> *Choubert mastique et avale, avec une héroïque bonne volonté. Il regarde la scène, effrayé lui aussi. Il a un air coupable; il a la bouche trop pleine pour pouvoir intervenir.*

Madeleine : Voyons, voyons, mais voyons...
Le Policier, *au comble de l'indignation, de l'ahurissement, se rassoit, puis se relève, faisant tomber sa chaise qui se brise :* Moi? Moi!...
Madeleine : Prenez donc le café!
Choubert, *s'écriant :* Je n'ai plus mal, j'ai tout avalé!! J'ai tout avalé!!

> *Pendant les répliques qui suivent, on ne prête aucune attention à Choubert.*

Nicolas, *au Policier :* Oui, vous, vous-même!...
Le Policier, *fondant en larmes :* Oh!... c'est trop fort... *(En pleurs; à Madeleine qui arrange les tasses sur*

la table.) Merci, Madeleine, pour le café! *(Il refond en larmes.)* C'est méchant, c'est injuste!...

CHOUBERT : Je n'ai plus mal, j'ai tout avalé, je n'ai plus mal!

> *Il s'est levé, marche joyeusement sur le plateau, sautille.*

MADELEINE, *à Nicolas qui semble de plus en plus dangereux pour le Policier :* Tu ne vas pas violer les lois de l'hospitalité!

LE POLICIER, *à Nicolas, en se défendant :* Je n'ai pas voulu embêter votre ami!... Je vous jure!... C'est lui qui m'a fait entrer ici de force... Moi, je ne voulais pas, j'étais pressé... Ils ont insisté, tous les deux...

MADELEINE, *à Nicolas :* Il dit la vérité!

CHOUBERT, *même jeu que tout à l'heure :* Je n'ai plus mal, j'ai tout avalé, je peux aller jouer!

NICOLAS, *cruel et froid, au Policier :* Détrompez-vous. Ce n'est pas pour cette raison que je vous en veux!

> *Cela est dit d'un tel ton que Choubert ne gambade plus. Tout mouvement s'arrête, les personnages ont les yeux fixés sur Nicolas, arbitre de la situation.*

LE POLICIER, *articulant avec difficulté :* Pourquoi donc, alors, mon Dieu? Je ne vous ai rien fait!

CHOUBERT : Nicolas, jamais je ne t'aurais cru capable d'une telle haine.

MADELEINE, *pleine de pitié pour le Policier :* Pauvre petit, tes grands yeux sont embrasés par toute l'épouvante de la terre... Comme ta figure est blanche... Tes gentils traits se sont défaits... Pauvre petit, pauvre petit!...

LE POLICIER, *affolé :* Vous ai-je remerciée, Madeleine, pour le café? *(A Nicolas.)* Je ne suis qu'un instrument, Monsieur, un soldat lié par l'obéissance, le travail, je suis un homme correct, honnête, honorable, honorable!... Et puis... je n'ai que vingt ans, Monsieur!...

NICOLAS, *implacable :* Cela m'est égal, j'en ai quarante-cinq!

CHOUBERT, *comptant sur ses doigts :* Plus du double...

> *Nicolas sort un énorme couteau.*

MADELEINE : Nicolas, réfléchis avant d'agir !...
LE POLICIER : Mon Dieu, mon Dieu...
>> *Il claque des dents.*

CHOUBERT : Il frissonne, il doit avoir froid !
LE POLICIER : Oui, j'ai froid... Ah !
>> *Il crie, car Nicolas, tournant autour de lui à pas lents, brandit son couteau.*

MADELEINE : Pourtant, les radiateurs fonctionnent à merveille... Nicolas, sois sage !...
>> *Le Policier, prêt à s'effondrer, au comble de la frayeur, fait entendre des bruits.*

CHOUBERT, *fort :* Ça sent mauvais... *(Au Policier.)* Ce n'est pas beau de faire dans ses culottes !
MADELEINE, *à Choubert :* Tu ne te rends donc pas compte de la situation ? Mets-toi à sa place ! *(Elle regarde Nicolas.)* Quel regard ! Il ne plaisante pas !
>> *Nicolas lève son couteau.*

LE POLICIER : Au secours !
MADELEINE, *sans bouger d'un pas, non plus que Choubert :* Nicolas, tu es tout rouge, attention, gare à l'apoplexie ! Voyons, Nicolas, tu aurais pu être son père !
>> *Nicolas frappe une fois, de son couteau, le Policier, qui tourne sur lui-même.*

CHOUBERT : Trop tard pour l'empêcher...
LE POLICIER, *en tournoyant :* Vive la race blanche !
>> *Nicolas, la bouche tordue, féroce, frappe une seconde fois.*

LE POLICIER, *toujours en tournoyant :* Je voudrais... une décoration à titre posthume...
MADELEINE, *au Policier :* Tu l'auras, mon chou. Je téléphonerai au Président...
>> *Nicolas frappe une troisième fois.*

MADELEINE *(sursaut)* : Arrête, arrête donc !...
CHOUBERT, *avec réprobation :* Voyons, Nicolas !
LE POLICIER, *tandis que Nicolas, immobile, a toujours*

son couteau en main, tourne une dernière fois sur lui-même : Je suis... une victime... du devoir !...

Puis il s'écroule, ensanglanté.

Madeleine, *se précipitant sur le cadavre du Policier et constatant la mort :* En plein cœur, pauvre petit ! *(A Choubert et Nicolas.)* Aidez-moi donc ! *(Nicolas jette son couteau ensanglanté, puis tous les trois, sous les yeux de la Dame impassible, transportent le corps sur le divan.)* C'est tellement regrettable que cela soit arrivé chez nous ! *(Le corps est déposé sur le divan. Madeleine soulève la tête, met un coussin sous la nuque.)* Comme ça, là ! Pauvre mignon... *(A Nicolas.)* Il va bien nous manquer, maintenant, ce jeune homme que tu as tué... Oh, toi, avec ta haine insensée de la police... Qu'allons-nous faire ? Qui va nous aider à trouver Mallot ? Qui ? Qui ?

Nicolas : Je me suis peut-être dépêché...

Madeleine : Tu l'admets, maintenant ; vous êtes tous comme ça...

Choubert : Oui, nous sommes tous comme ça...

Madeleine : Vous agissez sans réfléchir, et après on le regrette !... Il nous faut Mallot ! Son sacrifice *(elle montre le Policier)* ne doit pas demeurer inutile ! Pauvre victime du devoir !

Nicolas : Je vous trouverai Mallot.

Madeleine : Bravo, Nicolas !

Nicolas, *au corps du Policier :* Non. Ton sacrifice n'aura pas été vain. *(A Choubert.)* Tu vas m'aider.

Choubert : Ah ! non alors ! Je ne veux plus recommencer !

Madeleine, *à Choubert :* Tu n'as donc pas de cœur, il faut faire quelque chose pour lui, voyons !

Elle montre le Policier.

Choubert, *tapant du pied comme un enfant mécontent, pleurnichant :* Non ! je ne veux pas ! Non ! je ne veux pas-as !

Madeleine : Je n'aime pas les maris désobéissants ! Qu'est-ce que ça veut dire, ces manières ? Tu n'as pas honte !

Choubert pleure toujours, mais en ayant l'air de se résigner.

Nicolas *s'assoit à la place du Policier, tend à Choubert un morceau de pain :* Allons, mange, mange, pour boucher les trous de ta mémoire!

Choubert : J'ai pas faim!

Madeleine : Tu n'as pas de cœur? Obéis à Nicolas!

Choubert, *prend le pain, mord dedans :* Ça fait ma-al!

Nicolas, *avec la voix du Policier :* Pas d'histoire! Avale! Mastique! Avale! Mastique!

Choubert, *la bouche pleine :* Moi aussi, je suis une victime du devoir!

Nicolas : Moi aussi!

Madeleine : Nous sommes tous des victimes du devoir! *(A Choubert.)* Avale! Mastique!

Nicolas : Avale! Mastique!

Madeleine, *à Choubert et à Nicolas :* Avalez! Mastiquez! Mastiquez! Avalez!

Choubert, *tout en mastiquant, à Madeleine et à Nicolas :* Mastiquez! Avalez! Mastiquez! Avalez!

Nicolas, *à Choubert et à Madeleine :* Mastiquez! Avalez! Mastiquez! Avalez!

La Dame se dirige vers les trois autres.

La Dame : Mastiquez! Avalez! Mastiquez! Avalez!

Cependant que tous les personnages se commandent réciproquement d'avaler et de mastiquer, le rideau tombe[1].

Septembre 1952.

Rideau.

---

[1]. A partir de l'arrivée de Nicolas d'Eu, le jeu doit être très vif et toujours à la pointe du comique, caricaturé. Le discours de Nicolas sur le théâtre doit être dit dans le mouvement et dans la conversation aussi naturelle que le permet un jeu outré.

La dame a un chapeau, un parapluie. Pendant son silence, assise, elle mange des cacahuètes.

Amédée
ou
Comment s'en débarrasser

COMÉDIE EN TROIS ACTES

PERSONNAGES

Amédée Buccinioni, 45 ans	*Lucien Raimbourg.*
Madeleine, sa femme, 45 ans	*Yvonne Clech.*
(Amédée II.)	
Madeleine II.	
Un Facteur	*Pierre Latour.*
Premier Soldat américain	*Jean Martin.*
(Deuxième Soldat américain.)	
Mado, une fille	*Dominique Dullin.*
(Le Patron du bar.)	
Premier Sergent de ville	*Jean Latour.*
Deuxième Sergent de ville	*S. G.*
Un Homme à la fenêtre	*Jean David.*
Une Femme à la fenêtre.	

La *comédie* Comment s'en débarrasser *a été créée le 14 avril 1954, à Paris, au Théâtre de Babylone, dans une mise en scène de Jean-Marie Serreau. Décors de Jacques Noël, musique de scène de Pierre Barbaud.*

Reprise à l'Odéon-Théâtre de France en 1961, dans la même mise en scène.

DÉCOR

Une modeste salle à manger-salon-bureau.
A droite, une porte.
A gauche, une autre porte.
Au fond, au milieu, une grande fenêtre dont les volets sont tirés mais dont les fentes larges laissent entrer assez de lumière. Dans la partie gauche du plateau, au milieu de la scène, une petite table avec quelques cahiers, des crayons.
Dans la partie droite, contre le mur, entre la fenêtre et la porte de droite, une petite table avec un standard de téléphone et une chaise. Une chaise, également près de la table du milieu. Un vieux fauteuil sur le tout devant du plateau. Il ne doit pas y avoir d'autres meubles au premier acte, sauf une pendule, bien visible, dont on verra tourner les aiguilles.

ACTE PREMIER

Au lever du rideau, Amédée Buccinioni, d'âge moyen, petit bourgeois, de préférence chauve, petite moustache à peine grise, lunettes, vêtu d'un veston sombre, d'un pantalon noir à rayures grises, faux col aux bouts cassés, cravate noire, se promène, contournant les meubles, tête basse, mains croisées derrière le dos, nerveux, songeur. De temps à autre, il va vers la table du milieu du plateau, ouvre un cahier, prend un crayon, essaie d'écrire (car il fait des pièces de théâtre), n'y arrive pas, ou écrit un seul mot qu'il supprime tout de suite : il n'est pas tranquille, c'est visible : de temps à autre, également, il jette un regard vers la porte de gauche, à demi ouverte. Son inquiétude, sa nervosité vont grandissant. Se promenant dans la pièce, les yeux au plancher, il se penche soudain et arrache quelque chose, derrière la chaise.

AMÉDÉE : Un champignon! Zut! Alors là, s'il va en pousser dans la salle à manger, ça va être le comble! *(Il se relève, contemple le champignon.)* Il ne manquait plus que ça!... Vénéneux... évidemment! *(Il poursuit sa petite promenade, de plus en plus agité, murmure pour lui seul, gesticule, après avoir mis le champignon sur la table, dans un coin, et l'avoir regardé, mécontent ; il jette des regards de plus en plus fréquents vers la porte de gauche, va écrire un mot qu'il supprime, puis s'enfonce dans son fauteuil; il est rompu.)* Ah, cette Madeleine, cette Madeleine, quand elle va dans la chambre, elle n'en sort plus! *(Plaintif.)* Elle l'a assez vu, pourtant, elle l'a assez vu. Nous l'avons assez vu, celui-là! Ah, la, la, la!

> *Puis il se tait, brisé. Pause. On entend, de la droite, sur le palier, la voix, sans doute, d'une concierge, puis celle d'un voisin.*

Voix de la Concierge : Vous revenez de vacances, Monsieur Victor!

Voix du Voisin : Oui, Madame Coucou. J'arrive du pôle nord.

Voix de la Concierge : Vous n'avez pas eu chaud!

Voix du voisin : Oh, le temps n'était pas mauvais. C'est vrai que pour vous qui êtes du Midi...

Voix de la Concierge : Je ne suis pas du Midi, Monsieur Victor. L'accoucheur de ma grand-mère était de Toulon, mais ma grand-mère a toujours habité Lille...

> *Soudain, dès le mot « Lille », Amédée, n'y tenant plus, se lève, va vers la porte de gauche, l'ouvre davantage et appelle :*

Amédée : Madeleine, voyons, Madeleine, qu'est-ce que tu fais, tu n'en finis plus, viens donc!

Madeleine, *apparaît; elle a l'âge de son mari, elle est aussi grande ou même un peu plus grande que lui; elle est dure, revêche; elle a un vieux châle sur la tête, porte un peignoir pour le ménage, elle est plutôt maigre, presque grise. Son mari s'écarte assez vivement pour la laisser passer; elle laisse sa porte toujours à demi ouverte :* Qu'est-ce que tu as encore! tu ne peux pas rester seul un instant! Je ne me suis pas amusée!

Amédée : Ne reste donc plus tout le temps dans sa chambre, voyons, ça te fait du mal!... Tu l'as assez vu. Ce n'est plus la peine.

Madeleine : Je dois bien balayer. Il faut tout de même que quelqu'un s'occupe du ménage. Nous n'avons pas de bonne, personne pour m'aider. Et je dois encore gagner pour vivre.

Amédée : Je le sais, je sais que nous n'avons pas de bonne. Tu me le répètes cent fois par jour...

Madeleine, *se mettant à balayer ou à épousseter dans la pièce :* Bien sûr, avec toi on n'a même pas le droit de se plaindre...

Amédée : Madeleine, voyons, ne sois pas de mauvaise foi...

Madeleine : C'est ça, des insultes, maintenant!

Amédée : Tu sais bien, ma chérie, que je suis le premier, et le seul d'ailleurs, à te plaindre; je déplore la situation, je m'en veux, mais... tu pourrais quand même... voilà, par exemple, il te faut un quart d'heure pour nettoyer une pièce grande comme celle-ci, et pour sa chambre, qui est plus petite, une heure ou deux ne te suffisent pas... tu t'attardes là, à le contempler...

Madeleine : Tu comptes mes minutes! Il faut que je rende compte à Monsieur de tout ce que je fais, de chaque seconde de ma vie, je ne m'appartiens plus, je ne suis plus moi-même, je suis une esclave...

Amédée : L'esclavage est aboli, ma petite...

Madeleine : Je ne suis pas votre petite, Monsieur!

Amédée : ... Il n'y a plus d'esclaves...

Madeleine : Je suis une esclave moderne, c'est simple!

Amédée : Tu ne veux pas me comprendre. C'est parce que j'ai pitié de toi que...

Madeleine : Je n'ai que faire de ta pitié, hypocrite! menteur!

Amédée : Si, c'est parce que j'ai vraiment pitié que je ne veux... pardon... que je ne voudrais pas que tu restes là à le contempler, ça te fait du mal et ça ne sert à rien...

Madeleine, *insensible :* Va plutôt fermer la porte. Qu'est-ce que tu attends? Il y a des courants d'air...

Amédée : Toutes les autres portes et fenêtres sont fermées; comment veux-tu qu'il y ait des courants d'air?

Il va fermer la porte de gauche; auparavant il jette un coup d'œil dans la chambre supposée être derrière cette porte; Madeleine, qui l'observe, s'en aperçoit.

MADELEINE : Alors, qu'est-ce que tu fais ? Pourquoi le regardes-tu toi-même ?... A moi, tu me fais des reproches... Ferme la porte, je te dis.

AMÉDÉE, *ferme enfin la porte, puis, venant vers Madeleine* : C'est pour voir s'il a poussé !... On dirait qu'il a encore grandi, un peu.

MADELEINE, *sèchement* : Pas depuis hier... ou, du moins, pas de façon sensible !

AMÉDÉE : C'est peut-être fini, tu sais. Il va peut-être s'arrêter là.

MADELEINE : Oh, toi, avec ton stupide « optimisme éclairé ». On sait ce qu'elles ont toujours donné, tes prévisions. Tu ferais mieux d'écrire ta pièce. *(Elle jette un regard sur la table, tout en époussetant.)* Ça n'a pas l'air d'avancer. Tu en es toujours à la première scène. Tu ne la termineras jamais !

AMÉDÉE : Si... j'ai ajouté une réplique, tout de même. *(Il ouvre le cahier. Madeleine s'interrompt, balai ou chiffon en main, pour écouter. Il lit :)* Le vieux dit à la vieille : « Ça n'ira pas tout seul ! »

MADELEINE : C'est tout ?

AMÉDÉE, *pose le cahier* : Je n'ai pas d'inspiration. Avec ce qui pèse sur la conscience... la vie que nous menons... l'atmosphère n'est guère favorable...

MADELEINE : Des excuses, il ne t'en manque point...

AMÉDÉE : Je me sens fatigué, fatigué. Je suis rompu, lourd, je digère mal, j'ai l'estomac ballonné, j'ai sommeil tout le temps.

MADELEINE : Tu dors toute la journée !

AMÉDÉE : C'est bien pour ça.

MADELEINE : Moi aussi je suis fatiguée, crevée. Et je travaille, travaille, travaille...

AMÉDÉE : Je n'en peux plus. C'est peut-être le foie. Je sens que j'ai vieilli. Je ne suis plus tout à fait jeune, c'est vrai. Pourtant, pas au point...

MADELEINE : Repose-toi. Qui t'empêche de te reposer !

Dors la nuit, ne dors plus le jour. Mange moins. C'est le résultat de tes excès. Tu as trop bu.

AMÉDÉE : Jamais tu ne m'as vu ivre.

MADELEINE : Plus d'une fois!...

AMÉDÉE : C'est faux.

MADELEINE : On n'a pas besoin de se saouler pour devenir alcoolique!... Les apéritifs... c'est cela qui fait du mal. L'habitude de l'apéritif détruit l'organisme!...

AMÉDÉE : Je n'ai jamais pris que du jus de tomate...

MADELEINE : Alors, si tu as toujours été aussi sobre, si tu n'as rien de grave, si tes facultés sont intactes, vas-y, travaille, écris tes chefs-d'œuvre!...

AMÉDÉE : Je n'ai pas d'inspiration...

MADELEINE : Toujours la même histoire! Comment font les autres? Voilà quinze ans que tu n'as plus d'inspiration!

AMÉDÉE : Quinze ans, c'est vrai! *(Il montre la porte de gauche.)* Je n'ai plus écrit que deux répliques depuis qu'il... *(Il prend le cahier, lit :)* La vieille dit au vieux : « Crois-tu que ça va marcher? » et celle que j'ai pu écrire aujourd'hui et que je t'ai lue tout à l'heure : Le vieux répond : « Ça n'ira pas tout seul. » *(Il s'assoit à sa table.)* Il faut bien que je m'y mette, il faut bien que je m'y mette. Écrire, dans l'état où je suis. On ne doit créer que dans la joie. Il faut être un héros, un surhomme, pour écrire dans ma situation, dans cette misère...

MADELEINE : Tu as déjà vu un surhomme dans la misère? Tu serais bien le seul!

AMÉDÉE : Il faut que je m'y mette. Il faut que je m'y mette. C'est dur. Il faut bien que je m'y mette!...

Il est effondré, à sa table; les coudes sur la table, la tête dans ses mains, le regard perdu, hagard; puis, doucement, sa tête glisse, avec son bras sur lequel il appuie son front. Scène muette. Pendant ce temps, Madeleine a terminé de balayer, d'épousseter; elle hausse les épaules en regardant son mari dans cette attitude, murmure entre ses dents :

MADELEINE, *à part* : Fainéant!

Elle enlève son tablier, son châle ; se dirige avec ces objets, son balai, son chiffon, vers la porte de gauche ; quand elle y arrive et l'entrouvre, Amédée relève brusquement la tête.

AMÉDÉE : Tu vas encore dans sa chambre !...
MADELEINE, *montrant ce qu'elle a dans les bras* : Je doit tout de même me débarrasser de tout ça ! Où veux-tu que je les dépose ? Je ne peux pas laisser ça dans la salle à manger ! Nous n'avons pas trente-six pièces !
AMÉDÉE : C'est juste. Mais ne reste pas trop longtemps.
MADELEINE : De toute façon, je ne pourrai pas. Tu sais bien. Je dois aller travailler pour gagner notre vie... Notre vie !

Elle entre dans la pièce à gauche ; Amédée, inquiet, la suit du regard, hésite, puis se lève et se dirige, prudemment, vers la porte de gauche laissée entrouverte, fait un geste d'accablement, brusquement veut revenir à sa table, n'a pas le temps, car Madeleine, rentrant, se heurte à lui.

MADELEINE : Attention ! Tu m'as fait mal, voyons !
AMÉDÉE : Excuse-moi, je n'ai pas fait exprès !...
MADELEINE : Il ne manquait plus que cela !... Tu m'espionnes !
AMÉDÉE : Il grandit toujours ?
MADELEINE : Ferme la porte. Tu ne fermes jamais tes portes !

Amédée veut fermer la porte ; s'attarde légèrement à regarder dans la chambre d'à côté.

MADELEINE : Ferme donc la porte ! (*Amédée pousse la porte, continuant de regarder jusqu'au moment où la porte se referme.*) Ferme-la bien ! (*Amédée s'exécute ; Madeleine aperçoit le champignon cueilli par Amédée, que celui-ci avait mis sur un coin de la table ou sur une chaise.*) Où l'as-tu pris ?
AMÉDÉE : Là, sur le plancher.
MADELEINE : Dans la salle à manger ?

AMÉDÉE : Oui, dans la salle à manger!

MADELEINE : Pourquoi ne me l'as-tu pas dit tout de suite ? Tu me caches toujours tout!

AMÉDÉE : Je voulais t'épargner... Tu as assez d'ennuis!

MADELEINE, *désolée, ton pleurnicheur* : Ah! alors, s'il en pousse dans la salle à manger, maintenant, qu'est-ce qu'on va devenir! Du travail supplémentaire... Pour arracher tout ça... Comme si je n'en avais pas assez!... Ah, la, la, la, la!

AMÉDÉE : Du sang-froid, voyons. C'est moi qui les arracherai... Je t'aiderai...

MADELEINE : Oh, on ne peut pas compter sur toi! Et ce n'est pas sain.

AMÉDÉE : Il n'y en a qu'un. Un tout petit comme ça. Il n'y en aura peut-être pas d'autres.

MADELEINE : Ton optimisme de façade, encore et toujours. Je sais où il mène. Ne soyons pas dupes. Il faut voir les choses telles qu'elles sont!... C'est comme ça que ça avait commencé dans sa chambre à côté, aussi. « Un tout petit », tu me disais, comme d'habitude, et que ce n'était rien, que c'était un accident isolé, et puis maintenant...

AMÉDÉE : Tu en as encore trouvé aujourd'hui, à côté?

MADELEINE : Tu te demandes toujours pourquoi je reste si longtemps dans sa chambre! Ce n'est pas pour me reposer.

AMÉDÉE : Non, je ne dis pas ça... Mais tu en profites pour le regarder, aussi, tu ne le quittes pas des yeux.

MADELEINE : J'en ai détruit cinquante, rien que tout à l'heure.

AMÉDÉE : Tu vois, cela va en diminuant, hier il y en avait davantage.

MADELEINE : Hier, il y en avait quarante-sept... C'était déjà pas mal.

AMÉDÉE, *d'un ton désespéré* : Ça augmente donc toujours, ça augmente toujours!

MADELEINE : Partout... partout... Dans les jointures du plancher, au pied des murs, au plafond.

AMÉDÉE, *voulant se tranquilliser* : Ils sont tout petits. Ce n'est peut-être pas lui qui les a fait pousser, après tout. Ce n'est peut-être que l'humidité... Cela arrive souvent, tu sais, dans les appartements. Et puis ça sert peut-être à quelque chose : cela chasse les araignées...

MADELEINE : Tu as déjà vu des champignons dans les appartements ?

AMÉDÉE : Ça arrive. Je t'assure. Dans les petites villes de province, surtout. Parfois, dans les grandes. Tiens, à Lyon, par exemple.

MADELEINE : Je ne sais pas s'il pousse des champignons dans les appartements, à Lyon. A Paris, cela n'existe pas.

AMÉDÉE : Nous ne sortons jamais. Nous n'allons chez personne. Depuis quinze ans, nous vivons enfermés. Cela a peut-être changé, à Paris aussi. Il y en a peut-être à Paris. Peut-être même chez les voisins... Des champignons de Paris !... Tu ne peux vraiment pas savoir !

MADELEINE : Ne me raconte pas d'histoires ! Je ne suis pas une enfant. C'est à cause de lui *(regard et geste vers la porte de gauche)*, à cause de lui, uniquement.

AMÉDÉE, *se résigne à la vérité ; bras ballants, accablé* : Oui. Bien sûr. Tu as raison. Ça ne peut être que lui, la cause.

MADELEINE : Ça va devenir vraiment intolérable, s'il en fait pousser dans cette pièce. Sa chambre ne lui suffisait pas ! On ne pourra plus du tout vivre ici ! *(Désolée.)* Ce n'était déjà pas bien gai !

AMÉDÉE : Du calme, Madeleine, voyons, voyons, du calme !... Il n'en poussera peut-être plus. On verra bien. Ce n'est peut-être qu'un accident isolé...

MADELEINE, *levant la tête vers la pendule* : Neuf heures ! C'est l'heure. Il faut que j'aille au travail, par-dessus le marché, je vais être en retard !

AMÉDÉE : Dépêche-toi.

MADELEINE, *mettant son chapeau* : Je vais me faire disputer. C'est le moment où ils commencent à appeler... *(Appel téléphonique au standard.)* Ils appellent déjà... J'y vais... *(Moins dure, à Amédée.)* Travaille, toi aussi, écris...

AMÉDÉE : Je te promets, je vais essayer...

MADELEINE, *va vite à la table-standard, s'assied, prend*

son casque d'écoute, donne la communication, cependant qu'Amédée va, lui aussi, s'asseoir à sa table, devant son cahier ; la pendule marque un quart d'heure de plus. Il est 9 heures 15 : Allô ? Le président de la République ? Le Président lui-même ou sa secrétaire ?... Ah, le Président...

Amédée, *à sa table, relit ce qu'il a écrit :* La vieille au vieux : « Crois-tu que ça va marcher ? »

Madeleine, *au standard :* Le président de la République est en tournée, Monsieur, téléphonez dans une demi-heure !...

Amédée, *à sa table :* ... Le vieux à la vieille...

Madeleine, *au standard; nouvel appel :* Allô, j'écoute...

Amédée, *à sa table, même jeu :* ... Le vieux à la vieille...

Madeleine, *même jeu :* Monsieur Charlot, l'épicier ? Je vous le passe ! *(Nouvel appel téléphonique.)* Allô, j'écoute...

Amédée, *même jeu :* ... « Ça n'ira pas tout seul ! »...

Madeleine, *même jeu :* Non, Monsieur, non, dans une demi-heure le Président, je vous l'ai déjà dit...

Amédée, *même jeu :* ... La vieille au vieux : « Crois-tu que ça va marcher ? »...

Madeleine, *même jeu :* C'est pour le Roi du Liban... *(Autre appel ; elle prend l'écoute à un autre récepteur.)* Ne quittez pas ! *(Elle prend une autre ligne.)* Allô, l'Élysée ? L'Élysée ? !

Amédée, *même jeu :* ... Le vieux à la vieille...

Madeleine, *même jeu :* Si, ça existe le Roi du Liban... puisqu'on me téléphone de sa part !... Je vous le passe, Monsieur le Président. *(Autre appareil.)* Parlez à Monsieur le Président de la République...

Amédée, *même jeu :* ... « Non, ça n'ira pas tout seul. »

Madeleine, *même jeu, à un autre récepteur. La pendule indique 9 heures 1/2 :* Allô, allô, je vous le passe... *(Autre appel, autre appareil.)* Non, Monsieur, il n'y a plus de chambre à gaz depuis la dernière guerre... Attendez la prochaine...

Amédée, *à Madeleine, sans quitter sa table :* Madeleine, je ne trouve pas la réplique...

Madeleine, *à Amédée :* Je n'ai pas le temps, tu vois bien... *(Appel téléphonique.)* ... J'écoute... Je regrette, les pompiers ne sont pas là le jeudi, c'est leur jour de congé, ils promènent leurs enfants... Mais je n'ai pas dit que nous étions un jeudi. *(Autre appel.)* Oui... j'écoute... Je vous le passe...

AMÉDÉE, *se soulève, les mains sur la table* : Que c'est fatigant d'écrire... Cela m'éreinte!...

MADELEINE, *même jeu; répondant à un autre appel* : Oui... Vous voulez parler à sa femme?... Ça ne vous ennuie pas si elle vous téléphone de la salle de bain?

Amédée se rassoit lourdement.

MADELEINE, *même jeu; répondant à un autre appel, puis à un autre, et ainsi de suite, tandis que les aiguilles de la pendule indiqueront 9 h 45, puis 10 heures* : ... Je vous le passe... Je vous la passe...

AMÉDÉE, *les yeux hagards, dans le vide* : ... la vieille, les yeux hagards...

MADELEINE, *même jeu* : ... Ne quittez pas, je vous les passe...

AMÉDÉE, *une lueur dans les yeux, il a « trouvé »* : ... « Si, si, ça marchera quand même! »...

MADELEINE, *même jeu* : Je vous passe...

AMÉDÉE : Madeleine!... Veux-tu que je te lise ce que je viens d'écrire?... Tu me diras si c'est bon!...

MADELEINE, *qui a soulevé légèrement son casque pour entendre ce que dit Amédée* : Je n'ai pas le temps en ce moment!... Tout à l'heure!... *(Nouvel appel.)* Allô... je vous le passe... *(Les appels se succèdent; l'heure avance; elle dit :)* Je vous le passe... Je vous la passe... Je vous les passe... Allô, allô... allô... je vous le passe, je vous la passe... je vous les passe... Allô... Allô!...

Amédée, profitant du fait que sa femme est occupée à son standard, se lève doucement, va vers la porte de gauche, regarde dans la chambre, arrêté sur le seuil de la porte, tourne la tête pour s'assurer que sa femme ne le voit pas faire, puis entre doucement dans la chambre, laissant la porte entrouverte.

MADELEINE, *à sa table d'écoute; autre appel* : Allô, oui, j'écoute... Non, Madame, non, nous sommes en

République... depuis 1870, Madame... *(A Amédée, sans quitter son poste.)* Amédée, pourquoi y a-t-il du courant d'air... *(Appel.)* Oui, je vous la passe... Amédée, tu n'entends pas ?... *(Elle tourne la tête, s'aperçoit de son absence.)* Ah ! il est encore entré dans la chambre !... Qu'il est têtu, incorrigible... *(Tandis que la pendule indique 10 h 15, elle se lève, s'approche de la porte de gauche; irritée, tapant du pied.)* Amédée, tu n'entends pas ? Qu'est-ce que tu fais là ? au lieu d'écrire ta pièce ! Je t'appelle !

Elle entre dans la chambre, laissant elle aussi la porte entrouverte ; on n'entend que leurs voix ; de temps en temps, au standard, un court appel téléphonique pas trop fort, laissé sans réponse.

MADELEINE, *de la chambre, en coulisse gauche* : Tu le regardes...

AMÉDÉE : Je n'ai pas pu m'en empêcher...

MADELEINE : Ça n'y changera rien, ce n'est pas la peine.

AMÉDÉE : J'ai eu un moment d'espoir. Je me suis dit qu'il... qu'il aurait peut-être disparu...

MADELEINE : Comme ça, de sa propre initiative ! Tu divagues, mon pauvre ami !

AMÉDÉE : Il n'y a plus de miracles... hélas...

MADELEINE : Allez, viens... Viens donc !...

Madeleine sort de la chambre de gauche, elle apparaît tirant Amédée derrière elle.

AMÉDÉE : Chaque fois que je le regarde... j'en suis malade !

MADELEINE : Abstiens-toi. Que vas-tu chercher dans sa chambre ?

AMÉDÉE : J'en suis malade...

MADELEINE : Tu te cherches des excuses pour ne pas écrire...

AMÉDÉE : Il a encore grandi. Il n'aura plus de place sur le divan. Ses pieds dépassent déjà. Je crois qu'il était plutôt petit il y a quinze ans. Et si jeune. Maintenant, il a une grande barbe blanche. Il est impressionnant avec sa barbe blanche. Vingt ans et quinze, ça ne lui en fait tout de même que trente-cinq... Il n'est pas vieux, en somme...

MADELEINE : Les morts vieillissent beaucoup plus vite que les vivants... C'est connu...

Amédée, accablé, va s'enfoncer dans le fauteuil; Madeleine est au milieu de la scène.

AMÉDÉE : Il a des ongles énormes... Mon Dieu!

MADELEINE : Je ne peux pas les lui couper toute la journée. Je n'ai pas que ça à faire! La semaine dernière j'en ai jeté à la poubelle toute une poignée. Ce n'est pas un travail facile. Je suis la domestique de tout le monde, moi, la domestique de tout le monde.

AMÉDÉE : Ses orteils ont défoncé ses souliers...

MADELEINE : Achète-lui-en une autre paire, si tu as de l'argent à dépenser! Que veux-tu que je fasse? Ce n'est pas moi qui t'en donnerai! Nous sommes pauvres! Tu n'as pas l'air de t'en rendre compte!

AMÉDÉE : Je ne peux tout de même pas lui donner les miens. Je n'ai que ceux-là. D'ailleurs, ça ne lui irait plus... Avec les grands pieds qu'il a, maintenant!

Appel téléphonique : Madeleine va vite à sa table d'écoute.

MADELEINE : Allô, oui... (*Pendant ce temps, Amédée se lève de son fauteuil, va de nouveau vers la porte entrouverte à gauche; regarde, pétrifié.*) ... Non, Monsieur, il n'est pas là... Du moins je le suppose...

AMÉDÉE, *dans la même position* : Les volets sont hermétiquement clos. Mais il ne fait pas sombre dans sa chambre.

MADELEINE, *va près d'Amédée; chaque fois qu'elle quitte son bureau elle enlève son chapeau; elle le remet chaque fois qu'elle y retourne* : Ce sont ses yeux qui éclairent. Tu as encore oublié de fermer ses paupières.

AMÉDÉE : Ses yeux n'ont pas vieilli. Ils sont toujours aussi beaux. De grands yeux verts. On dirait des phares. Je vais les lui fermer, oui, ça vaudra mieux.

Madeleine : Tu les trouves beaux, toi. C'est de la littérature. Tu fais de la littérature, dans la vie. Drôle de beauté.
Amédée : Je n'ai pas dit que c'est drôle.
Madeleine : On s'en passerait de sa beauté encombrante. *(On entend de légers craquements en provenance de la pièce de gauche.)* Tu entends ?
Amédée : Il grandit. C'est normal. C'est sa crise de croissance.
Madeleine : Tu le prends pour un arbre! Il ne se gêne pas! Il va occuper toute la place, mon Dieu! toute la place! Où est-ce que je vais le mettre ? Ça t'est bien égal, à toi. Ce n'est pas toi qui t'occupes du ménage !
Amédée : Bien sûr, il nous cause beaucoup d'ennuis. Pourtant, il m'impressionne, malgré tout. Quand je pense... ah, ça aurait pu être autrement...
Madeleine : Tu vas encore trouver des raisons pour rester là à ne rien faire... Va donc écrire !
Amédée : Oui!... Oui!...

Appel téléphonique.

Madeleine, *tandis qu'Amédée se dirige vers sa table de travail* : Je n'ai pas une seconde! *(Prenant le casque d'écoute, à Amédée.)* Ferme la porte! *(Répondant au téléphone.)* Allô, oui, j'écoute...
Amédée, *retourne sur ses pas, met la main sur la poignée de la porte, regarde encore dans la chambre, puis du côté de Madeleine occupée à son standard, semble hésiter, puis ferme la porte et va de nouveau à sa table de travail; s'assoit* : Le vieux dit à la vieille...

Nouvel appel téléphonique.

Madeleine, *avant de répondre au téléphone, à Amédée* : Tu n'as toujours pas fermé ses paupières ! *(Au téléphone.)* Oui, Monsieur le Maire, je vous passe votre adjoint...
Amédée : J'y vais...

Il se lève, va vers la porte de gauche; avant qu'il y arrive, Madeleine dit :

MADELEINE, *à Amédée, tandis que la pendule doit marquer maintenant 11 h. 1/4* : Tu pourrais aller aux commissions. On n'aura rien pour déjeuner. Prends le panier.

AMÉDÉE, *irrité* : Dans ces conditions, il n'est pas facile de travailler. Tu t'étonnes que je n'avance pas. Après, c'est encore toi qui vas me faire des reproches. Je ne peux pas travailler, je ne peux pas travailler! Je n'ai pas les conditions normales du travail intellectuel...

MADELEINE : A quoi as-tu rêvé jusqu'à présent? Ton goût du travail se réveille toujours au dernier moment!

AMÉDÉE : C'est pas vrai!...

MADELEINE : Moi non plus je ne peux pas quitter mon bureau. Tu vois bien. Je ne peux pas risquer d'être mise à la porte. Invente d'autres ressources. Tu crois que ça m'amuse? Si tu veux qu'on meure de faim, moi ça m'est égal!

AMÉDÉE : A moi aussi, ça m'est égal. Une vie pareille!

MADELEINE : Affamé comme tu l'es! mon pauvre ami! Tu te plains toujours d'avoir l'estomac creux. Tu demandes à manger toute la journée... *(Appel téléphonique.)* Tu entends? *(Elle répond au téléphone.)* Mais oui, Madame! *(A Amédée.)* Prends le panier, dépêche-toi, tu ne trouveras plus rien au marché!

Amédée se dirige vers la porte de gauche, met la main sur la poignée.

MADELEINE, *qui s'en aperçoit, toujours de son standard* : Que vas-tu chercher encore dans sa chambre?

AMÉDÉE : Le panier... le panier... Tu m'as dit de prendre le panier!

MADELEINE : Ce n'est pas sa place. Tu ne sais jamais où sont les affaires! *(Appel téléphonique.)* Allô... un instant! *(A Amédée.)* Là, sous la table... C'est là sa place. Tâche de ne plus oublier. *(Au téléphone.)* Pas libre!

Amédée, *se baisse, voit le panier* : Ah, oui !... Et la corde ?

Madeleine : Elle est dedans. *(Au téléphone.)* Oui, Mademoiselle, volontiers, je peux vous lire le communiqué... Pas de quoi.

Amédée, *prend le panier, se relève* : Ah oui, la voilà.

Madeleine, *au téléphone* : Il est interdit aux wagons de plus de dix tonnes... Vous pouvez prendre sous dictée ? D'accord. Oui, Mademoiselle, je lirai lentement. A votre service... Prenez votre temps, j'ai tout le mien...

Amédée, *se dirige à pas lents vers la fenêtre du fond, avec le panier à l'anse duquel est attachée une corde ; la pendule devra marquer midi moins le quart* : Elle n'est pas bien longue, la corde. Heureusement, nous n'habitons qu'au premier étage.

Madeleine, *au téléphone* : Il est interdit aux wagons de plus de dix tonnes.... Oui, de dix tonnes... de traverser la voie ferrée... *(Amédée soulève légèrement les persiennes ou entrouvre les volets, passe le panier tout en tenant la corde.)* Amédée, qu'est-ce que tu fais ? On va nous voir !

Amédée, *tournant la tête vers Madeleine* : Il faut bien que je passe le panier !...

Madeleine, *au téléphone* : Non... Je parlais à mon mari, je m'excuse... *(A Amédée.)* N'achète pas de saucisson, la charcuterie te fait du mal. *(Au téléphone.)* ... de traverser la voie ferrée entre minuit et huit heures du matin...

Amédée, *à Madeleine* : Que faut-il acheter alors ?

Madeleine, *à Amédée* : Achète ce que tu veux... *(Au téléphone.)* ... sauf autorisation écrite...

Amédée, *s'adressant à quelqu'un qui se trouve vraisemblablement en bas, dans la rue* : Mettez-moi une livre de prunes, s'il vous plaît !... Un demi-sel.

Madeleine, *au téléphone* : ... sauf autorisation écrite du ministre de la Santé publique...

Amédée, *même jeu* : ... Deux biscottes, deux yaourts...

Madeleine, *au téléphone* : ... que l'on peut obtenir en adressant une demande à la préfecture...

Amédée, *même jeu* : ... Cinquante grammes de sel fin...

MADELEINE, *même jeu* : ... visée par le commissaire.
AMÉDÉE, *même jeu* : C'est tout... Merci... Lâchez tout.

Il remonte le panier en tirant la corde.

MADELEINE, *même jeu* : Allô... Oui, c'est bien ça, Mademoiselle... Oh, non... ce n'est pas la peine... Vous êtes bien aimable.

Amédée a remonté le panier, refermé les volets; va vider le contenu du panier sur la table, près de ses cahiers. La pendule indique midi.

MADELEINE : Midi. *(Elle dépose l'écouteur.)* Enfin!...

Elle enlève son chapeau, va vers Amédée.

AMÉDÉE : Tu as fini ?
MADELEINE : Ce n'est pas trop tôt. Je n'en peux plus... Je n'aime pas cette marque de demi-sel. Tu as oublié les poireaux.
AMÉDÉE : Tu ne m'as pas dit d'en acheter. *(Montrant de la tête vers la porte de gauche.)* Dis, Madeleine, crois-tu qu'il nous a pardonné?
MADELEINE, *se mettant à table, face à la porte de gauche, tandis qu'Amédée, encore debout, est tourné du côté de cette même porte* : Je ne sais pas.
AMÉDÉE : On ne peut pas savoir.

Il fait un mouvement vers la porte de gauche.

MADELEINE : Assieds-toi, mange. Qu'est-ce que tu attends ?
AMÉDÉE, *s'asseyant, face au public, à côté de Madeleine* : Il nous a peut-être pardonné. Moi je crois. *(Long silence accablant; ils goûtent aux prunes.)* Ah, si on pouvait être sûr qu'il nous a pardonné!

Autre silence.

MADELEINE : S'il nous avait pardonné, il ne grandirait plus. Puisqu'il grandit toujours... c'est qu'il a encore des revendications. Il n'a pas fini de nous en vouloir. Les morts sont tellement rancuniers. Les vivants oublient plus vite.

Amédée : Dame, ils ont la vie devant eux... Il est peut-être moins méchant que d'autres. Il ne devait pas être méchant de son temps...
Madeleine : Penses-tu! Ils sont tous pareils. Puisque je te dis qu'il grandit. Il fait pousser des champignons. Si ce n'est pas de la méchanceté!
Amédée : Il ne le fait peut-être pas exprès! Il grandit si doucement... A peine.
Madeleine : Tous les jours un petit peu, tous les jours un petit peu, ça fait beaucoup à la fin...

Silence.

Amédée : Je peux aller voir? Il s'est peut-être arrêté.
Madeleine : Je ne veux pas qu'on en parle à table.
Amédée : Ne te fâche pas, Madeleine...
Madeleine : Je veux déjeuner tranquillement. Au moins à table, avoir la paix! J'ai assez de soucis toute la journée. Je n'ai pas trop de prétentions, j'espère!...
Amédée : Non, Madeleine. Bien, Madeleine.

Ils mangent en silence.

Madeleine : Qu'il fait chaud ici. J'étouffe...
Amédée : Je ne trouve pas.
Madeleine : Ouvre la porte, qu'il y ait un peu d'air...
Amédée : Quelle porte?
Madeleine, *montrant la porte à gauche :* Celle-là. Tu ne vas tout de même pas ouvrir la porte de l'escalier.
Amédée : Tu vas encore t'énerver.
Madeleine : Ce n'est pas pour le regarder, je te dis. J'ai trop chaud. C'est pour avoir un peu d'air.
Amédée : Voyons, Madeleine... ce n'est pas sage.
Madeleine : Je te prie d'obéir.
Amédée : Bon... Je ne suis pourtant pas d'avis... *(Il se lève, ouvre la porte, revient à table.)* Il ne fera pas plus frais, tu sais. Il ne viendra pas d'air. Les fenêtres sont fermées dans sa chambre. *(Madeleine regarde, de sa place, sans manger, par la porte ouverte.)* Tu n'as plus faim? *(Madeleine ne répond pas.)* Tu n'as plus faim?
Madeleine : Laisse-moi tranquille, mais laisse-moi donc respirer... *(Ils ont, tous les deux, les regards dirigés*

vers la chambre. Court silence.) Qu'ai-je donc fait pour être si malheureuse... Pour être persécutée comme je le suis...

Amédée : Je suis dans la même situation, tu sais...

Madeleine : Ce n'est pas la même chose. Tu souffres moins, tu es moins sensible.

Amédée : Oh!...

Madeleine : Je ne dis pas ça pour t'offenser. Je ne te le reproche pas. Tant mieux pour toi!

Amédée : Tant mieux pour moi?

Madeleine : Bien sûr. Au moins, toi, tu écris, tu peux penser à autre chose, avec tes livres, ta littérature, tu te libères un peu de cette inquiétude... Tandis que moi, je n'ai rien... Rien que le bureau et le ménage...

Amédée : Pauvre Madeleine!

Madeleine, *irritée :* Je n'ai pas besoin que tu me plaignes...

Court silence ; ils regardent vers la chambre.

Amédée : On dirait qu'il respire. *(Court silence.)* Comme sa figure est expressive! *(Silence.)* On dirait qu'il nous entend.

Madeleine : Nous ne disons pas du mal de lui!

Silence.

Amédée : Il est beau.

Madeleine : Il était beau. Il est trop vieux.

Amédée : Il est beau encore!... *(Silence.)* Nous en veut-il encore? Nous en veut-il encore? *(Court silence.)* Nous l'avons installé dans la plus belle pièce, notre chambre à coucher de jeunes mariés...

Il veut prendre la main de Madeleine; elle la retire.

Madeleine : Allons, mange! Ah... j'ai terriblement froid...

Amédée : Tu veux que je ferme sa porte?

Madeleine, *sans l'écouter :* Apporte-moi mon châle.

Amédée, *se lève lentement ; regarde un instant, debout, dans la chambre, puis, en se dirigeant vers un autre endroit de la pièce pour chercher le châle de Madeleine, dit :* On dirait qu'il nous voit!

MADELEINE : Tu as encore oublié de fermer ses paupières! Tu vois que tu n'y penses pas! C'est toujours moi qui dois y penser, toujours! toujours!

AMÉDÉE : Oui... Je vais d'abord chercher ton châle, tu as froid!...

MADELEINE : Va plutôt fermer ses paupières!

Amédée se dirige vers la chambre à gauche; on entend des pas dans l'escalier; une toux.

AMÉDÉE, *s'arrêtant à un pas de la porte de gauche :* Quelqu'un! On vient.

MADELEINE : Qui veux-tu que ce soit! C'est un voisin qui rentre. Depuis quinze ans nous n'avons reçu personne! Nous avons rompu avec tout le monde.

AMÉDÉE : Il suffit d'une fois. *(On entend sur le palier une voix.)* Écoute! *(On entend le nom : « Buccinioni », indistinctement.)* On prononce notre nom.

MADELEINE, *commençant à être inquiète :* Tu as des hallucinations! *(Cependant, on entend encore « Buccinioni », plus distinctement cette fois; Madeleine se lève.)* Mon Dieu!... *(A Amédée.)* Je te l'avais bien dit!

Tous les deux écoutent, haletants ; on entend ceci :

VOIX DU FACTEUR, *sur le palier :* L'appartement de M. Buccinioni, s'il vous plaît?

VOIX DE LA CONCIERGE, *sur le palier :* En face, Monsieur. Ils sont certainement chez eux. Ils ne sortent jamais.

Bruit d'une porte qui se ferme.

MADELEINE, *à Amédée :* Je te le disais que c'était pour nous... Mon Dieu! mon Dieu!

AMÉDÉE, *affolé :* Ne nous affolons pas...

On entend frapper à droite.

MADELEINE, *montrant la porte de gauche :* Ferme cette porte, voyons!

Amédée pousse, précipitamment, la porte de gauche ; cependant, Madeleine est déjà près de cette porte ; le dos à celle-ci, comme acculée ; elle est atterrée ; nouveaux coups à la porte de droite.

MADELEINE, *la main appuyée sur son cœur :* Va voir... *(Amédée hésite.)* Va voir, ça ne sert à rien de ne pas ouvrir. Ça serait plus grave. Il est si facile d'enfoncer une porte.

Amédée se dirige vers la porte de droite, tandis qu'on entend, venant du palier :

VOIX DE LA CONCIERGE : Frappez plus fort! Ils sont toujours chez eux!

On entend des coups répétés.

MADELEINE, *chuchotant, sans quitter sa place :* Ouvre, va... *(Amédée veut ouvrir.)* Non, n'ouvre pas...
AMÉDÉE, *à Madeleine :* Ça ne servirait à rien. Il est si facile d'enfoncer une porte.
MADELEINE : Regarde au moins qui c'est.
AMÉDÉE, *à Madeleine :* Chut!

Puis, précautionneusement, il se penche, regarde par le trou de la serrure, tandis qu'on entend, venant du palier.

VOIX DE LA CONCIERGE : Frappez plus fort, ils n'ont pas dû entendre.

Ceci fait violemment sursauter Amédée et Madeleine.

MADELEINE, *a des palpitations :* Mon Dieu, mon Dieu, qui cela peut-il bien être ? Nous ne connaissons personne...
AMÉDÉE, *se relève, à Madeleine :* Le Facteur!
LE FACTEUR, *du dehors :* Monsieur Buccinioni! Monsieur Buccinioni!
MADELEINE, *avec effroi :* Un facteur! Impossible! Tu te trompes! Ah, toi, toi, toi, à cause de toi, tes anciennes connaissances, sans doute, tes anciennes connaissances...
AMÉDÉE, *tandis que Madeleine est haletante, les bras écartés, comme pour défendre l'entrée de la chambre à gauche :* J'ouvre, Monsieur, j'ouvre, pourquoi n'ouvrirais-

je pas ! *(Il ouvre la porte ; le Facteur entre.)* Vous voyez, Monsieur, j'ai ouvert la porte, entrez donc, je n'ai rien à cacher, il n'y a rien à cacher dans la maison.

Madeleine, *s'accrochant presque dans l'encadrement de la porte de gauche :* Nous n'avons rien à cacher, Monsieur, il n'y a rien à cacher dans la maison.

Amédée : Ma femme et moi, Monsieur, nous nous disions : « Pourquoi n'ouvririons-nous pas ? »

Le Facteur, *comme si de rien n'était :* C'est naturel, Monsieur.

Madeleine, *à Amédée, sans quitter sa place :* Pourquoi dit-il que c'est naturel ? *(Au Facteur.)* Pourquoi dites-vous que c'est naturel, Monsieur ?

Le Facteur, *toujours indifférent :* Une lettre pour vous...

Amédée : C'est impossible, Monsieur.

Madeleine : Qui pourrait nous écrire, Monsieur ? C'est ce que je disais à mon mari ! Vous n'êtes vraiment qu'un facteur ?

Amédée, *à Madeleine :* Évidemment, Madeleine, que vas-tu chercher ?

Madeleine, *au Facteur :* Alors vous ne pouvez pas avoir de lettre pour nous ! Pour qui nous prenez-vous pour qu'on nous envoie des lettres ?

Le Facteur : Si, une lettre pour M. Amédée Buccinioni !

Madeleine : C'est notre nom ! *(Elle s'était légèrement éloignée de sa porte, s'en aperçoit, reprend vite sa place.)* Il n'y a rien, il n'y a personne, Monsieur, dans cette pièce !

Amédée, *prenant la lettre du Facteur :* Oui, c'est pourtant vrai, c'est étonnant, c'est nous : Amédée Buccinioni...

Madeleine : C'est effrayant !

> *Le Facteur veut s'en aller tandis qu'Amédée examine la lettre.*

Amédée : Monsieur le Facteur, c'est bien une erreur, voyez-vous, c'est bien une erreur !

Le Facteur : Vous n'êtes pas M. Amédée Buccinioni ?

Amédée : Je ne suis pas le seul Amédée Buccinioni de Paris, Monsieur. Un tiers des Parisiens portent ce nom.

Il tend la lettre au Facteur qui la reprend. On entend un long craquement en provenance de la chambre de gauche.
Madeleine, effrayée, réprime un cri d'angoisse ; elle rit pour couvrir le bruit.

Le Facteur : C'est pourtant bien M. Amédée Buccinioni, au n° 29, rue des Généraux...

Amédée : Il n'y a pas qu'un n° 29, rue des Généraux, il n'y a pas qu'une seule rue des Généraux, il y en a... *(Il regarde, inquiet, par terre, au pied de la table ; montre, du doigt, à Madeleine toujours immobile.)* ... encore un, Madeleine !... les Généraux ça pousse comme des champignons...

Le Facteur, *neutre :* Vous cultivez des champignons de chambre ?

Amédée, *vite, au Facteur :* C'est bien une erreur, Monsieur. Je ne suis pas Amédée Buccinioni, mais A-mé-dée- Buccinioni, j'habite non pas au 29 rue des Généraux, mais bien au 29 rue des Généraux... Voyez-vous, le A de Amédée sur l'enveloppe est une majuscule cursive, mon prénom s'écrit avec un A, Amédée en romain...

Madeleine : On a voulu absolument lui donner le prénom de son parrain ! Vous voyez, c'est une erreur.

Le Facteur, *examinant la lettre :* C'est exact, Monsieur, vous avez raison.

Amédée, *au Facteur :* Personne ne nous connaît, Monsieur, on ne nous écrit jamais, je vous assure.

Le Facteur : Excusez-moi. Voulez-vous signer, Monsieur ?

Il présente un cahier.

Madeleine : Vous n'allez pas nous faire signer, Monsieur. Nous sommes des gens honnêtes.

Le Facteur : Oh, ça ne fait rien, Madame. C'est

tout à fait facultatif. Excusez-moi, Messieur-dame, au revoir Messieur-dame!

> *Il veut s'en aller.*

MADELEINE : Nous regrettons de ne pas vous offrir un verre de vin, Monsieur, nous n'en avons pas à la maison, mon mari n'en boit pas, Monsieur.
AMÉDÉE, *au Facteur :* C'est bien vrai, Monsieur. Je n'en bois pas. Je ne le supporte pas.
MADELEINE : Nous regrettons beaucoup.
LE FACTEUR : Il n'y a pas de mal. Ce n'est pas l'habitude, à Paris. C'est à la campagne qu'on offre un verre de vin au facteur.

> *Il s'en va. Amédée s'empresse de lui ouvrir la porte.*

AMÉDÉE : Au revoir! *(Il referme la porte; regarde un court instant par le trou de la serrure; se relève vivement.)* Ouf!... Ce n'était pas pour nous! Crois-tu que nous l'avons vexé?
MADELEINE, *venant vers le milieu de la scène, se plaignant :* Jamais personne ne nous écrit! Personne, personne, personne! Nous n'avons pas d'amis! Nous avons rompu avec tous, tous, tous! On ne pourrait pas les recevoir...
AMÉDÉE, *cherche le champignon, regarde de tous les côtés, par terre :* Je l'avais pourtant aperçu tout à l'heure!
MADELEINE, *montrant la chambre; continuant sa phrase :* ... Avec celui-là, ici...
AMÉDÉE, *s'agenouille par terre, puis se relève, un champignon à la main :* Tiens, le voilà, voilà le champignon.
MADELEINE : Le deuxième, dans la salle à manger... Ne le mets pas sur la table, voyons, c'est malpropre, tu sais bien que c'est vénéneux. *(Un court silence.)* Écoute, aujourd'hui tu pourrais faire une exception, je te le permets. Bois un verre de vin, va, tu as l'air si malheureux! *(Soudain un craquement énorme parvient de la chambre de gauche.)* Ah! j'ai peur!

AMÉDÉE : C'est lui, Madeleine, ne crains rien !

Un grand bruit de vitres cassées, provenant du même endroit ; Amédée se précipite, suivi de Madeleine.

MADELEINE : Ne reste pas planté là. Va voir.

AMÉDÉE : Qu'est-ce que c'est encore ! *(Ils disparaissent tous deux par la porte de gauche qu'ils laissent grande ouverte ; de la coulisse gauche :)* Il a cassé les carreaux !... Sa tête est passée à travers !

MADELEINE, *en coulisse :* Il grandit des deux côtés, à présent ! Qu'est-ce qu'il n'imagine pas ! Fais quelque chose, Amédée. Les voisins vont le voir ! Rentre sa tête !

AMÉDÉE, *en coulisse :* C'est ce que je fais !

MADELEINE, *apparaissant, de dos, dans l'encadrement de la porte :* Fais plus vite ! *(Un bruit sourd.)* Ne laisse pas tomber sa tête sur le plancher ! Que tu es maladroit !

AMÉDÉE, *en coulisse :* Ce n'est pas facile !

MADELEINE : Relève-le. Mets sa tête sur le coussin. N'oublie pas de fermer ses yeux !

AMÉDÉE, *en coulisse :* Je ne peux pas. Il n'a plus assez de place.

MADELEINE, *toujours dans l'encadrement de la porte :* Plie-le en deux, voyons, plie-le en deux, c'est bien simple ! *(On entend Amédée respirer lourdement, dans l'effort.)* Pas comme ça, voyons. *(Madeleine entre de nouveau dans la chambre de gauche ; on l'entend dire :)* Laisse-moi faire !

Amédée apparaît de dos dans l'encadrement de la porte, à son tour.

MADELEINE, *en coulisse, à gauche :* Voilà. Comme ceci. Je dois tout t'apprendre !

AMÉDÉE, *de sa place :* J'ai fait ce que j'ai pu... Tu n'es jamais contente... Il y a des voisins aux fenêtres ?

MADELEINE, *en coulisse :* Non... Viens m'aider. Tu me laisses toujours le plus dur pour moi toute seule !

AMÉDÉE, *disparaît de nouveau dans la chambre de gauche ; il laisse la porte grande ouverte ; on l'entend dire :* Mais puisque c'est toi qui...

Madeleine, *plus haut, en coulisse :* Tire donc plus fort! *(On entend le bruit de leurs efforts ; un bruit sourd.)* Attention! Attention! *(Encore du bruit.)* Ferme bien les volets! Il va faire froid, maintenant, sans vitres!
Amédée : L'hiver est encore loin.

Amédée et Madeleine réapparaissent.

Madeleine : Ça y est!
Amédée : Tu vois, tout s'arrange.
Madeleine, *fait un geste pour fermer la porte de gauche, se ravise :* Ferme donc ses yeux! Tu as encore oublié!

Amédée veut se diriger vers la chambre.

Madeleine : Les voisins ont certainement entendu.
Amédée, *s'arrêtant :* Ils n'ont peut-être pas entendu. *(Court silence.)* Ils ne réagissent pas!... D'ailleurs, à cette heure-ci...
Madeleine : Ils ont certainement dû entendre quelque chose. Ils ne sont pas tous sourds.
Amédée : Pas tous, évidemment. Mais à cette heure-ci, je te répète...
Madeleine : Qu'est-ce que nous pourrions dire?
Amédée : Nous pourrions dire que c'est le facteur!
Madeleine, *se tournant, dos au public, vers la fenêtre du fond :* C'est le facteur qui a fait ça! C'est le facteu-eu-eur! *(A Amédée.)* Le croiront-ils? Le facteur doit être déjà parti.
Amédée : Raison de plus. *(Fort, vers le fond.)* C'est le facteu-eur!
Madeleine et Amédée : C'est le facteu-eur! le facteu-eur-eur!

Ils s'arrêtent ; on entend l'écho répéter :

L'Écho : Le facteu-eur! Le facteu-eur! Facteu-eur! acteu-eu-eur!
Amédée, *se retournant en même temps que Madeleine vers le public :* Tu vois, l'écho lui-même le répète.
Madeleine : Ce n'est peut-être pas l'écho!
Amédée : En tout cas, c'est une confirmation. C'est un alibi!... Asseyons-nous.

MADELEINE, *s'asseyant :* La vie est devenue vraiment impossible. Comment avoir d'autres carreaux!

> *On entend, soudain, venant de la chambre de gauche, un grand coup violent dans le mur ; Amédée, qui s'apprêtait à s'asseoir, se relève, le regard fixé sur la gauche ; Madeleine fait de même.*

MADELEINE, *poussant un cri :* Ah!
AMÉDÉE, *affolé :* Calme-toi, calme-toi!

> *La porte de gauche cède comme sous une poussée continue.*

MADELEINE, *prête à défaillir, mais toujours debout, s'écrie de nouveau :* Ah! Ciel!

> *Puis, Amédée et Madeleine, muets d'effroi, regardent deux pieds énormes sortir lentement par la porte ouverte, s'avancer d'une quarantaine ou d'une cinquantaine de centimètres sur la scène*[1].

MADELEINE : Regarde!

> *Ceci doit être dit avec angoisse, bien entendu ; pourtant, avec une certaine retenue ; cela doit paraître effrayant, sans doute, mais surtout ennuyeux ; c'est un événement embarrassant, mais cela ne doit pas du tout sembler insolite ; pour ceci, le jeu des acteurs doit être très naturel ; c'est « une tuile », d'importance, certes, mais pas autre chose qu' « une tuile ».*

AMÉDÉE : Je vois. *(Il se précipite, soulève les pieds, les met, avec soin, sur un tabouret ou sur une chaise.)* Alors, ça!

MADELEINE : Qu'est-ce qu'il nous fait encore? Qu'est-ce qu'il veut!

AMÉDÉE : Il grandit de plus en plus vite!

MADELEINE : Fais donc quelque chose.

---

[1]. Les pieds doivent être énormes : un mètre cinquante centimètres de hauteur, environ. Et même davantage, si les proportions du plateau le permettent.

Amédée, *désolé, désespéré :* Il n'y a rien à faire, rien à faire. On ne peut plus rien faire, hélas! Il a la progression géométrique.

Madeleine : La progression géométrique!?

Amédée, *du même ton :* Oui... La maladie incurable des morts! Comment a-t-il pu attraper ça chez nous!

Madeleine, *éclatant :* Mais qu'est-ce qu'on va devenir, mon Dieu, qu'est-ce qu'on va devenir! Je te l'avais bien dit... Je m'en étais doutée...

Amédée : Je vais le plier en deux...

Madeleine : Il l'est déjà!

Amédée : Je vais l'enrouler...

Madeleine : Ça ne l'empêchera pas de grandir. Il pousse de tous les côtés à la fois! Où va-t-on le mettre, qu'est-ce qu'on va en faire, que va-t-on devenir!

La figure dans ses mains, elle pleure.

Amédée : Madeleine, voyons, du sang-froid!

Madeleine : Ah! non, c'est trop fort, c'est plus qu'on n'en peut supporter...

Amédée, *voulant la consoler :* Tout le monde a des ennuis, Madeleine.

Madeleine, *se tordant les mains :* Ce n'est plus une vie! Non, non, ce n'est plus possible.

Amédée, *même jeu :* Tiens, mes parents, par exemple, ils avaient...

Madeleine, *l'interrompant, en larmes :* Il va s'amener ici avec tous ses champignons. Tu en as déjà trouvé deux, c'était un signe. J'aurais dû comprendre...

On entend des craquements dans la chambre de gauche.

Amédée, *même jeu :* Il y en a de plus malheureux que nous!

Madeleine *(sanglots, larmes, désespoir) :* Tu ne te rends donc pas compte que ce n'est plus humain, non ce n'est plus humain, ce n'est vraiment plus humain! *(Elle s'effondre sur une chaise. La tête entre ses mains, elle sanglote ; de temps en temps elle répète :)* Ce n'est plus humain, non, ce n'est plus humain... humain... humain... humain...

AMÉDÉE, *pendant ce temps, reste debout, impuissant, les bras ballants ; il regarde tantôt Madeleine, fait un pas vers elle comme pour aller la consoler, renonce, tantôt regarde le mort, en s'épongeant le front ; à part :* Et mes pièces, alors, je ne vais plus pouvoir les écrire... Nous sommes fichus...

> *Une nouvelle avance des pieds, d'une trentaine de centimètres, fait sursauter Madeleine.*

MADELEINE : Encore! *(Elle enfouit de nouveau son visage dans ses mains, sanglote, répète :)* ... plus humain... plus humain...

AMÉDÉE : Je ne vais plus pouvoir... L'atmosphère va devenir absolument irrespirable!

MADELEINE, *toujours dans le même état, continue de répéter :* ... plus humain... plus humain... *(Auquel elle mêle un :)* C'est ton excuse rêvée pour ne plus travailler du tout! *(Puis continue ses :)* ... Non... ce n'est plus humain...

> *Sonnerie du standard ; effondrée, elle tente de se relever ; la pendule marque à présent 13 heures.*

MADELEINE : Je dois retourner au travail par-dessus le marché. C'est l'heure. Je n'en peux plus... *(Cependant, elle tente de mettre son chapeau ; vers le standard.)* Oui, j'y vais...

AMÉDÉE : N'y va pas, Madeleine, du moins pas aujourd'hui, tu es trop fatiguée, repose-toi...

MADELEINE : Il faut bien. De quoi veux-tu que nous vivions ? Nous n'avons pas un sou... *(Sonnerie du téléphone, de plus en plus pressante.)* Il faut, malgré tout... *(Vers le standard.)* J'arrive, oui, j'arrive... *(A Amédée.)* Ils ne se doutent pas, les gens... ils ne pensent qu'à vous exploiter jusqu'à la dernière goutte de sang... ils ne pensent pas qu'on peut être à bout... à bout...

> *Sonnerie.*

AMÉDÉE : Nous avons encore quelques réserves, Madeleine ! Des macaronis, de la moutarde, du vinaigre, du céleri...

MADELEINE, *s'effondrant définitivement :* Ça ne nous mènera pas loin... Tant pis, je n'en peux plus, c'est trop... *(Vers le standard, enlevant son chapeau qu'elle avait mis de travers sur sa tête et le jetant avec violence.)* Je ne réponds pas. Je suis à bout... *(Les sonneries cessent brusquement.)* ... Au-dessus de mes forces...

> *Elle tombe sur sa chaise ; le chapeau gît au hasard sur le plancher ; elle est de nouveau le visage entre ses mains, sanglote désespérément.*

AMÉDÉE, *la regarde, puis, complètement désemparé, relève machinalement le chapeau ; le chapeau dans la main, il est là, le regard vide, au milieu de la scène ; pendant que quelques craquements puissants parviennent encore de la chambre de gauche, il se dirige à pas très lents vers son fauteuil, s'y enfonce, voûté ; d'un air très fatigué, il dit :* Je ne puis me rendre compte comment nous en sommes arrivés là. C'est trop injuste... Et dans un cas comme celui-ci... personne à qui demander conseil !...

Rideau.

ACTE II

Même décor. Au début de l'acte la pendule indique 15 heures. Il y a, en plus, dans la moitié droite du plateau, des meubles apportés de la pièce de gauche et qui, à cause de la croissance du mort, n'avaient plus de place. Parmi ces meubles, un divan, près de la porte de droite. Il peut y avoir un fauteuil supplémentaire, une table de nuit, une toilette, une glace, une armoire, ameublement divers de chambre à coucher. C'est tout un fouillis près de la porte de droite, bloquée par tous ces objets. La partie gauche du plateau est vidée de tous meubles. Il n'y a que deux ou trois tabourets, à petite distance les uns des autres, sur lesquels se trouvent les pieds et les jambes du mort : ceci occupe une grande partie de la moitié gauche du plateau. Dans cette moitié gauche également, au bas des murs, tout autour, une quantité de champignons énormes. De temps à autre, par secousses, qui, à chaque fois, feront sursauter Madeleine et Amédée, les pieds du mort avancent sur le plateau en direction de la droite. A chaque secousse et allongement des pieds du mort, Amédée mesurera l'avance, comme prisonnier d'un tic.

Au lever du rideau, Amédée et Madeleine se trouvent dans la partie gauche du plateau. On les aperçoit à peine, cachés dans le fouillis des meubles. Scène muette un certain temps. Dans une première secousse, les pieds du mort avancent en direction de la droite. On voit sursauter la tête de Madeleine qui, tout de suite après, disparaîtra de nouveau parmi les meubles. Amédée sort.

Madeleine, *dans son sursaut bref* : Il grandit à vue d'œil.

Amédée, *va tracer un trait, avec une craie, sur le plancher, au pied du tabouret sur lequel se trouvent les pieds du mort, puis il mesure soigneusement, en silence, la distance entre l'ancien trait et le nouveau* : Il s'est encore allongé de douze centimètres en vingt minutes. Ça va aller encore plus vite... Ah la la la! *(Il contemple un moment la partie du corps qui se trouve sur la scène, puis les champignons devenus énormes.)* Ceux-là aussi, ils poussent toujours! *(Un silence.)* S'ils n'étaient pas vénéneux, on pourrait en consommer; ou en vendre. Ah, je ne sais vraiment pas y faire. Je n'arrive jamais à tirer profit de quoi que ce soit.

Madeleine, *émergeant du fouillis des meubles, en se peignant devant la glace* : Il y a longtemps que je te le dis...

Amédée, *soupirant* : Oui, Madeleine, tu as raison. Un autre se débrouillerait certainement mieux. Je suis désarmé dans la vie. Je suis un inadapté... Je ne suis pas fait pour vivre dans ce siècle.

Madeleine : Tu aurais dû naître plus tôt ou beaucoup plus tard!

Silence. Les mains derrière le dos, Amédée déambule sur le demi-plateau de gauche, songeur, un peu voûté, puis s'arrête.

Amédée : Au moins, si mon moral était meilleur. C'est la fatigue. Pourtant, je ne fais pas grand-chose... *(Il veut se diriger à droite, vers le divan, heurte légèrement les jambes du mort.)* Oh, pardon...

Il replace doucement les jambes, regarde du côté de Madeleine pour se rendre compte si elle l'a vu ou non; comme elle est occupée à sa toilette, il prend un air un peu soulagé; puis, au bout de quelques pas, il s'arrête brusquement; il a une intention; il jette un nouveau regard du côté de Made-

leine, puis vers la porte ouverte à gauche, puis de nouveau du côté de Madeleine ; de nouveau vers la porte ; il se décide ; sur la pointe des pieds, il va doucement vers la chambre de gauche, arrive sur le seuil ; soudain :

Madeleine, *émergeant tout à fait et s'avançant sur le plateau* : Amédée, où vas-tu ? *(Amédée s'immobilise.)* Tu ne m'entends pas, où vas-tu, Amédée, je te demande ?

Amédée : Mais nulle part, nulle part... Où puis-je bien aller ?

Madeleine : Je viens avec toi.

Amédée : Je ne peux pas faire un pas sans que tu sois après moi ! Je suis libre !

Madeleine, *irritée* : Fais ce que tu veux, mon ami, vas-y donc, vas-y... Si tu veux toujours être seul !... Au moins, si ça te réussissait d'en faire à ta tête !

Amédée, *retournant sur ses pas* : Bon. Je n'y vais plus, na ! Tu es contente ?

Madeleine, *haussant les épaules* : Quel mauvais caractère ! Quel homme impossible ! Il faut en avoir de la patience, avec toi... Au moins, si tu avais une qualité quelconque. Tu vois bien où nous en sommes, où tu m'as amenée...

Amédée : Des reproches, toujours des reproches, ce qui est fait est fait, inutiles les remords...

Madeleine : Facile à dire ! Il est facile de se débarrasser de sa culpabilité.

Amédée : Ce n'est pas entièrement de ma faute...

Madeleine : Ah, ça par exemple, tu ne vas tout de même pas prétendre que c'est la mienne !

Elle veut se diriger vers la chambre à gauche.

Amédée : Où vas-tu ?

Madeleine : Je ne peux pas le laisser comme ça ! Il faut bien que je le débarbouille ! Ce n'est pas toi qui t'en chargerais.

Amédée : Ce n'est pas la peine ! Ce n'est pas la peine !

Madeleine, *n'y va pourtant pas ; les pieds du mort avancent* : Il grandit ! il grandit ! *(Amédée se dirige vers*

le divan.) Qu'est-ce que tu fais ? Tu n'as toujours pas fermé ses yeux ! Comment peut-on être étourdi à ce point !
AMÉDÉE : Je suis tellement las !

Il va s'effondrer sur son divan.

MADELEINE : Comme chaque fois que tu dois agir. Est-ce que tu vas m'en débarrasser ? Si tu es si fatigué, prends des fortifiants, des reconstituants nerveux... Prends-en.
AMÉDÉE : Ça ne produit plus aucun effet sur moi. Ça me fatigue devantage.
MADELEINE : Ce n'est pas le moment...
AMÉDÉE : Je n'ai plus aucune force, aucune volonté.
MADELEINE : Ce n'est pas le moment de ne plus en avoir ! Au moment décisif, l'énergie te fait toujours défaut, ta volonté t'abandonne. Tu ne changeras jamais, mon ami. Vas-tu m'en débarrasser !
AMÉDÉE : Ça va s'arranger, je te dis, ça va s'arranger... J'en suis sûr... Ce n'est pas possible que ça ne s'arrange pas...
MADELEINE : Tu crois ? (*Puis changeant de ton, brusquement.*) C'est de la folie ! Comment veux-tu que ça s'arrange... Il faut faire quelque chose absolument ! Écoute, si tu ne m'en débarrasses pas, je divorce.
AMÉDÉE : Ce ne serait pas le moment. Je ne pourrais pas l'élever tout seul.
MADELEINE : Alors songes-tu à m'en débarrasser, oui ou non... réponds-moi.
AMÉDÉE : J'y songe, Madeleine, j'y songe sérieusement.
MADELEINE : Tu y songes ! Depuis le temps que tu y songes ! Les voisins s'en apercevront, d'un moment à l'autre, si tu ne te décides pas. Et puis on n'aurait plus de place où le mettre...
AMÉDÉE : Ça leur est bien égal, aux voisins...
MADELEINE : Tu crois ? Tiens, écoute...

On entend une voix de concierge, sur le palier, puis une voix d'homme.

Voix de la Concierge : Il doit se passer des choses pas normales dans cette maison...

Voix de l'Homme : Ce sont des personnes bien bizarres !

Madeleine : Tu as entendu ? Et ce n'est pas la première fois que j'entends de pareilles réflexions...

Amédée : Les gens disent n'importe quoi. Des paroles en l'air qui ne portent pas à conséquence...

Madeleine : Jusqu'à ce que ça éclate. Tout sera dévoilé ! On nous montrera du doigt. Et si ce n'était que ça !

Amédée : Bon. Puisque je te le dis, je t'en débarrasserai. Je te le promets.

Madeleine : Quand ? Quand ? quand ?

Amédée : Demain... Laisse-moi me reposer.

Madeleine : Demain, demain... Je les connais tes promesses, tes « demain »... Depuis le temps que c'est pour demain, toute une vie y a passé... Ce n'est pas demain, c'est aujourd'hui même qu'il faut te décider. As-tu compris ?

Amédée : D'accord. Je t'en débarrasserai aujourd'hui, si tu veux.

Madeleine : Si c'était vrai ! *(Court silence.)* Tu veux dire que tu *nous* en débarrasseras. Tu ne feras pas ça seulement pour moi. Tu le feras aussi pour ta tranquillité.

Amédée : Oh, s'il n'y avait que moi, tu sais, je m'en accommoderais...

Madeleine : Mais où le mettrais-tu ? Où le mettrais-tu ? C'est tellement petit ici. Nous n'habitons pas le château de Versailles, nous n'avons pas des salons immenses où peuvent entrer des trains entiers... Même alors, il prendrait tout.

Amédée : Il ne me faut qu'une toute petite place, un tout petit coin pour vivre...

Madeleine : Tu appelles ça « vivre »...

Amédée : Laisse-moi donc quelques instants... Tout ça, c'est la fatalité.

Madeleine : Homme incorrigible... Essaie plutôt de sauvegarder au moins ce qui nous reste d'avenir...

(A part.) Que vont dire les gens! que vont dire les gens!

AMÉDÉE : Tu ne me laisses pas un instant de répit... Moi aussi je souffre. Moi non plus je ne me reconnais plus. Et tu dis que je n'ai pas changé!

MADELEINE : Je te répète que c'est ta faute. Je te le répéterai jusqu'à ce que cela entre dans ta tête.

AMÉDÉE, *faiblement* : Non. Ce n'est pas uniquement ma faute.

MADELEINE : Si, si! *(Amédée, vaincu, hausse les épaules, sans répondre, il bouge simplement les lèvres pour un « non » têtu d'enfant, que l'on n'entend pas ; silence.)* Tu aurais dû déclarer son décès à temps. Ou alors te débarrasser du cadavre plus tôt, quand c'était plus facile. Tu ne diras pas que tu n'es pas paresseux, indolent, désordonné...

AMÉDÉE : Brisé de fatigue, surtout, brisé de fatigue.

MADELEINE, *continuant* : Tu ne sais jamais où tu mets tes affaires. Tu perds les trois quarts de ton temps à les chercher, à fouiller dans les tiroirs, je te les trouve sous les lits, n'importe où. Tu entreprends toujours un tas de choses que tu n'achèves jamais. Tu abandonnes tes projets. Tu lâches tout. Si je n'avais pas été là pour nous faire vivre... mes maigres revenus... que je n'ai même plus, à présent...

> *Amédée, accablé, sur le divan ou dans son fauteuil, le visage visible pour le public, exprimant une grande fatigue, il subit, en se taisant.*

MADELEINE, *reprenant, après un silence* : Tu as laissé quinze ans s'écouler... Quinze ans!... On ne pourra plus faire croire à personne qu'il ne se passe rien, qu'il ne s'est rien passé chez nous... C'est ton manque d'initiative qui est cause de tout... *(Nouvelle secousse brusque du mort. Amédée se lève difficilement, comme un automate, va mesurer la nouvelle distance parcourue, fait un nouveau signe à la craie, revient à son fauteuil, s'y enfonce lourdement, tandis que Madeleine, s'interrompant à peine, continue son discours.)* Il faudrait peut-être tout de même le dire au commissaire, si tu ne veux pas faire autrement...

AMÉDÉE : On aurait des histoires...

MADELEINE : Au moins, si on pouvait prouver qu'il est mort depuis quinze ans... Au bout de quinze ans, on est couvert par la prescription...

AMÉDÉE : Au bout de treize ans...

MADELEINE : Tu vois, même au bout de treize, d'autant plus au bout de quinze... Si tu avais déclaré son décès à temps, on aurait la prescription maintenant... Nous serions bien plus tranquilles... Nous ne craindrions pas les voisins. La maison serait plus gaie, nous ne vivrions pas comme des prisonniers, comme des coupables... *(Elle montre le mort.)* A cause de lui, rien ne peut nous réussir...

AMÉDÉE : Je n'arriverai jamais, Madeleine, à t'apprendre la logique. On serait depuis longtemps en prison, ou guillotinés si on avait fait cette déclaration le jour même de la mort. La prescription n'aurait pas eu le temps de jouer...

MADELEINE : Évidemment, je n'ai pas raison. Tu ne me donnes jamais raison. Et pourtant... Oui, c'est encore moi qui suis la plus bête, n'est-ce pas ? C'est ça que tu veux dire ?

AMÉDÉE : Je n'ai pas voulu dire que tu es bête. Simplement que tu n'es pas logique, ce qui n'est pas du tout la même chose.

MADELEINE : Ah !... tes subtilités !...

AMÉDÉE : On ne peut pas se comprendre.

MADELEINE : J'ai tout compris. Toi aussi, va, je t'ai compris... depuis longtemps !

AMÉDÉE : Je n'en doute pas !

MADELEINE, *après un court silence* : Ou bien alors, tu aurais pu encore, le lendemain même du meurtre, aller au commissariat, dire que tu l'avais tué dans un moment de colère, par jalousie, ce qui était la pure vérité, puisque tu prétendais qu'il était mon amant... Je ne l'ai pas nié...

AMÉDÉE : Ah ? c'est pour cela que je l'ai tué ? J'avais oublié...

Madeleine : Étourdi. Si on peut oublier des choses pareilles ! *(Continuant.)* ... Et, comme c'était un crime passionnel, tu n'aurais même pas été inquiété, on t'aurait fait signer une petite déclaration, on t'aurait laissé partir ; la déclaration, on l'aurait fourrée dans un dossier, on l'aurait classée... il y a longtemps qu'on n'en parlerait plus...

Amédée : Et comme ça, on en parle encore !... Pauvre jeune homme... Ah oui, on dirait que je me souviens, il était venu nous rendre visite. L'avais-je déjà vu ? Venait-il pour la première fois chez nous ?

Madeleine, *continuant* : Je te le répète, c'est ta négligence, ton laisser-aller, qui nous ont perdus.

Amédée : J'ai toujours eu horreur des formalités, de l'administration...

Madeleine, *continuant toujours* : Chaque fois que je te disais, lorsqu'il était encore temps : « Va faire ta déclaration », tu me répondais, comme tu viens de le faire, « demain », « demain », « demain », « demain »...

Amédée : Tiens, si j'y allais demain.

Madeleine, *avec force* : Non. Aujourd'hui, aujourd'hui, aujourd'hui, aujourd'hui !

Amédée : C'est peut-être plus facile d'aller chez le commissaire...

Madeleine : Oui, pour ne pas tenir ta promesse. Ne viens-tu pas de dire que tu vas le faire partir d'ici, aujourd'hui même ? Ou veux-tu que je divorce ?

Amédée : Bien, bien... aujourd'hui même...

Madeleine : D'ailleurs, comme je te connais, tu n'irais pas chez le commissaire. D'autre part, ça ne servirait plus à rien. On ne te croira jamais, quinze ans après le meurtre, que tu l'as tué dans un mouvement de colère. Quand on attend quinze ans, cela ne peut être que de la préméditation...

Amédée : Voyons, Madeleine...

Madeleine : Tu vas encore dire que je n'ai pas de logique.

Amédée : Je ne dis pas cela.

Madeleine : Alors, qu'est-ce que tu veux ?

Amédée : Je me demande ce qu'on pourrait raconter

au commissaire... Comme le mort a vieilli, il fait très vieux, n'est-ce pas, je pourrais peut-être dire que c'est mon père, que je l'ai tué hier...

MADELEINE : Oh, ce ne serait peut-être pas une bonne excuse...

AMÉDÉE : Peut-être pas, tu as raison...

MADELEINE : Par la voie légale, il n'y a plus rien à faire. Il te reste la clandestinité. Il faut agir par tes propres moyens... Au plus vite...

AMÉDÉE, *se lève lentement, évite le mort, fait le tour de la pièce, en longeant les murs* : Au fait, Madeleine, je me demande si vraiment, je...

MADELEINE : Qu'est-ce qu'il y a encore, tu hésites, n'est-ce pas? Tu ne veux rien faire!

AMÉDÉE : Si. Autre chose je voulais dire.

MADELEINE : Quoi, autre chose? Qu'est-ce qui n'est pas clair?

AMÉDÉE : Est-ce que vraiment je l'ai tué?

MADELEINE : Serait-ce moi... une pauvre femme?

AMÉDÉE : Non. Non. Certainement pas.

MADELEINE : Alors?

AMÉDÉE : Est-ce vraiment le galant que nous avons... que j'ai tué? Il me semble, ah, quelle mémoire déplorable, il me semble que le galant était déjà parti... au moment du crime...

MADELEINE : Tu as admis toi-même que tu l'avais tué. Tu disais que tu t'en souvenais. C'est bien ça, n'est-ce pas?

AMÉDÉE : Je me suis peut-être trompé. J'ai peut-être confondu... J'embrouille tout, les rêves avec la réalité, les souvenirs avec l'imagination... Je ne sais plus où j'en suis.

MADELEINE : Si ce n'est pas le galant, qui veux-tu donc que ce soit?

AMÉDÉE : C'est peut-être le bébé.

MADELEINE : Le bébé?

AMÉDÉE : Une voisine nous a confié un jour un bébé. Tu te rappelles? Il y a des années. Elle n'est plus venue le chercher...

MADELEINE : C'est absurde!... Pourquoi le bébé

serait-il mort ? Et pourquoi, une fois mort, l'aurions-nous laissé grandir chez nous ? Ce serait toujours ta négligence alors ? Ou l'aurais-tu tué ?... Assassin ! Infanticide !

Amédée : Possible. Je ne sais pas. Peut-être criait-il trop fort, ça m'énerve d'entendre crier les enfants... Il devait m'empêcher de travailler, d'écrire ma pièce, alors, l'entendre hurler des heures et des heures, je suppose que cela a dû m'exaspérer, et... dans un mouvement de colère légitime... un geste maladroit... un peu brutal... tu sais, un bébé ça se tue comme une mouche !...

Madeleine : Que ce vieillard mort soit le galant ou le bébé, cela ne change rien à la situation. Il faut nous en sortir.

Amédée : Évidemment, évidemment !... *(Après un court instant, comme illuminé par un début de joie.)* Mais, en somme, pourquoi ne serait-il pas mort de sa bonne mort ? Pourquoi veux-tu absolument que je l'ai tué ? Un bébé c'est fragile. Ça ne tient à la vie que par un fil.

Madeleine : Ce n'était pas le bébé. Ma mémoire est plus sûre que la tienne. C'était le galant.

Amédée : Un galant... un galant... il arrive, il boit un peu trop... il voit une femme jolie..., voluptueuse... ça provoque une hausse de tension... il peut avoir un coup de sang et.., mon Dieu...

Madeleine : C'est donc ma faute ? C'est ça que tu veux dire... Il était bien entendu que ce n'était pas ma faute !...

Amédée : Excuse-moi.

Madeleine : D'abord, un jeune homme de vingt ans a les artères souples, il ne meurt pas de ça, il n'a pas le sang épais d'un vieux bonhomme...

> *En disant « vieux bonhomme », Madeleine appuie sur ces deux mots et jette un coup d'œil plein de sous-entendus à Amédée ; celui-ci fait semblant de ne pas comprendre.*

Amédée : En y réfléchissant bien, je me demande si ce n'est pas quelqu'un d'autre...

MADELEINE : Qui ? Qu'est-ce que tu vas chercher ?

AMÉDÉE : Tu sais... J'étais à la campagne, à la pêche... une femme est tombée à l'eau. Elle appelait « au secours ». Ne sachant pas nager, et puis comme ça mordait à ma ligne, je ne me suis pas dérangé, je l'ai laissée se noyer... Dans ce cas, je serais simplement inculpé de non-assistance à personnne en danger... C'est moins grave.

MADELEINE : Et comment t'expliquerais-tu la présence de ce cadavre chez nous ?

AMÉDÉE : Ça... je ne sais plus. On l'aurait peut-être porté chez nous, pour la respiration artificielle... Ou il serait venu tout seul...

MADELEINE : Étourdi, étourdi ! Tu oublies que ce n'est pas un cadavre de femme, c'est un cadavre d'homme !

AMÉDÉE : C'est vrai. Je n'y pensais pas.

MADELEINE : De toute façon, nous serions en faute. Car nous avons commis au moins le délit de recel de cadavre.

AMÉDÉE : Ça, c'est juste... Oui... c'est exact... *(Un silence. Il poursuit sa pensée, tout en circulant le long des murs ; par mégarde, il heurte ou écrase un champignon ; il sursaute.)* Pardon !

Trop tard, Madeleine s'en est aperçue.

MADELEINE, *explose* : Attention à mes champignons !... Voyons, tu vas tous me les abîmer !

AMÉDÉE : Je ne l'ai pas fait exprès !

MADELEINE : Mes pauvres champignons ! Tu as cassé toute ma vaisselle ! Maintenant que tu n'as plus une assiette pour exercer ta maladresse...

AMÉDÉE : Voyons, on n'exerce pas une maladresse...

MADELEINE : ... tu t'en prends à mes champignons !

AMÉDÉE : Il n'en manque pas de champignons, regarde ! Il en pousse, ils grossissent sans arrêt...

MADELEINE : Tu disais aussi de mes assiettes qu'il n'en manquerait pas... Et maintenant, il n'y en a plus une seule...

AMÉDÉE : Les assiettes ne poussent pas...

MADELEINE : Non. Mais il faut les acheter.

Amédée : ... tandis que les champignons, ça germe, ça pousse... Du moins, tant qu'il sera là...

Il montre le cadavre.

Madeleine : Tu vas encore chercher des raisons pour le laisser là...
Amédée : Mais non, mais non...

Les pieds du mort avancent brusquement, en plusieurs secousses successives, profondément, vers la porte de droite, avec bruit, toujours.

Madeleine, *pousse un cri, affolée* : Ah! Amédée! Tu vois! Tu vois! Qu'est-ce que tu attends donc!

Amédée veut marquer, avec une craie, les nouvelles distances parcourues, puis, après une nouvelle secousse et avance, il y renonce, jette la craie, hausse les épaules.

Madeleine, *se tordant les mains* : Qu'est-ce que tu attends! Qu'est-ce que tu espères! Décide-toi! Décide-toi!
Amédée : Il faut, je vois. Il faut, je vois. Ça ne va pas être facile.
Madeleine : Mon chéri, fais quelque chose...
Amédée : Comment as-tu dit?
Madeleine, *de nouveau irritée* : J'ai dit simplement « fais quelque chose », parce qu'il faut absolument faire quelque chose, c'est tout ce que j'ai dit... Je l'ai dit, parce que c'est à toi de le faire.
Amédée : Je ne peux pas à l'instant même. Je dois attendre la nuit. C'est pour cette nuit. Promis.
Madeleine : Je serai enfin soulagée.
Amédée : Tu seras enfin heureuse.
Madeleine : Heureuse... Heureuse... Comme si on pouvait rattraper le temps perdu! Toutes ces années gâchées, c'est un poids mort... Ça restera toujours...
Amédée : Ce sera quand même une petite consolation...
Madeleine : J'aurai peut-être une vieillesse moins tourmentée, c'est tout...

Amédée : Si tu veux, on pourrait peut-être essayer de l'enlever tout de suite...

Madeleine : C'est trop risqué, pour tous les deux. Il ne faut pas qu'on te voie. Attendons la nuit, qu'est-ce que tu veux... Il y a longtemps que cela aurait dû être fait... Nous sommes bien obligés d'attendre, encore, jusqu'à ce soir... Nous avons attendu quinze ans... Quelques heures de plus ou de moins... Hélas, je suis habituée d'attendre, attendre, attendre, attente, manque de confort, voilà ce que fut ma vie...

Amédée, *timidement* : La mienne aussi.

Madeleine : ... Voilà ce que fut ma vie... On pourrait en faire tout un roman! Tu n'y penses pas, toi, d'écrire un roman sur ma vie, je mérite au moins ça, tu ne penses jamais à moi!

Amédée, *timidement* : Je vais essayer, si tu veux... Après...

Avance légère du mort; dorénavant, le mort continuera d'avancer vers la porte de droite, sans secousses, lentement mais sans arrêt.

Madeleine : S'il a toujours sa progression géométrique, tiendra-t-il dans l'appartement jusqu'à la nuit?

Amédée : Dame. Il faut espérer...

Il calcule du regard, vaguement, la distance qui sépare les pieds du mort du mur de droite.

Madeleine : Tu pourrais calculer, on serait plus sûr...

Amédée, *geste de lassitude* : Je n'ai jamais été fort en calcul. Nous verrons bien...

Madeleine : Toujours l'incertitude, avec toi.

Amédée : Asseyons-nous. Reprenons des forces. Attendons. Nous sommes obligés. On ne peut pas faire autrement. Assieds-toi, Madeleine... Il faut se faire une raison.

Madeleine et Amédée s'assoient; lui, il s'effondre dans son fauteuil; elle, nerveuse, sur une chaise; silence, puis, elle prend des aiguilles, tricote, impa-

*tiente ; elle regarde tantôt du côté d'Amédée, tantôt
fixe ses yeux sur la pendule du fond ; on doit toujours apercevoir de la salle les aiguilles bouger doucement, à la même cadence que les pieds du mort,
tandis que la lumière, venant de la fenêtre du fond,
teintera des couleurs du jour, puis de celles du couchant, la pièce où se trouvent les deux personnages ;
plus tard, ce sera la mi-obscurité du crépuscule, puis
la lumière de la lune, tout à la fin de l'acte, que
l'on verra, ronde, énorme, par la fenêtre.*

MADELEINE, *nouveau regard sur Amédée, puis vers la
pendule ; silence ; elle tricote ; encore un regard vers Amédée
effondré, les yeux mi-clos, dans son fauteuil, face au public ;
elle ouvre la bouche comme pour dire quelque chose, s'abstient ; la pendule sonne l'heure ; de nouveau, regarde vers
Amédée et, cette fois* : Amédée!

AMÉDÉE, *toujours les yeux clos* : Quoi ?!... Laisse-moi prendre des forces...

MADELEINE : Tu devrais te mettre à travailler...
ça t'aidera à passer le temps jusqu'à ce soir... Écris ta
pièce... C'est pas la peine de perdre les meilleurs
moments...

AMÉDÉE, *même attitude* : ... Je suis... si fatigué...

MADELEINE : Un effort, Amédée! Tu sais que c'est
pour ton bien...

AMÉDÉE, *même attitude* : Pas de force, pas en
forme... Je ne peux pas... non... vraiment... pas pour
l'instant...

MADELEINE : Puisque tu n'as rien d'autre à faire
jusqu'à la nuit...

*Silence ; Amédée essaie de se lever, se soulève
légèrement, retombe dans son fauteuil ; silence lourd ;
toujours, progression insensible du mort ; les aiguilles de la pendule, insensiblement, avancent.*

AMÉDÉE, *même attitude* : C'est si long jusqu'à ce
soir... J'ai déjà le trac...

MADELEINE, *moins dure* : Du sang-froid, Amédée.
Du courage. Tu dois vaincre ta peur. Domine-toi.

AMÉDÉE, *même attitude* : Je vais tâcher de me dominer.

MADELEINE : C'est indispensable.

Silence.

AMÉDÉE, *même attitude* : Ça va me demander un gros effort de le porter... ça sera dur...

MADELEINE : Essaie d'oublier... n'y pense plus pour l'instant... tu verras ça tout à l'heure... ne gaspille pas tes réserves d'énergie. Allons, écris...

AMÉDÉE, *même attitude* : Oublier... quand on n'attend que ça, quand on attend que l'heure passe... j'ai des palpitations, déjà...

MADELEINE : Un moment pénible à passer... Je serai là, je t'aiderai.

AMÉDÉE, *même attitude* : Le pénible, le plus pénible, c'est moi qui le ferai...

MADELEINE : C'est bien ton tour.

AMÉDÉE : ... et le plus dangereux...

MADELEINE : C'est aussi dangereux pour l'un que pour l'autre...

AMÉDÉE, *même attitude* : ... Et l'effort physique...

MADELEINE : Tu es un homme.

AMÉDÉE, *même attitude* : Je n'ai jamais pratiqué les sports. Je n'ai jamais été manœuvre. Je ne sais même pas bricoler. Je suis un sédentaire, moi, un intellectuel...

MADELEINE : Ton éducation a été incomplète. Tu n'aurais pas dû négliger ton corps...

AMÉDÉE, *même attitude* : Je m'en aperçois... bien tard, bien tard... Mais qui aurait pu penser... que je devrais...

MADELEINE : On doit être préparé pour toute éventualité, dans la vie...

AMÉDÉE, *même attitude* : C'est vrai. Mes parents n'ont pas été prévoyants... Inutile de récriminer...

MADELEINE, *plus nerveuse* : Et pourtant, tu as, des fois, juste quand il ne faut pas, des sursauts d'énergie... Tu as bien pu le tuer... Il aurait mieux valu que la force t'ait manqué à ce moment et que tu en aies davantage aujourd'hui !

Amédée, *même attitude* : D'abord, il n'est pas tout à fait prouvé que je l'ai tué. Je n'en suis pas tout à fait certain.

Madeleine : Ça recommence !

Amédée, *même attitude* : Mais je te l'ai dit.

Madeleine : Es-tu fou ou de mauvaise foi ?

Amédée, *même attitude* : Je veux bien l'admettre puisque je ne vois pas d'autre explication raisonnable à la situation... J'admets qu'il est vraisemblable que c'est moi qui l'ai tué...

Madeleine : Tout de même !...

Amédée, *même attitude* : Pourtant, avoir l'énergie de tuer quelqu'un, le sursaut nécessaire, dans un moment de colère ou de dépit, c'est très facile... Ça se fait tout seul... N'importe qui... C'est l'effort physique prolongé qui m'effraie... Est-ce que je vais pouvoir ?... L'effort physique, la pensée de l'effort, l'effort prémédité, l'attente, c'est ça qui détruit. *(Soupirant.)* Je le ferai, puisqu'il le faut, puisqu'il le faut... puisqu'il le faut...

Madeleine : Alors c'est tout simple. Essaie de n'y plus penser. Ça te soulagera. Fais comme si de rien n'était. C'est un jour comme tous les jours... Aussi mauvais, mais pas plus... Écris ta pièce. Ça servira aussi a donner le change aux voisins. Il ne faut pas qu'ils soupçonnent quoi que ce soit...

Amédée, *même attitude* : Il n'y a pas à s'inquiéter des voisins. Ils ne pensent pas à nous. Écoute. On ne les entend plus...

Madeleine : Ils sont là, sois certain. Ils sont là, dans les appartements, les oreilles collées aux murs, ou sur les planchers, ou bien ils guettent derrière les rideaux de leurs fenêtres... ou bien ils restent silencieux, debout, groupés dans la loge de la concierge...

Amédée, *même attitude* : Tu exagères...

Madeleine : Je les connais mieux que toi. C'est quand ils se taisent que je les crains le plus. La méchanceté des gens, leur curiosité cruelle... Ils nous épient, ils nous épient, ils ne font que ça toute la journée.

Tu n'as donc pas d'antennes ? Tu ne sens pas comme leur silence est pesant ? Dès qu'ils auront surpris la moindre chose, ce silence suspect auquel tu te fies éclatera avec le bruit d'un vase qui se brise en mille morceaux... J'aime encore mieux quand ils parlent, quand ils font, à haute voix, des réflexions désobligeantes pour qu'on les entende... ou même quand ils glissent des papiers sales sous notre porte... ou quand ils essaient de percer des trous dans le mur pour passer des fils... Tu sais, comme l'autre jour... J'aime tout de même mieux ça. On sait à quoi s'en tenir... Mais leur silence mauvais, je ne m'y habitue pas... Il faut s'en méfier...

Amédée, *même attitude* : Ce soir... cette nuit... à minuit, l'heure du crime, pas avant... comme un voleur... Au moins si on y était... En finir une fois... Ah, si le temps pouvait passer plus vite, passer plus vite ! *(Silence.)* Il faut se faire une raison.

Silence.

Madeleine, *brusquement* : Mais travaille donc tout de même ! Combien de fois veux-tu qu'on te le dise ? Tu ne comprends pas qu'il faut donner le change ?... Comme s'il n'y avait rien d'extraordinaire...

Amédée, *même attitude, péniblement* : Un jour comme les autres, comme les autres...

Madeleine : Moi non plus, je n'ai pas le cœur à travailler... pourtant, je tricote, comme d'habitude...

Amédée, *même attitude, péniblement* : Je vais essayer. Il faut que je m'y mette, il faut que je m'y mette... drôle de boulot... *(Avec un grand mépris.)* Écrivain... *(Court silence.)* J'aimerais mieux dormir, jusqu'à minuit. De toute façon, je ne pourrais pas... j'ai perdu le sommeil... *(Court silence. Toujours dans la même attitude.)* L'horizon est cerné de montagnes sombres... Des nuages épais rasent le sol... Des fumées, des vapeurs... *(Toujours dans la même attitude, les yeux mi-clos ; il ouvre, pour quelques secondes, les yeux, et l'expression d'une immense fatigue doit se lire sur son visage ; il reste toujours dans la même position, c'est-à-dire effondré dans son fauteuil, face au public.)*... i-ma-ges... i-ma-ges... ça ressemble à quoi, à quoi, à quoi...

Tandis que Madeleine continue, dans son coin, de tricoter, entrent ou apparaissent par le fond deux personnages, deux comédiens, tournant sur place dans la scène qui va suivre ; ils ressemblent, d'une manière très réaliste, à Amédée et Madeleine ; leurs voix seront exactement imitées des voix d'Amédée et Madeleine ; vers la fin, les voix seront très aiguës — surtout celle de Madeleine II, — plaintives, inhumaines, irréelles, ressemblant à des cris d'animaux souffrants ; à l'apparition de leurs sosies, tandis que Madeleine, à sa place, tricotera, Amédée restera dans la même attitude pendant quelque temps, dans son fauteuil ou sur son divan ; il aura l'air — sauf au moment de ses interruptions et à la fin de la scène, par exemple, — aussi étranger que Madeleine à ce qui se passe sur le plateau ; il faut encore signaler que l'on doit éviter, dans toute la mesure du possible, que Madeleine II et Amédée II aient l'aspect d'ectoplasmes ; pour ceci, pas d'apparition dans une lumière fantomatique, mais dans celle, normale, de la scène ; le jeu de Madeleine II et d'Amédée II doit être très naturel dans le non-naturel, dans l'irréel ; aussi naturel que peut l'être celui de Madeleine et d'Amédée. Selon les possibilités de la mise en scène et, surtout, dans le cas où l'on ne pourrait trouver deux autres comédiens ressemblant parfaitement aux comédiens interprétant Amédée et Madeleine, on peut jouer la scène qui suit de cette façon : le champ se resserre sur Amédée, on ne voit plus que son visage immobile. Madeleine a disparu. Musique. La lumière redevient plus claire, donne un air de fête. Amédée est jeune marié : il sort de son tiroir gants blancs, chapeau, cravate, fleurs, etc., et s'habille. Madeleine apparaît au balcon, face au public, en mariée voilée ou non. Musique. Amédée va, très jeune, vers elle.

Si on adopte cette seconde possibilité, évidemment on n'a plus besoin de comédiens supplémentaires : les répliques mises entre parenthèses sont, en ce cas, également supprimées.

Amédée II : Madeleine, Madeleine!

Madeleine II : N'approche pas. Ne me touche pas. Tu piques, piques, piques. Tu me fais ma-al! Qu'est-ce que tu veu-eu-eux! Où vas-tu? Où vas-tu? Où vas-tu? Où vas-tu?

Amédée II : Madeleine...

Madeleine II *(entre plainte et cri)* : Aaah! Aaah! Aaah!

Amédée II : Madeleine, réveille-toi, ouvrons les rideaux, c'est l'aurore du printemps... Réveille-toi... le soleil inonde la chambre... Lumière de gloire... Chaleur douce!...

Madeleine II : ... nuit, pluie, boue!... le froid! je grelotte... noir... noir... noir!... Aveugle, tu embellis la réalité! Ne vois-tu pas que tu l'embellis?

Amédée II : C'est la réalité qui nous embellit.

Madeleine II : Mon Dieu, il est fou! il est fou! Mon mari est fou!!

Amédée II : Regarde... regarde... dans les souvenirs, dans le présent, dans l'avenir... autour de toi!

Madeleine II : Je ne vois rien... Il fait noir... il n'y a rien... je ne vois rien!... Tu es aveugle!

Amédée II : Si, je vois, je vois...

Madeleine II : Non... non... non...

Amédée II : ... La vallée verte où fleurissent les lys...

Madeleine II : Des champignons!... des champignons!... champignons!... champignons!...

Amédée II : Si, la vallée verte.... la ronde, on y danse, main dans la main.

Madeleine II : Sombre vallée, humide, marécages, on s'enlise, on se noie... au secours, j'étouffe, au secours!...

Amédée II : Je déborde de chansons... la, li, la, li, la, la, la, la!

Madeleine II : Ne chante pas avec ta voix fausse. Tu me déchires les oreilles!

Amédée II : La, li, la, li, la, la, la, la!...

Madeleine II, *criant :* Ne crie pas.. ne crie pa-a-as!... Quelle voix stridente! Tu me perces les oreilles! Tu fais ma-a-al! Ne déchire pas mes ténèbres! Sadi-ique! Sa-di-i-que!

Amédée II : Madeleine, chère...

Madeleine II : Miséra-able Amédée!

Amédée II : Madeleine, tu chantais autrefois!

Madeleine II : Par ennui, des refrains à la mode, certainement par ennui!

Amédée II : Dansons!... La ronde... La joie éclate... Lumière folle... L'amour fou... Le bonheur fou... Joie, éclate, éclate, joie!

Madeleine II : Ne tirez pas!.. Ne tirez pas!... Les baïonnettes, les mitrailleuses... Ne tirez pas, j'ai peur!...

Amédée II : Les gens s'embrassent.

Madeleine II : Ne me tuez pas... pitié, je vous implore... ne le tuez pas, ne les tuez pas..., pitié pour les enfants!...

Amédée II : Le bonheur fou...

Madeleine II : Folie! Folie! Folie!

Amédée II : Nous voguons sur le lac limpide. Notre barque un lit de fleurs... berceau... L'onde nous porte... nous glissons...

Madeleine II *(cri d'effroi) :* Je gli-i-isse!... Une barque? Quelle barque? Mais dis-moi de quelle barque parles-tu? A quelle barque peux-tu penser? Où vois-tu donc des ba-arques!.. Hi! Hi! Hi! Hi! Des barques dans la boue, dans le sable du désert, c'est-y possible?

Amédée II : Églises blanches!... Carillons!... Les églises sont des colombes!...

Madeleine II : Des carillons?... Je n'entends rien! Tu es sourd, je n'entends rien, tu es sourd!...

Amédée II : Voix d'enfants!... voix de sources, voix de printemps!

Madeleine II : Non, non, des crapauds, des serpents!

Amédée II : Voix des neiges sur la montagne...

Madeleine II : Forêts visqueuses, nuit de bagne!... Forêts d'enfer... Ah! laissez-moi! Lâchez-moi!... Aaah!

Amédée II : L'horizon respire. Lumière de gloire...

Madeleine II : Où? Où? Hou-ou! Hou-ou! Il y a des nuages, il y a des loups! Hou! Hou!

Amédée II : Le matin ne vieillit pas... Clarté vivante... Finie la nuit... finie...

Madeleine : Je sombre dans la nuit! Épaisses ténèbres!... à couper au couteau... Je ne veux pas, je ne veux pas... j'ai peur! Aaah!...

Amédée II : Madeleine...

Madeleine II : Qui fait pousser aux arbres ces feuilles dures, ces branches cinglantes, ces lianes?! C'est toi qui fais ça, misérable, miséra-a-able!

Amédée II : Madeleine, petite, ma fille...

Madeleine II : Elles me fouettent les joues, les épaules! C'est toi, misérable, c'est toi qui me frappes au visage!

Amédée II : Il n'y a pas d'obstacle. Il n'y a pas d'arbres. Regarde bien... Regarde... Des pierres douces comme la mousse...

Madeleine II : Elles écorchent mes pieds... Des épines de feu! Des flammes pointues, des flammes de glace... On m'enfonce des épingles de feu dans la chair. Aaah!

Amédée II : Si tu voulais... il y aurait, il y aurait : sève d'abondance... aux pieds des ailes, nos jambes des ailes... les épaules des ailes... abolie, la pesanteur... plus jamais la fatigue...

Madeleine II : Toujours la nuit... toujours la nuit... seule au monde!...

Amédée II : Nous sommes aux portes du monde!

Madeleine II, *perruche* : Voyez-vous ça! Voyez-vous ça! Ça n'existe pas! Jamais content! Jamais content!

Amédée II : Univers aérien... Liberté... Puissance transparente... Équilibre.... Légère plénitude... Le monde n'a pas de poids...

Madeleine II : Voyez-vous ça! Voyez-vous ça!
Amédée II : On soulève le monde d'une seule main...
Madeleine II : Jamais content! Jamais content!
(Amédée, *dans son fauteuil* : Le temps est lourd. Le monde épais. Les années brèves. Les secondes lentes.)
Madeleine II : La pierre, c'est le vide. Les murs, le vide. Il n'y a rien... il n'y a rien...
(Amédée, *dans son fauteuil* : C'est lourd. Et pourtant, c'est si mal collé... il n'y a que des trous... les murs chancellent, les masses de plomb s'affaissent!)
Madeleine II : Ça va nous dégringoler sur le crâne!... Ça s'est cassé sur ma tê-ê-te!... Oh!... les sales champignons, ça sent mauvais, ça pourrit tout!
Amédée II : Toutes les voix sont notre écho. Tout se répond. Nous nous tenons la main. De l'espace, pas de distances!
Madeleine II : Je suis veuve, je suis orpheline, je suis pauvre, malade, vieille, la plus vieille orpheline de la terre!
Amédée II : Les aurores sont des victoires!... Tous les soleils se lèvent...
Madeleine II : Jamais content, voyez-vous ça!
(Amédée, *dans son fauteuil* : Cela va se désarticuler tout à fait, tout à fait...)
Amédée II : Souviens-toi, souviens-toi... Les moineaux reprenaient des forces dans nos mains, les fleurs ne se fanaient pas.
Madeleine II : Ton imagination! Ton imagination! Ton imagination! Dis-moi où? Tu m'énerves... Tu m'énerves... C'est pas possible!... pas possible, jamais possible!... Ce n'est pas ça!
Amédée II : Tu es belle, reine de beauté!
Madeleine II : Reine de beauté! voyez-vous ça!... Il se moque de moi, il se moque de mon nez! Tu n'as pas vu mon nez?
Amédée II : Retrouve ta mémoire, retrouve ta mémoire... Ce qui est loin peut être proche. Ce qui est flétri reverdit. Ce qui est séparé se réunit. Ce qui n'est plus reviendra.

Madeleine II : C'est pas vrai! c'est pas vrai! Ne dis plus ça. Tu me brises le cœur!

Amédée II : Nous nous aimons. Nous sommes heureux. Dans la maison de verre, la maison de lumière...

Madeleine II : Il veut dire maison de fer, fer...

Amédée II : Maison de verre, de lumière...

Madeleine II : Maison de fer, maison de nuit!

Amédée II : De verre, de lumière, de verre, de lumière...

Madeleine II : De fer, de nuit, de nuit...

Amédée II : Hélas, le fer, la nuit...

Madeleine II : Aaah! Aaah! *(Sanglots.)* ... Du feu, de la glace.. Du feu... Ça descend en moi. Ça m'entoure. Ça m'enveloppe du dedans, du dehors!... Je brû-ûle! Au secours... Alidulée!... Alidulée!... Alidulée!... Au secours, Alidulée!...

Amédée II : Alidulée... Alidulée... Alidulée!... Au secours, Alidulée!...

Madeleine II, Amédée II, *ensemble* : Alidulée... Alidulée... Au secours, Alidulée...

> *Madeleine II se sauve en hurlant, Amédée II court après en criant : « Attends-moi! Attends-moi! » Les sosies disparaissent. Madeleine se lève vivement, s'adresse à Amédée dans son fauteuil.*
>
> *Dans le cas où on n'emploie pas les sosies : Madeleine se sauve en hurlant. Amédée reste seul. Tête triste. Il revient lentement à sa table, enlève ses gants, son chapeau. C'est Amédée vieux. L'atmosphère du début du deuxième acte. Madeleine réapparaît par le fond, va tricoter, bougonne, parle à sa place.*

Amédée, *dans la même attitude* : Est-ce l'heure?

Madeleine, *dans la même attitude* : Non. Ce n'est pas encore l'heure.

Amédée, *dans la même attitude* : L'heure approche?

Madeleine, *dans la même attitude* : A peine. Patience.

Amédée, *à Madeleine* : Madeleine, pauvre chose endolorie. *(A l'air de se diriger vers Madeleine.)* Sais-tu, Madeleine, si nous nous aimions en vérité, si nous

nous aimions, tout cela n'aurait plus aucune importance. *(Joignant les mains.)* Aimons-nous, Madeleine, je t'en supplie. Tu sais, l'amour arrange tout, il change la vie. Me crois-tu, me comprends-tu ?

Madeleine : Laisse-moi donc!

Amédée, *balbutiant* : J'en suis certain!... L'amour peut tout racheter.

Madeleine : Ne dis pas de sottises. Ce n'est pas l'amour qui va nous débarrasser de ce cadavre. La haine non plus, d'ailleurs. Ce n'est pas une affaire de sentiment.

Amédée : Je t'en débarrasserai...

Madeleine : Tout cela ne veut rien dire! Qu'est-ce que c'est que cette histoire d'amour! Des sottises! Ce n'est pas l'amour qui peut débarrasser les gens des soucis de l'existence! *(Elle montre le cadavre.)* C'est lui tout cela. C'est son monde, pas le nôtre.

Amédée, *dans la même attitude* : Peut-être pas...

Madeleine : Il se mêle de tout, t'en rends-tu compte ?

Amédée, *même attitude* : Peut-être.

Madeleine : Il n'y a pas de doute! *(Elle glisse sur le plancher.)* Ça glisse... Il y a des germes de champignons partout sur le plancher... Ce n'est pas l'amour qui va nettoyer le parquet... *(Regard vers la porte ouverte de la chambre.)* Et on ne peut plus fermer la porte. Il a tout envahi! Au moins, ne laisse pas ses yeux ouverts... Tu n'as toujours pas fermé ses paupières...

Amédée, *même attitude* : Je vais y aller...

Il ne bouge pas.
Il n'a d'ailleurs pas le temps car tout d'un coup on entend — tandis que la scène s'est assombrie et que la pendule indique 8 heures du soir, — venant de la chambre du mort, une bizarre musique s'amplifiant progressivement. Amédée et Madeleine se tairont et écouteront, immobiles, dans l'obscurité grandissante, peu à peu remplacée par une lumière verte venant de la chambre du mort. Pendant la **musique,** *des bruits que font les voisins s'entendront : un lointain « A table », une sonnerie loin-*

taine ; dans l'escalier, des bruits de pas, assez discrets ; des bruits d'assiettes, cliquetis de verres, car c'est l'heure du dîner ; puis, progressivement, ces bruits se tairont ; seule la musique se fera entendre. A un moment, Amédée, au début de cette musique, se lèvera pour déplacer, furtivement, un meuble afin de faire de la place au mort qui continue d'avancer, puis il ira s'asseoir, près de Madeleine, dans le fouillis des meubles d'où les deux personnages continueront d'écouter, en silence, sans qu'on les voie de la salle, la musique étrange du mort ; pour aller à cette place, aussi bien que pour en sortir, à la fin de cette scène, Amédée, puis Madeleine et Amédée, auront du mal car le mort pousse et il va occuper tout l'espace encore libre ; et pour passer entre les pieds du mort et les meubles ou entre les pieds et la porte de droite — car Madeleine et Amédée devront, plus tard, faire ce mouvement, — il faut presque faire de la gymnastique ; la musique doit s'entendre longtemps ; la mise en scène devra insister sur la lumière verte, le fouillis des meubles, le plateau vide de personnages, puisqu'on ne voit pas Amédée et Madeleine, cachés par tous ces objets, un long moment ; ainsi, dans cette scène, c'est la musique, les pieds du mort s'allongeant, la lumière verte, qui jouent.

MADELEINE, *dès la première note, d'abord faible, de la musique* : Qu'est-ce que c'est ? Tu entends ?
AMÉDÉE : Non. Silence. C'est lui qui chante.
MADELEINE, *à voix plus basse* : Il a la bouche fermée...
AMÉDÉE, *également à voix basse* : Les sons sortent sans doute par ses oreilles... C'est le meilleur instrument...

Les coups de la pendule s'ajoutent à cette musique ; pause ; les bruits du dehors, aussi, au début.

MADELEINE, *toujours à voix basse* : Ça vient de tous les côtés...

Amédée, *même jeu* : Les ondes se propagent... C'est sa force...

> *Amédée et Madeleine se taisent. Un certain temps, il n'y a plus que la musique, puis, soudain, la scène, qui était devenue presque complètement obscure, s'éclaire, d'une lumière verte, pas désagréable ; au début, cet éclairage ne porte que sur une partie de la scène, venant de la chambre du mort.*

Madeleine : ... Cette lumière vient de sa chambre. *(Bas.)* C'est bien de chez lui.
Amédée, *toujours bas* : Ce sont ses yeux qui éclairent... On dirait deux phares... Tant mieux, ce n'est plus la peine d'allumer la lampe... Sa lumière est plus douce.
Madeleine : Ferme les volets.

> *Amédée va doucement fermer les volets.*

Amédée : Les voisins auront bientôt fini de manger. Ils vont se coucher.
Madeleine, *toujours bas, tandis qu'Amédée reprend sa place près d'elle en silence* : Il a tout de même du talent...

> *Pause longue ; longue musique ; les aiguilles de la pendule se détachent sur le fond obscur ; par les fentes des volets, lumière de la lune. Puis, soudain, sans dire un mot, quelques bons instants après la dernière note de musique, Amédée et Madeleine simultanément se lèvent.*

Madeleine : On devrait déplacer l'armoire.
Amédée : Oh ! il va toucher à la porte.
Madeleine : Tu ne voudrais pas qu'il l'abîme.

> *Affolés dans leur mutisme, Amédée et Madeleine font une suite de mouvements sans paroles, tandis que les aiguilles de la pendule accélèrent leurs mouvements. Amédée et Madeleine déplacent l'armoire en silence ; ils ont des mouvements désordonnés,*

affolés, ils changent d'autres meubles de place, passant difficilement d'un côté et de l'autre des pieds du mort. Dans cet affolement, Amédée doit tout de même sembler beaucoup plus calme ou beaucoup plus lourd. Puis, avec un chiffon, Madeleine fait briller les chaussures du mort. Amédée, de la main, époussette le pantalon. Il place mieux les pieds du mort sur sa banquette. Madeleine remet dans l'armoire le chiffon qu'elle y avait pris pour faire briller les chaussures, après avoir déplacé cette armoire; à un moment, tandis que Madeleine n'interrompra pas son agitation, Amédée s'arrêtera, dos au public, bras croisés derrière son dos, contemplant les pieds du mort, puis, doucement, promènera son regard le long du corps, le fixera sur la porte ouverte quelques instants, se retournera, hochera la tête, soupirera. Un bref instant, Madeleine regardera, sans parler, Amédée; elle a un air très abattu, fait vers Amédée un geste des bras, comme voulant dire : « Tu vois où on en est »; puis, nouvelle agitation, les deux personnages font de nouveau des mouvements désordonnés sur le plateau, les mains vides cette fois. Ce mouvement désordonné et silencieux est interrompu, soudain, par un violent bruit de gong : ce sont les pieds du mort qui ont atteint la porte de droite; les mouvements des personnages ralentissent d'un coup, très visiblement; ils redeviennent lourds, lents.

MADELEINE, *au bruit du gong :* Il touche la porte. Il est temps. Es-tu toujours aussi fatigué ?

AMÉDÉE : Ai-je encore le temps de reprendre des forces ?

Il est debout, sans bouger, face à la porte de gauche.

MADELEINE : Tu aurais mieux fait de te reposer un peu, au lieu de t'agiter tellement.

AMÉDÉE : Depuis bien longtemps mon repos n'est pas réparateur. Pas même le sommeil. Au lever, je suis plus fatigué qu'au coucher... Moi qui, jadis, me sentais une telle force, un élan irrésistible!

Madeleine : Tu t'illusionnes, mon ami. De l'élan! Tu n'en as jamais eu!

Amédée, *même attitude :* Ah, si... Il ne faut pas dire cela... Je brisais le fer dans mes mains, autrefois, je soulevais une charrette, avec mes épaules. Aujourd'hui, une plume me pèse...

Madeleine : On te prendrait pour Jean Valjean devenu vieux...

La pendule marque minuit moins le quart.

Amédée : C'est vraiment le moment...?

Madeleine : Bien sûr, bien sûr...

Amédée, *alourdi, tandis que Madeleine le suit du regard, va vers la fenêtre :* Le moment est donc venu!

Madeleine : Tu as encore une minute ou deux.

Amédée, *regardant par les fentes du volet :* On ne les voit plus.

Madeleine : Ne regarde pas. On pourrait te voir.

Amédée, *regardant les pieds du mort :* Ses pieds s'appuient sur la porte.

Madeleine : Pourvu qu'ils ne la défoncent pas aussi. Ça donne sur l'escalier. On serait perdu... Ce fauteuil, attention...

Amédée et Madeleine déplacent le fauteuil ; ils poussent un peu vers la droite ou la gauche, de biais, les pieds du mort.

Madeleine : Un peu plus... Pousse. *(Amédée s'exécute.)* Assez... Là...

Amédée : Si on s'en débarrasse, crois-tu que cela soit tellement utile ? Il se peut qu'il vienne un autre invité, la même histoire recommencera...

Madeleine : En tout cas, il sera plus petit. Il ne prendra pas tout de suite toute la place. On aura le temps de respirer, avant qu'il grandisse.

Amédée : C'est juste... Quelques années de tranquillité relative, c'est toujours ça... *(Regardant vers la*

chambre.) Il a encore vieilli depuis tout à l'heure...
*(Il est toujours debout, tourné vers la chambre, tandis que
Madeleine s'est effondrée dans le fauteuil; pause.)* Il est
toujours beau, pourtant. *(Pause.)* C'est bizarre, je
m'étais, malgré tout, habitué à lui.

MADELEINE : Moi aussi... Ce n'est pas une raison
pour ne pas le renvoyer. C'est maintenant, regarde
l'heure, c'est pour tout de suite.

AMÉDÉE, *du même endroit :* Certainement. Ce qui
est décidé est bien décidé. Je ne reviens pas sur ma
parole. Pourtant, j'avoue que la pensée de m'en défaire...
Oui... je regrette sincèrement de m'en séparer... *(Il
fait quelques pas, pousse légèrement un guéridon pour
laisser la place aux pieds.)* Cette porte est tout de même
plus solide que l'autre. *(Circulant sur le plateau, les
mains derrière le dos, voûté.)* S'il s'était tenu tranquille,
on l'aurait peut-être gardé. En somme, il a grandi,
vieilli dans notre maison, avec nous. Ça compte! Que
veux-tu, on s'attache à tout, ainsi est le cœur de
l'homme... Oui, on s'attache à n'importe quoi... un
chien, un chat, une boîte, un enfant... D'autant plus
à lui, il a des titres... Que de choses il nous rappelle...
La maison nous paraîtra bien vide quand il ne sera
plus là... Il a été le témoin muet de tout un passé, pas
toujours agréable ce passé, évidemment, évidemment...
On pourrait même dire : à cause de lui, pas agréable...
mais, enfin, la vie n'est jamais gaie... Si on n'a pas cet
ennui-là, il y en a d'autres... Bref... on n'a peut-être
pas su le prendre, on aurait dû envisager les choses
avec plus de philosophie. Tout cela aurait pris une
autre tournure... pas plus drôle, évidemment, mais on
aurait dû essayer de s'y accoutumer... On n'a pas tout
essayé, tout ce qu'il fallait pour qu'il se sente comme
chez lui... Nous avons tous des torts les uns envers les
autres, on devrait être plus tolérants les uns envers les
autres... Autrement, autrement, la vie n'est plus possible...
On ne peut pas tenir compte de tout... Il faut être plus
large d'esprit...

MADELEINE : Tu ne vas pas hésiter au dernier moment.
Tu ne vas pas reculer.

Amédée, *avec un soupir :* Pas moyen. *(Nouveau gong contre la porte ; la pendule sonne minuit.)* En effet.

Il a l'air très fatigué.

Madeleine : Tu verras. Tu te sentiras mieux, après.
Amédée : Tu crois ?
Madeleine : Ouvre les volets, fais vite !
Amédée : Ils peuvent nous voir...

En ce moment, un silence total.

Madeleine : Fais ce que je te dis... *(Amédée se dirige vers la fenêtre du fond ; va commencer à ouvrir les volets ; il a des mouvements d'automate.)* Personne ne te verra. Personne ne t'entendra. C'est la pleine lune...
Amédée, *qui a ouvert complètement un volet :* Je ne suis plus moi-même.
Madeleine : La pleine lune les éblouit tous, les engourdit, elle les endort profondément. Ils sont tous enfermés dans leurs rêves.
Amédée : Réfléchis bien, Madeleine, à ce que tu me fais faire. Penses-y bien. On ne pourra plus revenir là-dessus. On ne le verra plus jamais, plus jamais. Tu ne regretteras pas, tu ne me feras pas de reproches, tu ne pleureras pas !

Amédée a ouvert largement les volets, tandis qu'une froide lumière de lune, se mêlant à la lumière verte, ou même l'annulant, pénètre dans la pièce.

Madeleine : C'est le moment propice. Maintenant ou jamais : allons-y.
Amédée, *regardant par la fenêtre :* Comme la nuit est belle !
Madeleine : Il est plus de minuit.

Par la fenêtre, la lumière éclatante et froide arrive, inondant maintenant le plateau. Le spectacle lumineux se voit par le fenêtre, tel que décrit par Amédée dans les paroles qui suivent. Entre les jeux vus de lumière, d'artifices, et l'aspect macabre de la chambre des deux époux, il y a un contraste frappant. La lumière donne des teintes d'argent aux champignons qui, entre temps, eux aussi, ont poussé et sont devenus énormes. La lumière, les jeux de lumière, ne semblent pas seulement venir de la fenêtre, mais d'un peu partout : des murs, des jointures de l'armoire, des meubles, des champignons, des petits germes de champignons qui brillent, sur le plancher, comme des vers luisants ; il faut que le metteur en scène, le décorateur, le spécialiste de l'éclairage, tiennent bien compte de ceci : l'atmosphère de la chambre des époux change un peu de caractère, évidemment, mais, toutefois, l'horrible et le beau doivent coexister.

AMÉDÉE : Regarde, Madeleine... tous les acacias brillent. Leurs fleurs explosent. Elles montent. La lune s'est épanouie au milieu du ciel, elle est devenue un astre vivant. La voie lactée, du lait épais, incandescent. Du miel, des nébuleuses à profusion, des chevelures, des routes dans le ciel, des ruisseaux d'argent liquide, des rivières, des étangs, des fleuves, des lacs, des océans, de la lumière palpable... *(Il se tourne vers Madeleine, les mains tendues.)* ... J'en ai sur la main, regarde, on dirait du velours, des broderies... *(Pendant ce temps, Madeleine fait, dans la chambre, les derniers préparatifs ; elle déplace des objets, un meuble, fait de la place, essaie, vainement, puis renonce vite, de plier un peu les jambes du mort.)*... La lumière c'est de la soie... Je n'y avais encore jamais touché... *(De nouveau il regarde par la fenêtre.)* Des bouquets de neige fleurie, des arbres dans le ciel, des jardins, des prairies... des dômes, des chapiteaux... des colonnes, des temples... *(Montrant le mort, avec regret.)* Lui, il ne pourra pas voir tout cela. *(De nouveau à la fenêtre.)* Et de l'espace, de l'espace, un espace infini !

Tout ceci a dû être dit sans déclamation, très naturellement.

MADELEINE : Ne perds pas ton temps. A quoi penses-tu ? Le froid pénètre. Nous allons nous enrhumer. Dépêchons-nous.

Amédée : C'est l'été, Madeleine, voyons.

Madeleine, *commençant à s'affoler :* Vois-tu des passants ?

Amédée : Personne. Rien ne bouge. Pas un bruit. La solitude. *(Vers le mort.)*... Le pauvre !...

Madeleine, *à mesure que la mise à exécution de la décision devient imminente, puis, durant son exécution même, Madeleine perd de plus en plus son sang-froid, son contrôle ; c'est Amédée qui est, au début et par la suite, non pas calme, mais comme absent, agissant comme un automate :* Ce n'est plus le moment de t'apitoyer! *(Ce qui suit se fait dans l'agitation la plus grande de Madeleine.)* Allez, donne-moi un coup de main, allez... allez... *(Amédée quitte la fenêtre, va vers Madeleine.)* Silence. Écoute!... Non, personne. Allez, vite!

Amédée : Ils ne peuvent pas me voir, tu disais qu'ils sont éblouis par la lune...

> *Ils sont près du mort ; Amédée soulève les pieds de celui-ci ; les laisse retomber sur le tabouret ; ne sait pas très bien par où commencer.*

Madeleine, *se tordant plus ou moins les mains :* C'est vrai... mais on ne sait jamais... Pourvu que... Allons, vite... *(Les scènes qui suivent sont, au plus haut point, fébriles. Madeleine regarde la pendule, veut déplacer les meubles ; y renonce ; donne des signes innombrables d'anxiété.)* Où vas-tu le jeter ?

Amédée : Dans la Seine, bien sûr. Où veux-tu ?

Madeleine : Oui, dans la Seine. *(Avec les mains elle comprime son cœur.)* As-tu repéré l'endroit ?

> *On entend des coups comme frappés à la porte de droite.*

Amédée, *pas effrayé, car il est au-delà de l'effroi :* On frappe.

Madeleine, *toujours comprimant son cœur :* Non. Ce sont mes battements de cœur...

Amédée : Si on frappait pour de bon à la porte en ce moment, ce ne serait pas facile de distinguer les

battements à la porte de tes battements de cœur...
Enfin, ça ne se produira pas, sans doute...

> *Musique ou non : à voir à la mise en scène. Des coups rares, puissants — les battements de cœur de Madeleine, — ébranlent, doit-il sembler, tout le décor.*

AMÉDÉE, *essayant de tirer le mort par les pieds : cela a l'air bien dur; Madeleine l'aide, ou lui fait de la place en poussant, de-ci, de-là, sans raison, inutilement, les meubles; il peut s'arrêter, dans son effort, pour parler :* Le plus dangereux, vois-tu, c'est jusqu'à l'arrivée au bord du fleuve... Il n'y a pourtant que cinq cents mètres à parcourir. Les premiers trois cents mètres sont les plus embêtants. C'est notre rue, là. Elle est bordée de hautes maisons. Mais... si je réussis à aller vite, tant que la lune agit sur les gens, on ne me verra pas. A moins d'une catastrophe, d'un cri perçant qui déchirerait les rêves et réveillerait tout le monde. Mais il faut risquer le tout pour le tout. Je suis bien obligé! *(Madeleine écoute, s'affole de plus en plus.)* Pas le choix.

MADELEINE, *aidant Amédée à tirer les pieds du mort :* Allons, dépêche... dépêche...

AMÉDÉE : Je fais ce que je peux! Ne m'agace pas.

MADELEINE : Je veux t'aider, tu dis que je t'agace. Si je te laissais faire tout seul, que dirais-tu ?

> *En fait, chaque fois qu'Amédée réussit à soulever un peu les pieds du mort, à les faire, très péniblement, et à peine, progresser vers la fenêtre, en leur faisant faire un coude car la porte est à droite, la fenêtre au fond du plateau, Madeleine est dans les pattes d'Amédée, l'encombre, annule ou complique les efforts de celui-ci; Amédée traîne, plus ou moins, le mort et Madeleine à la fois; Amédée est devenu calme.*

MADELEINE : Tire plus fort...

> *Amédée fait un effort suprême. Il tire très fort, une fois, deux, trois, puis, soudain, le mort vient*

à lui, dans un grand fracas succédant au silence, faisant tomber des chaises ; du plâtre aussi tombe du plafond ; un épais nuage de poussière ; les décors chavirent. On doit avoir l'impression que le cadavre, dont on ne voit toujours pas la tête et qui, traîné par Amédée, avance, maintenant, nettement, en direction de la fenêtre, entraîne dans son départ toute la maison et les entrailles des personnages.

Madeleine, *criant dans le fracas :* Attention, il ne faut pas qu'il fasse tomber les poteries...

Amédée, *criant dans le bruit ; tirant :* Il s'était vraiment enraciné chez nous... Qu'il est lourd... Il a une force passive extraordinaire !

Madeleine, *criant dans le fracas :* Sa tête est encore dans sa chambre ! Le tronc aussi ! Veux-tu que j'aille le tirer par les cheveux ?

Amédée, *criant dans le fracas :* Ce n'est plus la peine !... Ça vient... *(Diminution du bruit.)* Ça vient...

Madeleine : Va... Courage... Vite... le temps passe... Tire... Arrache...

Amédée, *tirant de toutes ses forces, avance à reculons en direction de la fenêtre :* C'est plus dur à arracher qu'une grosse molaire... plus dur qu'un chêne...

Madeleine : Attends. Je viens t'aider. *(Aide inutile, désordonnée, encombrante.)* Oh ! c'est plus lourd qu'un chêne... Un chêne de fer avec des racines de plomb...

Amédée, *est arrivé près de la fenêtre du fond ; il pose les pieds du mort sur le bord de la fenêtre, il s'arrête pour souffler ; s'éponge le front :* Ouf !

Madeleine : Ouf !

Amédée : Et ce n'est pas fini. Mais on y arrivera.

Madeleine : C'est maintenant surtout qu'il faut faire attention. Tu es déjà en nage. Pourvu que tu ne t'enrhumes pas... *(Amédée veut reprendre son effort.)* Attends un peu. Je vais faire le guet. *(Elle se met à la fenêtre, à côté des pieds du mort ; elle regarde dans la rue.)* La rue est toujours vide. Il faudra prendre garde. Je ne vois pas de patrouille de police.

Amédée : Les rues sont vides à cette heure-ci.

MADELEINE : Il ne faudra pas le jeter à l'eau là où il y a des péniches : les mariniers ne sont pas sensibles à l'influence de la lune. Évite cet endroit...

AMÉDÉE, *montrant du doigt par la fenêtre* : J'irai cent mètres plus loin. Un petit effort de plus. Je suis obligé quand même de traverser la petite place Torco, là, au bout de la rue...

MADELEINE, *regardant toujours par la fenêtre dans la direction indiquée* : Tu ne peux pas faire autrement ?... C'est ennuyeux... Au bout, là ? Il y a des fenêtres éclairées... Ils peuvent te voir.

AMÉDÉE : C'est le bar et la maison de tolérance qui sont tenus par le propriétaire même de notre appartement. C'est fréquenté par des soldats américains. On peut en rencontrer, parfois, ils se promènent avec des filles. Le danger n'est pas trop grand, car ils ne savent pas un mot de français... la plupart !...

MADELEINE : Tâche de les éviter.

AMÉDÉE : Ce n'est guère possible. C'est un risque à courir. Il faut tenter la chance. La nuit est belle.

MADELEINE, *continue de regarder par la fenêtre ; elle est de dos à la salle ; Amédée se remet à tirer les jambes du mort vers le milieu du plateau ; puis de nouveau, se rapprochera de la fenêtre* : Amédée... j'ai peur... Ah... Il faut pourtant... Il faut... Tu peux y aller...

Près de la fenêtre, Amédée tire le mort ; cela va visiblement plus vite ; coups de la pendule ; les pieds du mort pendent sur le bord de la fenêtre, glissant de l'autre côté.

AMÉDÉE : Il se déroule... Ça marche plus facilement, maintenant... Il se déroule !...

Amédée tire sur les jambes, et de la chambre de gauche le corps se dévide, long, long, à n'en plus finir ; plaçant ce qui vient toujours sur le bord de la fenêtre, les longues jambes continuent de glisser, sans doute vers le trottoir, tandis que toujours, bien entendu, les jambes indéfiniment longues sortent, sortent petit à petit ; le tronc n'est pas encore apparu.

Madeleine, *bafouille* : J'ai peur... On n'aurait pas dû se décider si vite... Il n'y avait pas moyen de faire autrement... On aurait dû attendre... Non, on n'aurait pas pu attendre... C'est ta faute... Non, ce n'est pas ta faute, car j'ai pourtant eu raison, il fallait bien... *(Amédée continue de tirer ; cela passe régulièrement par le bord de la fenêtre.)* Plus vite, tire plus vite, Amédée, j'ai mal au cœur... Tu vas me tuer, Amédée, tire plus vite, ça n'en finit plus, tire plus vite... *(Un grand bruit vient du dehors, d'en bas, Amédée s'arrête.)* Ah!... Amédée. Je t'avais bien dit de faire attention... On dirait que tu le fais exprès...

Amédée, *tout de même inquiet* : Que s'est-il passé ?
Madeleine : Ses pieds, ses pieds!... Ils ont heurté le pavé... Il faut y aller plus doucement...

Amédée regarde lui aussi, près de Madeleine, par la fenêtre.

Amédée : Je vais descendre... Fais bien le guet...
Madeleine : Je vais rester là toute seule ?... J'ai peur...
Amédée, *enjambant la fenêtre* : Comment faire autrement ? Cela ne sera pas très long. Quelques instants, et je suis de retour !

Il descend par la fenêtre ; on ne voit plus que la tête d'Amédée, puis que ses mains ; puis il disparaît tout à fait ; Madeleine le regarde descendre.

Madeleine : Attention, mon petit, descends prudemment, mets ton pied là... là... C'est ça... Et puis là... c'est ça...
Amédée, *d'en bas* : Ça y est...
Madeleine : Tu es en bas ? Ne fais pas trop de bruit.
Amédée, *d'en bas* : Tu ne vois personne ?
Madeleine, *par la fenêtre, à Amédée* : Tu ne vois personne ?
Amédée, *d'en bas* : Je ne vois personne.

MADELEINE, *par la fenêtre, à Amédée* : Alors, vas-y... Ne perds pas ton temps!... Dépêche-toi... Tire... Tire... (*D'en bas, du trottoir, Amédée tire... Même jeu que tout à l'heure : on voit sortir la suite des jambes ; on les voir toujours traverser la pièce, passer par la fenêtre ; les jambes sont d'une longueur insoupçonnée, si bien que cela doit durer assez longtemps ; peut-être une musique étrange, en sourdine, accompagnera ce glissement ; pendant ce temps, de sa fenêtre, Madeleine continuera d'encourager son mari.*) Tire... allez... encore... encore... tire... ça n'a pas fini de se dévider, tire... tire...

Finalement, apparaît le tronc, les mains énormes.

AMÉDÉE, *dans la rue, tout en tirant, a déjà dû s'éloigner pas mal ; il doit être déjà aux abords, par exemple de la petite place Torco, du bar et du bordel, car on entend sa voix venir de loin* : Il n'est pas encore tout sorti-i-i ? (*Avec écho.*) J'arrive à la place Torcooo!

MADELEINE, *dont le regard, petit à petit, pendant la scène précédente, se fixait en bas, vers le trottoir, à présent s'est relevé, et se dirige plus loin* : Non. No-o-on!... Tire toujours, il y en a encore... C'est pas fini... As-tu rencontré du mo-o-onde ?

AMÉDÉE : Perso-o-ne-ne! N'aie pas peur! Et toi, Et toi, vois-tu quelqu'un ?

MADELEINE : Perso-o-nne! Allons, tire... tire... tire!... (*Elle est toujours à la fenêtre, de dos à la salle, le glissement du corps continue ; apparaissent, finalement, les épaules du mort, et puis sa tête, qui est tellement grande qu'elle a à peine la place pour passer par l'encadrement de la porte de gauche : énormes cheveux blancs, énorme barbe blanche ; la tête du mort approche de la fenêtre, sa longue chevelure n'est pas encore entièrement sortie de sa chambre.*) Tire, Amédé-é-ée... tire... Amédé-é-ée... ti-ire... tire... tire... tire... Attention aux péniches... Dépêche-toi... Ne prends pas froid!... Ne t'attarde pas sur la rou-oute!... (*La tête est tout près de la fenêtre ; elle doit presque cacher Madeleine.*)... Ti-i-re... Ti-i-re!...

Rideau.

ACTE III

DÉCOR

La petite place Torco. Au fond, quelques marches, une petite porte, une fenêtre éclairée, ou deux, peut-être. C'est le « bar-maison de tolérance », fréquenté par des soldats américains. Quelques bruits discrets parviennent, de cet endroit : musique de jazz, voix d'hommes et de femmes, mais tout ce bruit paraît plus lointain qu'il ne l'est réellement ; si on veut, des ombres peuvent s'apercevoir, à travers les rideaux, dansant. Ne pas trop insister : les ombres ne doivent passer qu'une seule fois, en un court instant, image rapide. La musique et le bruit du bar qui, de la salle, ne se perçoivent qu'à peine, deviendront, soudain, exagérément forts lorsque, à un moment donné, la porte du bar s'ouvrira pour laisser sortir un soldat américain poussé violemment hors du local ; puis le bruit s'étouffera de nouveau. Au-dessus de la porte et de la fenêtre du local, il y a une pancarte, avec ces mots : BAR-MAISON DE TOLÉRANCE. *Peut-être pourrait-il y avoir aussi, entre la porte et la fenêtre, près des quelques marches, un réverbère. Surtout, ne pas chercher à donner l'aspect conventionnel du coin de rue « mal famé » ; cela ne doit pas avoir l'air d'une taverne, d'une boîte ; les murs de cette « maison de tolérance » son clairs, sont apparence est tout à fait honnête, quelconque, cette façade est assez basse ; c'est un pan de mur, qui doit nécessairement ne pas être élevé, pour permettre la réalisation scénique de ce qui va suivre ;*

éventuellement, les quelques marches peuvent se trouver
à côté de la porte du bar, celle-ci donnant alors de plain-
pied sur le plateau; par contre, à droite, à gauche, il y a
des maisons hautes, à plusieurs étages, avec beaucoup de
fenêtres. Au-dessus du mur de la « maison de tolérance »,
la lune, énorme. La scène est très éclairée par cette lune.
A l'apparition d'Amédée, elle le sera davantage, comme à
un signal : d'immenses bouquets d'étoiles devront surgir, des
comètes et étoiles filantes, des feux d'artifice, dans le ciel.

    Au lever du rideau sur le décor du troisième acte, la
scène doit rester vide un certain temps. Musique, bruits
en sourdine, venant du bar. Les fenêtres des autres maisons,
éteintes, ont les volets fermés. Soudain, s'ouvre la porte
du bar avec fracas : la musique et les bruits venant du bar
sont incroyablement forts, tant que la porte reste ouverte,
pouvant provenir même de plusieurs coins de la salle : des
mains poussent, vigoureusement, par les épaules, hors du
bar, un grand soldat américain ; on entend, à l'intérieur
du bar :

VOIX DU PATRON : Pas d'ivrognes, ici! Sors!

    *Puis la porte claque derrière le Soldat améri-
cain ; les bruits s'atténuent ; le Soldat se retourne,
frappe contre la porte.*

LE SOLDAT AMÉRICAIN : No! No! *(Coups à la porte.)*
No... I'm not drunk... Open the door... I' payed for it...
(Coups, à la porte, du Soldat américain.) Open the door...
I want to come in...

    Il frappe encore.
    *La porte s'ouvre, le Soldat américain, pous-
sant fortement, entre à moitié ; il a une partie
du corps à l'intérieur du local, une autre partie
dehors ; il a l'air de lutter.*

LE SOLDAT AMÉRICAIN : No! No! *(Puis, poussé par
une force supérieure, il est presque tout entier dehors ; il n'a
plus qu'un pied à l'intérieur, ce qui empêche la porte de se*

refermer complètement.) I'm not drunk! I want some brandy! cognac brandy!

Voix du Patron, *de l'intérieur :* T'as pas compris de fout' le camp!

Le Soldat américain, *s'entêtant :* I paid for it... I paid for it... I want Mado...

La Voix : Quelle Mado?

Le Soldat américain : What?

La Voix, *avec l'accent français :* Which Mado?

Le Soldat américain : I paid for it... I paid... for... Mado! *(En mauvais français.)* J'ai payé... pour... Mado!

La Voix : Mado est une fille bien élevée. Elle ne va jamais avec les ivrognes. Mado... not for drunk men.

Le Soldat américain : I'm not... I'm not... I want... Je veux Mado!

> *Une violente poussée de l'intérieur projette dehors le Soldat américain qui tombe par terre ; la porte se referme.*

Le Soldat américain, *assis par terre, face au bar, frappant des poings, en cadence, sur le plateau :* Mado! Mado! Cognac! Mado! Cognac! Mado! Mado! Cognac!

> *La porte du bar s'ouvre ; la voix d'homme se fait entendre.*

La Voix : Tu vas finir, ou j'appelle la police militaire! *(En mauvais anglais !)* Military police...

> *La porte se referme.*

Le Soldat américain, *s'est levé, s'est jeté vers la porte ; trop tard ; il s'y casse le nez ; frappant avec ses poings contre la porte, il crie, en mauvais français :* Police militaire?!... Police militaire?... *(Puis :)* Military Police, I belong to it! *(Il se tourne face au public, sort de sa poche un brassard portant les lettres M. P., le met à son bras, disant, navré, avec son accent :)* Police militaire, c'est moi. *(Il hausse les épaules, a un mouvement vers la porte du bar, hésite, renonce, dit, avec regret et perplexité :)* Mado!

Mado! *(Puis, après s'être gratté la tête, il arrache avec colère le brassard M. P., le jette par terre, prend de sa poche une tablette de chewing-gum qu'il se met à mastiquer, puis, tout en mastiquant, du même ton navré, avec beaucoup d'accent américain, naturellement :)* Mado! Mado!

Il va s'asseoir sur les marches du bar, mastique, puis s'endort, la tête entre ses longues jambes qui lui viennent, quand il est ainsi assis, jusqu'aux épaules ; au loin, on entend un aboiement discret, puis tout s'apaise, sauf la musique étouffée qui arrive du bar.

Pause. Puis apparaît, venant de gauche, Amédée, précédé d'un bruit comme celui d'une casserole attachée à la queue d'un chien ; Amédée peine ; il tire le corps du mort après lui, tenant les pieds de celui-ci dans ses deux mains, arrive jusqu'au milieu de la scène ; on ne voit que les jambes du mort, le reste du corps est resté dans les coulisses ; il lâche les pieds qui font du bruit en tombant ; il souffle un peu, s'éponge le front.

Amédée, *reprend les pieds, avance d'un pas ; bruit de casserole ; il s'arrête ; de nouveau, bruit de casserole :* Qu'est-ce qui lui prend ! *(Il reprend doucement les pieds, tire, avance encore un peu vers la droite ; le bruit de casserole est moins fort ; il s'arrête de nouveau, tout essoufflé.)* C'est la moitié du chemin... *(Il regarde de tous les côtés.)* J'ai de la chance... La place est vide. Quel beau ciel... Si je n'avais pas cette corvée...

Il reprend les pieds, tire, avance encore un petit peu.

Le Soldat américain, *surgissant de l'ombre, à Amédée :* Do you speak english ?

Amédée, *un peu effrayé :* Ah, pardon, Monsieur...

Le Soldat américain : Did you see Mado ?

Amédée : Madeleine, ma femme ?

Le Soldat américain : No, not Madeleine, Mado... Do you know Mado ?

Amédée, *s'efforçant de parler anglais :* Mado ?... Heuh.. I... do not... I... do not know Mado...

Le Soldat américain : Never mind. That's too bad !

Amédée : Comment, Monsieur ? Heuh... What...

Le Soldat américain, *voyant le corps, sans s'étonner, de l'air le plus naturel :* Who is he ? A friend ?...

Amédée : Je ne sais pas l'anglais, Monsieur. Je m'excuse. Ne m'attardez pas. Je suis très occupé.

Le Soldat américain, *montrant le corps :* A friend ?... Ami, ami à vous ?

Amédée : Oui, Monsieur, oui, un ami... Ça ne vous regarde pas, Monsieur. Vous n'êtes pas de la police... Ah, c'est un malheur, le grand malheur de ma vie... notre drame... Vous ne comprendriez pas !

Le Soldat américain : Malheur ?! What does that mean ?... malheur ?

Amédée : Laissez-moi, Monsieur, je me dépêche. Je suis pressé. Je n'aime pas les conversations dans la rue. Ma femme m'a interdit...

Le Soldat américain : I see... I see...

Il s'éloigne de quelques pas.
Amédée saisit les pieds, tire de toutes ses forces, avance difficilement, n'en peut plus, s'arrête.

Amédée : Je n'y arriverai pas, je n'y arriverai pas... Et Madeleine qui m'attend... Ah... si je le laissais là... Non, je ne peux pas le laisser au milieu de la rue... Les camions ne pourraient plus passer demain matin; ils feraient une enquête... ils sauraient que cela vient de chez nous... il y aurait des circonstances aggravantes pour empêchement de la circulation... Allons... Ah... essayons encore... *(Il lève la tête une seconde.)* Quel beau ciel ! *(Puis.)* Pas le moment... Essayons... On regardera le ciel, quand ça sera fait... quand ça sera fait... *(Il tire, ne peut pas avancer.)* Et je ne peux pas le rapporter à la maison... Je n'en peux plus. Je suis trop usé... trop usé...

Le Soldat américain : Want some help ? Coup de main ?

Amédée : Laissez-moi, Monsieur, je vous en prie, je ne voudrais pas qu'on me surprenne...
Le Soldat américain : No!...

> *Par des gestes il fait comprendre à Amédée qu'il veut l'aider.*

Amédée : Comment donc... Si vous voulez, Monsieur... merci... vous êtes bien aimable, ça ira plus vite... Je dois retourner au plus tôt pour terminer ma pièce...
Le Soldat américain : La pièce ?

> *Amédée montre par des signes qu'il écrit.*

Le Soldat américain : You are writer? Aoh! good, good! Vous... writher... the play?
Amédée : Oui. Une pièce dans laquelle je prends le parti des vivants contre les morts. Une idée de Madeleine. Je suis pour l'engagement, je crois au progrès, Monsieur. Une pièce à thèse contre le nihilisme, pour un nouvel humanisme, plus éclairé que l'ancien.
Le Soldat américain, *qui ne comprend pas* : I get it... I get it...

> *En prononçant ces mots, le Soldat américain se met à tirer, de toutes ses forces ; une grande partie du corps arrive sur scène, s'entasse ; on voit les bras émerger du tas ; à gauche, près des coulisses, on aperçoit les épaules, la naissance du cou ; mais en tirant, le geste a sans doute été trop violent, car cela a fait un grand fracas ; on entend faiblement, de très loin, la voix de Madeleine.*

Voix de Madeleine : Amédée... Qu'est-ce que tu fais ?
Amédée, *effrayé* : Ah, cette Madeleine, elle n'est jamais tranquille... *(Au Soldat américain.)* Monsieur... pas si fort... Ah, la la... On a certainement entendu...

> *En effet, le bruit a fait déclencher les aboiements des chiens ; a provoqué la mise en marche de trains que l'on entend rouler dans le lointain, faiblement d'abord, plus fort par la suite.*

AMÉDÉE, *désespéré :* Qu'avez-vous fait, Monsieur, les chiens aboient, vous avez fait partir les trains...
LE SOLDAT AMÉRICAIN : What? *(Comprenant.)* Ah, yes, dogs... chiens... haouh! haouh! haouh! yes... yes...

> *Cela a l'air de l'amuser ; Amédée aussi aboie pour lui faire comprendre que ce sont des chiens ; l'Américain, ne remarquant pas l'affolement d'Amédée, met soudain son doigt à son front, comme quelqu'un qui a une idée lumineuse, puis, prenant Amédée par les épaules, il le fait pivoter sur place.*

AMÉDÉE, *pivotant sur place, malgré lui :* Mais... Monsieur... mais... voyons... voyons... *(Puis, s'apercevant que le corps s'enroule autour de sa taille, il comprend et se met à pivoter de lui-même pour que le corps continue à s'enrouler.)* Oui, merci, c'est une excellente idée... C'est bien...
LE SOLDAT AMÉRICAIN, *content qu'Amédée ait compris, s'éloigne d'un pas, le laissant faire tout seul :* Good! Good!
AMÉDÉE : C'est plus facile... J'aurais dû y penser plus tôt... excellente idée... *(Il s'arrête un instant de pivoter.)* Je vais vous rendre un service, à mon tour. Si vous voulez apprendre le français, n'employez jamais le son *u* dans la conversation. Le *u* est dangereux, c'est un son pointu. L'anglais est une langue douce, pas dangereuse. Il n'y a pas de *u* comme en français.
LE SOLDAT AMÉRICAIN : I get it... I get it...
AMÉDÉE : *U*, les couteaux, ce sont les angles, ce sont les pointes, méfiez-vous, méfiez-vous... *u*, c'est le sifflement... Si vous êtes tout de même obligé de prononcer les *u*, dessinez, comme ceci, un cercle autour de la bouche, pour l'enfermer. Il faut se méfier des brisures, de tout ce qui enfonce, pénètre, disloque...
LE SOLDAT AMÉRICAIN : I get it... I get it...
AMÉDÉE : ... L'esprit coupant se glisse, sournoisement, dans la conversation, avec ses pointes... Êtes-vous géomètre ?
LE SOLDAT AMÉRICAIN : I get it... I get it...
AMÉDÉE : Dans ce cas, prenez le parti des sphères...

Remplacez l'angle par la calotte, le triangle par le cercle, le parallélipipède par la sphère... les cylindres, rarement les cônes... jamais les pyramides, comme le firent les Égyptiens, c'est ce qui les perdit...

LE SOLDAT AMÉRICAIN : I get it... I get it...

AMÉDÉE : Et surtout, tournez les questions, parlez beaucoup en périphrases... périphrases... périphrases... Périphrasez, périphrasons... Ne pas rester immobile, on devient clou, on devient pointe...

> *En disant ces derniers mots, Amédée a recommencé à tourner sur lui-même ; cependant, l'enroulement du corps autour de la taille d'Amédée qui pivote, pivote, maintenant, sans parler, et de plus en plus inquiet, ne se fait pas sans un sifflement ininterrompu, puissant, mais trop tard pour s'arrêter, il faut continuer coûte que coûte ; cela a fini par ameuter le quartier ; recrudescence, dans le ciel, d'étoiles filantes, de feux d'artifice, etc. ; les volets des maisons s'ouvrent ; les fenêtres s'éclairent, des têtes apparaissent aux étages ; la porte du bar s'ouvre, le patron apparaît sur le seuil, ainsi qu'une fille, Mado, et un Deuxième Soldat américain, cependant qu'Amédée continue de tourner sur place, le corps de s'enrouler, et tandis que le bruit des trains augmente, ainsi que les aboiements.*

LE PATRON : Ce n'est pourtant pas l'heure des trains!

LE PREMIER SOLDAT AMÉRICAIN, *apercevant Mado* : Mado! Mado! What a surprise! (*Apercevant le Deuxième Soldat américain.*) Well Bob!

> *Le Premier Soldat américain se dirige vers son camarade et Mado qui se sont avancés de quelques pas sur la scène ; il leur serre les mains, embrasse Mado, est très joyeux de la retrouver.*

LE DEUXIÈME SOLDAT AMÉRICAIN, *au Premier* : Hello, Harry!

MADO, *au Premier Soldat américain* : Bonsoir, vieux. C'est toi qu'on foutait à la porte ?

Le Premier Soldat américain : What ?
Le Deuxième Soldat américain, *au Premier :* She's asking you if you 're the one they kicked out ?
Le Premier Soldat américain, *jubilant, à Mado :* Oh! yes, that was me... Oui... à la porte... moi... *(Montre le Patron du doigt.)* Lui...

Il soulève Mado dans ses bras.

Le Patron, *du seuil, à Amédée :* Vous faites un drôle de boulot, vous !... Ah ! mais c'est mon locataire... c'est M. Amédée... *(Celui-ci continue de tourner, mais plus difficilement, car il s'empêtre dans les longues jambes du mort.)* ... A votre âge, Monsieur !... Comment se porte votre femme ? *(On entend des coups de sifflet.)* Tiens, les flics !
Amédée, *s'arrête pétrifié :* Merde, la police !

En effet, apparaissent deux sergents de ville, au pas de gymnastique, et sifflant.

Mado, *aux deux Américains qui ont eu un instant d'effroi :* Ce n'est pas pour nous...
Le Premier Sergent de ville, *un doigt à son képi, en passant :* M'ssieurs-dames...

Amédée rebrousse chemin, s'enfuit, toujours empêtré, va vers la gauche.

Un Homme, *à une fenêtre :* Julie... viens voir !

Les agents courent après Amédée, disparaissent à gauche, derrière lui.

Le Deuxième Soldat américain, *explique la situation à ses amis présents :* That's his friend!

Amédée réapparaît par la gauche, disparaît derrière le mur bas du fond, derrière le bar ; éclats de rire aux fenêtres.

Mado : Son ami ? Qu'est-ce qu'il lui voulait !
Le Patron, *les mains dans ses poches :* Ça, alors !

Les deux agents réapparaissent par la gauche.

Le Premier Sergent de ville : Où est-il passé ?
Le Deuxième Sergent de ville : Où est-il passé ?
Le Patron, *montrant une partie du corps, sur le plateau :* C'est un morceau du corps du délit!

> *Rire des Américains et de Mado.*

Une Femme, *de sa fenêtre :* Par là, Monsieur l'agent, il doit être derrière le mur!...
Le Premier Sergent de ville, *regardant le corps :* C'est bien ça le corps du délit ?
Le Deuxième Sergent de ville : Laisse... Attrapons-le, d'abord!

> *Ils courent après Amédée, disparaissent derrière le mur.*

Le Patron, *pour lui :* C'est du joli, M. Amédée! J'aurais jamais cru!
Une Femme, *à la fenêtre :* Ils l'auront pas!
Un Homme, *à la fenêtre :* Si, ils l'auront!
Une Femme, *à la fenêtre :* Non. Ils l'auront pas!
Un Homme, *à la fenêtre :* Si, ils l'auront! *(A sa femme qui est à l'intérieur.)* Viens voir, Julie!... C'est gratis. Allons, lève-toi!

> *Lumières, étoiles, feux d'artifice.*

Mado : Oh! Des feux d'artifice!
Le Patron, *haussant les épaules :* Pas du tout, ce sont les étoiles....
Une Femme, *à la fenêtre, à son mari qui est à l'intérieur :* Oh, tu sais, ils l'auront pas... *(Au monsieur qui est à l'autre fenêtre.)* Ils l'auront pas, Monsieur.
Un Homme, *à la fenêtre :* Voulez-vous parier!
Le Premier Soldat américain, *à Mado :* I'll take you along...
Mado : Je veux bien... en Amérique!

> *Le Premier Sergent de ville, derrière le mur ; on ne le voit pas de la salle.*

Le Premier Sergent de ville : Attrape-le!
Le Deuxième Soldat américain, *à Mado* : Yes...

(En mauvais français.) Amérique... oui... oui... Amérique...

> *Soudain, le corps, entouré autour de la taille d'Amédée, a dû se déployer comme une voile ou comme un énorme parachute ; la tête du mort est devenue une sorte d'étendard lumineux, et l'on voit apparaître, au-dessus du mur du fond, la tête d'Amédée, enlevé par ce parachute, puis ses épaules, son tronc, ses jambes ; Amédée s'envole, échappant aux policiers ; l'étendard est comme une grande écharpe sur laquelle on voit, dessinée, la tête du mort, reconnaissable à sa longue barbe, etc.*

Le Premier Sergent de ville, *derrière le mur* : Attrape-le, attrape-le... Il nous échappe...
Amédée, *s'envolant* : Je m'excuse, Messieurs, Mesdames, ce n'est pas ma faute, c'est malgré moi, c'est le vent... Je vous assure, ce n'est pas moi.
Un Homme, *à la fenêtre* : C'est pas banal...
Une Femme, *à la fenêtre* : Il s'envole ! Il s'envole ! Il dit qu'il veut pas, mais pourtant il a l'air bien content.
Le Deuxième Sergent de ville, *derrière le mur, saute ; on voit une main apparaître et disparaître, qui se saisit du soulier d'Amédée* : La vache !

> *Le Patron, Mado, les deux soldats américains accourent au milieu du plateau, d'où ils aperçoivent et suivent l'envol d'Amédée.*

Le Patron, Mado, les Américains : Ooh !

> *Le Deuxième Soldat américain sort vite un appareil photographique, tente de photographier Amédée dans son envol.*

Le Deuxième Sergent de ville, *derrière le mur* : Je n'ai attrapé que son soulier !
Mado, *à l'Américain qui photographie* : Tu me donneras une photo, dis !
Une Femme, *à la fenêtre* : Je l'avais bien dit qu'ils l'auront pas !

Le Premier Soldat américain, *débordant d'enthousiasme — tandis que réapparaissent, un peu penauds, les deux sergents de ville, — jette en l'air sa calotte* : Hello, boy! Hip, hip! Hourrah!

Mado et les Gens, *aux fenêtres, regardant en l'air Amédée s'envoler doucement* : Ooooh!

Le Patron : Pour un exploit, c'est un exploit!

Le Premier Soldat américain : Hello, boy! Hello, boy! *(Il saute d'enthousiasme; le Deuxième Soldat américain a fini de photographier; des applaudissements partent des fenêtres, du plateau; un des sergents de ville tient le soulier d'Amédée à la main.)* Hip hip! Hourrah!

Mado et les Soldats américains : Hip hip! Hourrah!

Les Gens, *des fenêtres* : Hip hip! Hourrah!

Tous, *ensemble, sauf les agents* : Hip hip! Hourrah!

Le Premier Sergent de ville, *sifflant* : Circulez! Circulez!

De la gauche, affolée, décoiffée, apparaît Madeleine.

Madeleine, *courant jusqu'au milieu du plateau* : Amédée!... Amédée!... Avez-vous vu Amédée? Qu'est-il arrivé à Amédée?

Le Deuxième Sergent de ville : C'est votre mari, Madame?

Madeleine *regarde en l'air* : Ciel! Ce n'est pas possible! Mais ce n'est pas croyable! C'est bien lui?

Le Premier Sergent de ville : Et pourtant, Madame, c'est bien vrai... C'est du joli!

Madeleine, *regardant en l'air* : Amédée! Amédée! Amédée! Descends, Amédée, tu vas t'enrhumer, tu vas attraper froid!

Le Deuxième Sergent de ville : Amédée! Amédée! Descendez, Monsieur Amédée! Votre femme vous demande!

Tous, *ensemble* : Amédée! Amédée! Amédée!

Éclats de rire redoublés aux fenêtres.
Amédée réapparaît, toujours suspendu, à un autre bout du plateau; on se précipite vers lui.

L'Homme, *à la fenêtre* : Eh... là... polichinelle! *(Aux policiers.)* Fichez-lui la paix vous autres, à bas la police!

Amédée : Je suis confus, je m'excuse, Messieurs, Mesdames, je m'excuse... Ne croyez pas... Je voudrais bien rester... Rester les pieds sur terre... C'est contre ma volonté... Je ne veux pas qu'on m'emporte... Je suis pour le progrès, je désire être utile à mes semblables... Je suis pour le réalisme social...

Une Femme, *à la fenêtre* : Il parle bien.

Un Homme, *à la fenêtre, à sa femme à l'intérieur* : Il fait un discours...

Amédée : Je vous jure, je suis contre la dissolution... Je suis pour l'immanence, contre la transcendance... je voulais, je voulais pourtant assumer le monde... Je m'excuse, Messieurs-dames, je m'excuse beaucoup.

Madeleine : Descends, Amédée, je m'arrangerai avec la police... *(Aux agents.)* N'est-ce pas, Messieurs?

Le Premier Sergent de ville : Mais oui, Madame, certainement, tout peut s'arranger...

Madeleine : Amédée, tu peux venir à la maison, les champignons ont fleuri... les champignons ont fleuri...

Tous, *ensemble, sauf Amédée* : Les champignons ont fleuri...

Le Premier Soldat américain : What does mean: champignons?

Un Homme, *à la fenêtre, à sa femme à l'intérieur* : C'est une histoire de champignons...

Une Femme, *à la fenêtre, à son mari à l'intérieur* : Ce sont des marchands de champignons...

Amédée : Madeleine, je t'assure, tu peux me croire... Je ne voulais pas me dérober à mes devoirs... C'est le vent, moi je ne veux pas!... Ce n'est pas exprès!... Ce n'est pas librement consenti!

Une Femme, *à la fenêtre, à l'Homme de l'autre fenêtre.* Il est excusable, si c'est pas librement consenti...

Amédée monte, il envoie des baisers à toute allure, dit encore :

Amédée : Pardon, Messieurs-dames, je suis confus ! Pardon ! *(Puis :)* Oh, oh ! je me sens cependant tout guilleret, tout guilleret.

Il disparaît.

Une Femme, *à la fenêtre* : C'est une cure de rajeunissement.

Le Premier Sergent de ville : Lâchez-nous au moins l'autre soulier !

Madeleine, *se tordant les mains* : Amédée !... Amédée !.. Ta carrière dramatique !

Mado : Laissez-le donc, Madame...

Le Premier Soldat américain, *à Madeleine* : Off he goes...

Madeleine : Amédée, Amédée, tu vas te rendre malade, tu n'as pas pris ton imperméable... *(Apercevant le Patron.)* Tiens, bonsoir, Monsieur, je ne vous avais pas vu ! *(Puis :)* Amédée !

Mado : Il va disparaître dans la Voie lactée !

D'en haut, tombe sur le plateau le second soulier d'Amédée.

Le Deuxième Sergent de ville, *ramassant le soulier* : Ça, c'est gentil de sa part.

Le Premier Sergent de ville, *au Deuxième* : Ça nous en fera chacun un !

Ils se partagent les souliers ; puis tombent des cigarettes, le veston ; les agents se précipitent, se les partagent ; fument.

Une Femme, *à la fenêtre* : Il est bien généreux !

Un Homme, *à la fenêtre* : Bien entendu ! C'est la police qui en profite !

Une Femme, *à la fenêtre* : Ça ne change pas !

Les agents offrent des cigarettes à tout le monde, en jettent à ceux des fenêtres.

Un Homme, *à la fenêtre, attrapant la cigarette* : Merci, Monsieur l'agent.

Une Femme, *à la fenêtre, même jeu* : Merci, Monsieur l'agent. *(A son mari à l'intérieur.)* Tiens, des cigarettes!

Madeleine, *regardant vers le ciel éclairé à profusion* : Voyons, Amédée, voyons, tu ne seras donc jamais sérieux! Tu t'élèves, mais tu ne montes pas dans mon estime!

Le Premier Sergent de ville, *le regard vers le ciel, menace Amédée du doigt, comme on fait pour un enfant* : Petit coquin, va, petit coquin!

Tous, *ensemble, répétant le geste du Premier Sergent de ville* : Petit coquin! petit coquin!

Le Premier Soldat américain : You, naughty boy!

Mado : On ne le voit plus. Il a complètement disparu!

Lumières éclatantes. Feux lumineux de tous les côtés de la scène.

Le Patron : Venez donc tous prendre un verre!

Le Premier Sergent de ville : Pourquoi pas?!

Madeleine : Oh... moi... je ne sais pas si pour moi c'est convenable... Je n'ai pas soif!

Mado : Ne vous en faites pas, Madame. C'est le vent qui a fait ça. Les hommes sont tous pareils. Quand ils n'ont plus besoin de vous, ils vous quittent!... Le vôtre n'est qu'un grand enfant!

Une Femme, *à la fenêtre* : Il ne reviendra pas, Madame.

Un Homme, *à la fenêtre* : Il vous reviendra peut-être...

Une Femme, *à la fenêtre* : Oh non, il ne reviendra pas, Madame. Il m'est arrivé exactement la même chose avec mon premier mari. Je ne l'ai plus jamais vu.

Madeleine : Je vais être toute seule maintenant. Je ne veux pas me remarier! Et il n'a pas fini d'écrire sa pièce!

Le Deuxième Sergent de ville, *poussant doucement Madeleine* : Oh... On dit toujours ça... On ne sait jamais... On oublie... Venez donc, Madame... Puisque le patron nous paye à boire...

Madeleine, *en se dirigeant vers le bar, avec tous les autres* : C'est dommage! Il avait pourtant du génie, vous savez!

Le Patron : Un talent qui se perd! Tant pis pour la littérature!

Mado : Personne n'est irremplaçable!

Ils entrent tous dans le bar.

Un Homme, *à la fenêtre, à sa femme, à l'intérieur* : Et nous, nous pouvons aller nous coucher, maintenant... Demain on doit se réveiller de bonne heure!... Viens, Julie...

Une Femme, *à la fenêtre* : Fermons les volets, Eugène, le spectacle est terminé!

Cerisy-la-Salle, août 1953.

Rideau.

Voici une autre fin de la pièce, tenant compte des exigences du plateau, plus facile à mettre en scène, et remplaçant l'acte III sans baisser le rideau après l'acte II.

Le changement de lieu n'est plus donné par un changement de décor, mais par l'intrusion, sur le plateau, de personnages nouveaux et (au Théâtre de Babylone) par un dispositif scénique permettant de faire disparaître seulement le mur du fond de la salle à manger d'Amédée et de Madeleine, plaçant ainsi l'action dans une sorte d'espace indéterminé et lumineux.

MADELEINE : Tire... ti..i...re... Mais tire donc...

AMÉDÉE, *invisible, de loin* : Je ti...re.. ça n'avance pas facilement... qu'est-ce qu'il y a donc...

MADELEINE, *la main en entonnoir* : Mais ti...ire... tu n'as qu'à tirer plus fort... Amédé...ée, voyons... ti...ire... ti...ire... de... tou...outes tes... fo...orces!... Tu ne tires pas de toutes tes fo...orces!

AMÉDÉE : *invisible, de loin* : Je fai...ais... de mon mieux...

MADELEINE, *la main en entonnoir* : Mets-y... plus de cœu...œur!... Donne-toi donc de la pei...eine... Ne sois pas paresseux...eux!... *(Pause.)* C'est ça....a...voilà!

AMÉDÉE, *invisible, de loin* : Y en a encore beaucoup... coup? Ça avance-t-y... y?

MADELEINE, *même jeu* : Plus que la tê...ête!

Madeleine est toujours à la fenêtre ; celle-ci est presque entièrement obstruée ; il y a tout juste une place pour qu'elle puisse montrer son visage.

Amédée, *invisible, de loin* : J'ai avancé...é... faut que je m'arrête un peu pour souffler...er !...

Madeleine, *même jeu* : On n'a pas de temps à pe...erdre ! Es-tu fou...ou... On n'a pas le temps... emps... ti...ire plutôt... ti...ire... Dépê...êche-toi... La nuit est cou...ourte... il va faire jou...our !...

Amédée, *invisible, de loin* : Rien qu'une petite secon... onde... J'aurai plus de fo...orce après...ès... faut que je récupè...ère...

Madeleine, *même jeu* : Tu pourras récupérer plus ta...ard... On n'a pas de temps...emps ! Ti...ire... mets-y du cœu...œur !...

Amédée, *invisible, de loin* : Bo...on... Je ti...ire... Pou...ousse toi aussi...

Madeleine, *à part* : Il ne peut rien faire tout seul ! *(Elle pousse la tête du mort de son côté. Vers Amédée.)* Ti... ire... C'est ça... voilà...

Amédée, *invisible, de loin* : Y en a enco...ore ?... Pou...ousse un peu...eu !

Madeleine, *même jeu* : Plus que la tê...ête !... Où es-tu...u...u ?

Amédée, *invisible, de loin* : A l'autre bout de la pla...ace !

Madeleine, *main en entonnoir* : Allez... allez...ez !... encore un petit coup...oup !... Vas-y doucement...ent ! Ne démolis pas la fenêtre ! *(Une secousse.)* Pas si fo...ort ! *(Ébranlement des murs.)* Pas si fort...ort... je te dis... m'entends-tu...u ? Tu vas démolir la maison...on...! *(Ébranlement puissant de tout le décor.)* On n'aurait pas de quoi la payer au propriétai...aire... fais attenti... on...on ! Ne sois pas bruta...al ! Obéi...is, sauvage !... M'entends-tu...u ! *(La tête descend.)* Ça y est ! Ça y est ! C'est sorti ! *(Vers Amédée.)* C'est sorti...i...i ! *(Regard rapide autour d'elle, dans la chambre vidée.)* Il va falloir trouver des meubles, maintenant, pour meubler l'appartement ! *(La tête a disparu entièrement aux yeux du public, dans l'encadrement de la fenêtre vide.)* Continue ta rou...oute ! Le plus dur est fai...ait ! Et reviens vi...ite ! Dépêche-toi... surtout... Dépêche-toi...oi... il y a du travail...ail !... *(Elle regarde au loin, la main formant visière.)* Amédée! Amédée! Hé! Amédée! Répon...onds! Donne-moi des nouve...elles!

Tandis que Madeleine appelle, regarde au loin, s'énerve, apparaissent, derrière elle, Mado et le Soldat américain. Musique de danse.

MADO, *minaudant* : Si tu m'apprends l'américain, moi je t'apprends le français...
LE SOLDAT AMÉRICAIN : I get it... I get it... good... good!

Madeleine continue son jeu, à la fenêtre.

MADO, *au Soldat américain* : Do you speak French?
LE SOLDAT AMÉRICAIN : Parlez-vous anglais?... je parle... français, Mademoiselle, Madame, Monsieur!...
MADO, *au Soldat américain* : On s'entendra bien, tu verras!
MADELEINE, *continuant son jeu* : Amédée! Amédée! Amédée...ée!

Jouant leur flirt, de leur côté, Mado et le Soldat américain, comme si Madeleine n'existait pas, peuvent venir à la fenêtre, Madeleine étant entre eux; Mado et le Soldat américain se parlent par-dessus la tête de Madeleine, l'écartent même, parfois, légèrement, pour se toucher, etc.

MADO, *au Soldat américain* : Vous parlez un peu... beaucoup?
LE SOLDAT AMÉRICAIN : Un peu... beaucoup... passionnément!...
MADO, *minaude* : Oh, menteur... menteur américain!...
MADELEINE, *la main en visière à son front* : Amédée!... Réponds...onds!... Où es-tu? *(Au Soldat américain.)* Avez-vous des jumelles?
LE SOLDAT AMÉRICAIN : Jumelles?
MADO, *au Soldat américain* : Elle te demande tes jumelles!
LE SOLDAT AMÉRICAIN : Ah, jumelles! Very well! *(Il donne ses jumelles à Madeleine qui les prend pour regar-*

der au loin ; à Mado.) Euh... euh... do you speak English ?

Mado, *au Soldat américain* : Un peu... January... February... passionnément !

Madeleine, *avec les jumelles* : Je t'aperçois... Amédée... Que vas-tu faire là-bas... Tu te trompes de chemin !

Le Soldat américain, *à Mado* : Aoh... yes... chère... passionnément !

> *Il caresse, par-dessus Madeleine, la poitrine de Mado.*

Madeleine, *avec les jumelles* : Tourne le coin, Amédée ! Quelle andouille ! Traverse la rue ! Ne le laisse pas tomber, surtout !

Le Soldat américain, *caressant les seins de Mado* : Comment dites-vous ? Potirons ?

Mado : Le potiron, c'est la citrouille !

Madeleine, *avec les jumelles* : Trave...erse ! Il n'y a pas de voitures à cette heure-ci, tu peux y aller ! Vas-y...y !

Mado, *à Madeleine* : Pas si fort, Madame, voyons, je n'entends plus ce qu'il me dit ! On ne s'entend plus !

Madeleine, *à Mado* : Il s'est trompé de chemin ! *(Au loin avec les jumelles.)* ... Amédée... m'entends-tu ? Amédée !...

Le Soldat américain, *à Mado, caressant ses seins* : Des citrouilles ou des citrons ?

Mado, *au Soldat américain* : Ça m'est égal... C'est comme tu veux... *(Minaude :)* C'est toi qui comptes... chéri !

Le Soldat américain *(Mado et le Soldat américain ont pris presque toute la place dans l'encadrement de la fenêtre ; Madeleine, avec ses jumelles, est aplatie dans le coin)* : Le citron est le fruit du citronnier !

> *Il embrasse Mado.*

Mado : Et vice versa !

Madeleine, *même jeu* : Amédée ! Amédée ! Amédée...ée !

Mado, *enlacée par le Soldat américain* : Darling !

Le Soldat américain : Chérie ! *(Mado et le Soldat*

américain se détachent légèrement de la fenêtre, esquissent comme un vague pas de danse, s'arrêtent, reprennent, et ainsi de suite jusque vers la fin.) Citron! Citrouille! Citrouille! Citron!

Madeleine, *même jeu* : Attention au trottoir, Amédée, surtout...out! Ne te casse pas le ne...ez! Ne passe pas sous le réverbère, on vous verrait tous les deux...eux!

Le Soldat américain, *tripotant la fille* : Et ceci?

Madeleine, *même jeu* : Évite donc la lumière, Amédé...ée!...

Mado : Des mou-mous... des lou-lous...

Madeleine, *même jeu* : Ne fais pas de bruit, Amédée...ée...ée!... Prends le chemin le plus cou...ourt! Le chemin le plus cou...ourt!

Mado, *à Madeleine, qui n'entend pas* : Vous exagérez, Madame! Vous me cassez les oreilles!

Madeleine, *même jeu* : Traverse!... Tou...ourne!

Le Soldat américain, *à Mado* : Et cela?

Mado : Des coucous!

Madeleine, *même jeu* : Traverse... tourne... traverse... tou...ourne...

Le Soldat américain, *à Mado* : Cou...cou...cou... cou...

Le Soldat américain et Mado : Cou...cou... cou...cou... cou...cou!...

Madeleine, *même jeu* : Enroule-le autour de toi... Tu n'as qu'à l'enrouler! Ça sera plus facile pour le porter! On doit tout t'apprendre!... Mais tu n'es plus un enfant! *(Au Soldat américain et à Mado.)* On doit tout lui apprendre! *(Vers Amédée.)* Enroule-le donc autour de toi... enroule!

Mado, *au Soldat américain* : Lyon!

Le Soldat américain : Marseille!

Madeleine : Qu'il est maladroit... Il a tourné le coin... qu'est-ce qu'il peut bien faire!

Le Soldat américain, *toujours à Mado* : Gibraltar!

Mado : Casablanca!

Madeleine : Qu'est-ce qu'il peut bien faire! Il doit rêvasser quelque part!

Le Soldat américain : Et ceci?

Mado *(de plus en plus idiote)* : Des toutous!

Madeleine, *au Soldat américain et à Mado qui ne font pas attention* : Il a dû rencontrer quelqu'un! Il bavarde! Je lui avais défendu, pourtant! Il est terrible, Messieursdames!

Le Soldat américain, *à Mado* : Des toutous? Ah, yes, dogs, dogs!

Madeleine : Ah, la, la, la! *(Elle tourne, agitée, sur le plateau.)* Il doit rester à lécher les murs!

Mado : Oui, dogs, des toutous, des chiens!

Madeleine, *même jeu* : Il faut que j'aille voir! *(Elle met son chapeau.)* Je ne peux pas le laisser, l'imbécile, c'est mon mari!

Mado : J'ai du chien!

Le Soldat américain ! Du chien!

Madeleine, *chapeau sur la tête* : Il est bon à rien! Ah! la! la! la!

Le Soldat américain : Chiens... Aouh! aouh! aouh! aouh!

Mado et le Soldat américain, *se tenant par la main* : Aouh! Aouh! Aouh! Aouh! Rrr! Aouh!

Madeleine, *même jeu* : Il ne peut rien faire de bon tout seul!

> *Tandis que Mado et le Soldat américain continuent de pousser leurs petits jappements érotiques, on entend soudain comme un grand bruit de casserole, venant de la direction d'Amédée.*

Madeleine *(angoisse véhémente)* : Ah! Il est tombé! Je savais qu'il allait tomber! Je m'en doutais! J'aurais pas dû le laisser faire! Je lui avais interdit, j'avais raison! Ah, la, la! *(A la cantonade.)* Relève-toi...oi!! *(Nouveau bruit de casserole; des aboiements furieux au loin retentissent. Mado et le Soldat américain continuent leur petit jeu.)* Il va réveiller tout le monde! On va le voir? Où est-il? Que vont dire les gens! Nous sommes perdus! C'est sa faute! Je l'avais bien dit! *(Les trains partent. On voit des petits trains rouler dans le fond.)* Il a fait partir les trains! *(Elle revient à la fenêtre.)* Reviens, Amédée! Ne me laisse pas toute seule!

La tête d'un homme apparaît à une fenêtre ou à un coin du plateau, ou émergeant de la fosse d'orchestre.

Un Homme : Qu'est-ce qui se passe ? Le train ? C'est pourtant pas l'heure !
Madeleine : Où es-tu ? Viens vi-ite ! Amène-le et viens ! Ne le laisse pas sur la route, c'est défendu pour la circulation ! Ne regarde pas les étoi...oiles !
Un Homme : On ne peut plus dormir ! Je travaille, moi !

On entend des coups de sifflet.

Madeleine : Zut, la police !
Le Soldat américain : Police ?
Mado : T'en fais pas, c'est pas pour nous !
Madeleine : Le voilà ! Il court ! Vite ! Abandonne-le sur la route ! Il ne veut pas ! Qu'il est têtu !
Un Homme : Julie... lève-toi, viens voir !

La tête d'une Femme apparaît près de celle de l'Homme.

Une Femme : Qu'est-ce qu'il y a ? La police ?!
Un Homme : C'est Monsieur Amédée ! Drôle de boulot ! C'est du joli !
Mado, *au Soldat américain* : Viens voir !
Madeleine : Prends tes jambes à ton cou !
Une Femme : Les flics ! On court après lui ! *(Brouhaha dans le lointain ; sifflet des agents.)* Il va vite pour son âge !
Madeleine : Ne t'attarde pas...as !
Mado, *au Soldat américain* : Ça t'amuse, le spectacle de la rue ?
Le Soldat américain : Les rues de Paris !
Une Femme : Qu'est-ce qu'ils ont encore fait ?
Un Homme : On peut pas savoir, avec ces gens-là !
Madeleine : Ne trébuche pa-as ! Cours donc !
Un Homme : Il traverse la place en courant !
Madeleine : Attention aux feux rouges !
Le Soldat américain : Oh, very good !
Un Homme : Il est handicapé... avec son colis !
Mado : Ils l'auront pas !
Une Femme : Si, ils l'auront, les flics !

Mado : Je vous dis qu'ils l'auront pas!

Madeleine : Il a tourné le coin! Un chien derrière! Il va déchirer son pantalon!!

Une Femme : Il a tourné le coin, Monsieur l'agent! Attrapez-le!

Mado : De quoi vous mêlez-vous!

Madeleine : Je ne le vois plus!

Une Femme : Derrière le mur, Monsieur l'agent!

Un Homme : Ça, alors!

Le Premier Sergent de ville, *apparaissant à mi-corps seulement, sifflet en main* : Circulez! Circulez!

Madeleine : T'entends pas? Circule plus vite, Amédée!

Un Homme : On n'est plus chez soi!

Le Soldat américain : Où est-il?

Mado : Là-bas, au tournant!

Un Homme : Ils l'auront pas!

Le Soldat américain : Champion de course! Hello, boy!

Mado : Non!

Madeleine, *se tordant les mains* : C'est mon mari! C'est mon mari!

Une Femme : Si!

Un Homme, *à une Femme* : Ça te regarde pas!

Une Femme : C'est son mari, qu'elle dit! Ils n'ont qu'à se tenir tranquilles!

Le Sergent de ville : Circulez!

Une Femme : Par là! Par là!

Un Homme : Il est avec le corps du délit!

Madeleine, *courant d'une façon désordonnée* : Laisse tomber le corps du délit!

Le Sergent de ville : Où est-il passé?

> *Amédée apparaît en courant, par le fond ; avec le chapeau du mort sur la tête, et sa barbe sur la figure.*

Une Femme : Le voilà!

Mado : Le voilà!

Madeleine : Ah, te voilà, toi! C'est pas trop tôt!

> *Le Deuxième Sergent de ville apparaît par le fond.*

AMÉDÉE : Ne t'affole pas!
LE PREMIER SERGENT DE VILLE, *au Deuxième* : Ne le laisse pas échapper! Attrape-le!
UNE FEMME : Attrapez-le!
UN HOMME : Ils ne l'auront pas!
LE SOLDAT AMÉRICAIN : Hello! Hello!

> *Le Deuxième Sergent de ville veut mettre la main sur Amédée; le Premier Sergent de ville, de la fosse, tend également la main comme pour l'attraper; en vain, Amédée est soudain soulevé de terre, il commence à s'envoler.*

LE PREMIER SERGENT DE VILLE, *qui n'a attrapé que le soulier d'Amédée* : La vache!
UN HOMME, UNE FEMME, MADO, LE SOLDAT AMÉRICAIN : Ooh!
MADELEINE : Amédée, ne fais pas ça! qui t'a dit de faire ça!
LE DEUXIÈME SERGENT DE VILLE : Il nous échappe!
UN HOMME, *à une Femme* : Je t'avais bien dit qu'ils l'auront pas!
MADO : Ça, c'est bath!
LE SOLDAT AMÉRICAIN, *enthousiasmé* : Hello, boy! Hello, boy!
AMÉDÉE, *s'envolant* : Je fais pas exprès, Madeleine! C'est malgré moi!
LE PREMIER SERGENT DE VILLE : Je n'ai attrapé que son soulier gauche!
MADELEINE : Si, tu l'as fait exprès!
AMÉDÉE, *s'envolant* : Je t'assure, Madeleine, c'est pas ma faute, c'est le vent!
MADO : Puisqu'il vous dit que c'est le vent!
UN HOMME : C'est le vent!
LE SOLDAT AMÉRICAIN : Hello, boy!
UNE FEMME : C'est pas le vent!
LE PREMIER SERGENT DE VILLE, *le soulier à la main; à Madeleine, sévère* : C'est votre mari, Madame?
MADELEINE : Hélas, oui, Monsieur l'agent!
AMÉDÉE, *montant doucement* : C'est pas ma faute! Je m'excuse, Messieurs-dames!

Le Deuxième Sergent de ville, *à Madeleine* : Dites-lui de redescendre! Tout de suite!

Madeleine, *à Amédée suspendu* : Descends tout de suite!

Mado, *à Madeleine* : Laissez-le donc, Madame!

Amédée, *même jeu; suspendu* : Je vous assure, c'est pas ma faute, je m'excuse, Messieurs-dames, c'est le vent qui a fait ça! C'est malgré moi!

Un Homme : C'est pas banal!

Une Femme : Il s'envole! Il dit qu'il veut pas, il a pourtant l'air content!

Madeleine, *à Amédée* : Veux-tu descendre tout de suite! Obéis, puisqu'on te le dit!

Le Soldat américain sort un appareil photographique; il photographie l'envol d'Amédée.

Le Deuxième Sergent de ville : C'est du joli! Des personnes respectables!

Mado, *au Soldat américain* : Tu me donneras une photo, dis?

Le Premier Sergent de ville, *au Soldat américain* : Holà, vous, défendu de prendre des photos!

Madeleine, *à Amédée suspendu* : Amédée! Veux-tu bien descendre! Tu vas t'enrhumer!

Le Deuxième Sergent de ville : Descendez, Monsieur Amédée, votre femme vous demande!

Un Homme : Eh... là... polichinelle! *(Aux policiers.)* Fichez-lui la paix, à bas la police!

Une Femme, *à un Homme* : T'as pas honte?

Amédée, *suspendu* : Je suis confus, je m'excuse, Messieurs, Mesdames; ne croyez pas... Je voudrais bien rester les pieds sur terre... C'est contre ma volonté... Je voudrais être utile à mes semblables... Je suis d'avis que l'homme ne doit pas dépasser sa propre mesure...

Mado : Oh, ce qu'il parle bien!

Le Soldat américain : Hip! Hip! Hourrah!

Un Homme : Il fait un discours!

Amédée, *suspendu* : Je vous jure, je suis contre la dissolution... Je suis pour l'immanence... contre la transcendance! Je m'excuse... Je m'excuse beaucoup!...

Madeleine : Écoute, Amédée, descends... Je m'arrangerai avec la police!... *(Aux agents.)* N'est-ce pas, Messieurs ?

Le Premier Sergent de ville : Mais oui, Madame, certainement, tout peut s'arranger!...

Madeleine : Amédée, tu peux venir à la maison, les champignons ont fleuri...

Le Soldat américain : What does mean : champignons ?

Un Homme : C'est une histoire de champignons!

Une Femme : Ce sont des marchands de champignons!

Amédée, *suspendu* : Madeleine, je t'assure, tu peux me croire, je ne voulais pas me dérober à mes devoirs, c'est le vent, ce n'est pas exprès, ce n'est pas librement consenti!

Mado : Il est excusable, si ce n'est pas librement consenti!

Amédée : Pardon... Pardon... Messieurs-dames.

Il envoi des baisers à toute allure et s'envole, disparaissant tout à fait.

Le Premier Sergent de ville, *à Amédée, disparu* : Lâchez-nous au moins l'autre soulier!

Madeleine, *se tordant les mains* : Amédée, Amédée, ta carrière dramatique!

Mado, *au Soldat américain* : C'est un écrivain!

Le Soldat américain : Ah, writer!... yes... good... good!...

Un Homme, *à Madeleine* : Laissez-le donc, Madame!

Madeleine, *à Amédée disparu* : Tu n'as pas pris ton imperméable, tu vas te rendre malade! Amédée!

D'en haut tombe le second soulier d'Amédée.

Le Deuxième Sergent de ville : Ça c'est gentil de sa part!

Le Premier Sergent de ville : Ça nous en fera chacun un!

Les agents se partagent les souliers d'Amédée.

Une Femme : Et nous, alors ?

    D'en haut, tombent des cigarettes, le veston.

Un Homme : Des cigarettes ! Un veston !

    On se les partage.

Mado : Il est bien généreux ! *(Le ciel est éclairé à profusion : comètes, étoiles filantes, etc.)* Des feux d'artifice !

Un Homme : Des fusées !

Une Femme : C'est pas des vraies !

Madeleine, *vers le haut* : Voyons, Amédée, voyons, tu ne seras donc jamais sérieux !

Le Deuxième Sergent de ville, *le regard vers le ciel, menace Amédée du doigt comme on fait pour un enfant* : Petit coquin, va, petit coquin !

Tous, *répétant le geste du Sergent de ville* : Petit coquin ! Petit coquin !

Le Soldat américain : You, naughty boy !

    Lumières éclatantes. Feux lumineux de tous les côtés de la scène.

Une Femme : On ne le voit plus. Il a disparu !

Madeleine, *vers le ciel* : Amédée, tu n'as même pas fini ta pièce !

Mado, *à Madeleine* : Ne vous en faites, pas, Madame !

Une Femme : Les hommes sont tous pareils !

Mado, *à Madeleine* : Il vous reviendra peut-être !

Une Femme : Non, il vous reviendra pas !

    Madeleine tourne la tête de l'une à l'autre.

Un Homme, *à une Femme* : Pourquoi dis-tu ça ? Tu ne peux pas savoir !

Mado : Si, peut-être !

Une Femme : Sûrement pas ! Il m'est arrivé la même chose avec mon premier mari ! Je ne l'ai plus jamais vu !

Madeleine, *pour elle* : Amédée, tu l'élèves, tu t'élèves, mais tu ne montes pas dans mon estime !

    D'en haut, tombe le grand chapeau du mort, si possible avec la barbe, sur la tête de Madeleine, qui tombe par terre, assise.

MADELEINE, *par terre, sanglote, coiffée, la barbe en collier.*

UN HOMME : Il avait peut-être du génie!

LE DEUXIÈME SERGENT DE VILLE : Encore un talent qui se perd! Tant pis pour la littérature!

MADO : Personne n'est irremplaçable!

LE SOLDAT AMÉRICAIN : Elle pleure!

MADO : Pourtant, il lui a laissé le chapeau!

LE DEUXIÈME SERGENT DE VILLE : Relevez-vous, Madame! *(Tandis qu'il fait mine de relever Madeleine.)* Je paie à boire!

MADELEINE, *se relevant péniblement; soutenue par le Sergent de ville, sanglotant, répète jusqu'au baisser du rideau :* Non, non, je n'ai pas soif, je n'ai pas soif!

MADO, *au Soldat américain* : Tu m'emmènes en Amérique!

LE SOLDAT AMÉRICAIN : En Amérique?...

UN HOMME, *à une Femme* : Allons-nous coucher, maintenant! Viens, Julie!

UNE FEMME, *à un Homme* : Fermons les volets, le spectacle est terminé!

LE PREMIER SERGENT DE VILLE, *dans la fosse, sifflet en main, tourné vers le public* : Circulez, circulez, allons, Messieurs-dames, plus vite, plus vite, circulez!!! Allons!

Rideau.

FIN DE LA PIÈCE

Le Théâtre d'Eugène Ionesco, préface de Jacques Lemarchand	9
La Cantatrice chauve	15
La Leçon	57
Jacques ou la soumission	95
Les Chaises	129
Victimes du devoir	181
Amédée ou Comment s'en débarrasser	237

ŒUVRES D'EUGÈNE IONESCO

nrf

THÉATRE I : La Cantatrice chauve - La Leçon - Jacques ou la Soumission - Les Chaises - Victimes du devoir - Amédée ou Comment s'en débarrasser.

THÉATRE II : L'Impromptu de l'Alma - Tueur sans gages - Le Nouveau Locataire - L'Avenir est dans les œufs - Le Maître - La Jeune Fille à marier.

THÉATRE III : Le Rhinocéros - Le Piéton de l'air - Délire à deux - Le Tableau - Scène à quatre - Les Salutations - La Colère.

THÉATRE IV : Le Roi se meurt - La Soif et la faim - La Lacune - Le Salon de l'automobile - L'Œuf dur - Pour préparer un œuf dur - Le Jeune Homme à marier - Apprendre à marcher.

LE RHINOCÉROS, *Collection « Le Manteau d'Arlequin »*.

LE ROI SE MEURT, *Collection « Le Manteau d'Arlequin »*.

NOTES ET CONTRE-NOTES, *Collection « Pratique du Théâtre »*.

LA PHOTO DU COLONEL (nouvelles).

ACHEVÉ D'IMPRIMER
LE 26 OCTOBRE 1967
PAR FIRMIN-DIDOT
PARIS - MESNIL - IVRY

Imprimé en France
N° d'édition : 12946
Dépôt légal : 4ᵉ trimestre 1967 - 6847